陕西出版资金精品项目

陕西出版资金资助项目

中国与"一带一路"发展系列研究丛书

丛书主编 冯宗宪

丝绸之路经济带

文化遗产保护与旅游合作发展研究

主编 李树民 王会战

西安交通大学出版社
XI'AN JIAOTONG UNIVERSITY PRESS

图书在版编目(CIP)数据

丝绸之路经济带文化遗产保护与旅游合作发展研究/
李树民,王会战主编. —西安:西安交通大学出版社,2015.9
ISBN 978-7-5605-7964-1

Ⅰ.①丝… Ⅱ.①李… ②王… Ⅲ.①丝绸之路-经
济带-旅游经济-经济合作-研究-中国 ②丝绸之路-经
济带-文化遗产-保护-研究-中国 Ⅳ.①F592.3 ②K203

中国版本图书馆 CIP 数据核字(2015)第 223993 号

书　　　名	丝绸之路经济带文化遗产保护与旅游合作发展研究
主　　　编	李树民　　王会战
策划编辑	魏照民　　柳　晨
责任编辑	柳　晨　　何睿瑞

出版发行	西安交通大学出版社
	(西安市兴庆南路 10 号　邮政编码 710049)
网　　　址	http://www.xjtupress.com
电　　　话	(029)82668357　82667874(发行中心)
	(029)82668315(总编办)
传　　　真	(029)82668280
印　　　刷	中煤地西安地图制印有限公司

开　　　本	787mm×1092mm　1/16　印张 17.25　字数 238 千字
版次印次	2016 年 9 月第 1 版　　2016 年 9 月第 1 次印刷
书　　　号	ISBN 978-7-5605-7964-1/K·131
定　　　价	86.00 元

读者购书、书店添货,如发现印装质量问题,请与本社发行中心联系、调换。
订购热线:(029)82665248　(029)82665249
投稿热线:(029)82668526
读者信箱:xjtu_hotreading@sina.com

丛书编委会

（以姓氏汉语拼音为序）

陈浪南　　樊秀峰　　方　兰　　冯根福　　冯　涛
冯仲平　　冯宗宪　　郭继荣　　郭菊娥　　胡　健
黄民兴　　黄　伟　　黄建忠　　贾毅华　　雷家骕
李国平　　李树民　　李　琪　　李琪(女)　李忠民
林桂军　　任保平　　沈　悦　　宋丽颖　　孙　慧
孙启鹏　　孙　早　　单文华　　石　泽　　唐宜红
佟家栋　　汪应洛　　王宏波　　王晓芳　　王增涛
王维然　　魏　玮　　薛伟贤　　姚慧琴　　朱跃中

序　言

　　千百年来，不同的文化在古丝绸之路上交相辉映、相互激荡，积淀形成了世人共知和推崇的和平、开放、包容、互信、互利的丝绸之路精神，而且不断注入新的时代内涵。作为多元文明碰撞与交流的遗产，丝路精神并非中国独享，它一直是全人类的共同财富。

　　2013年9月和10月，中国国家主席习近平在分别出访哈萨克斯坦和印度尼西亚期间，倡议用创新的合作模式，共同建设丝绸之路经济带和21世纪海上丝绸之路的合作构想。"一带一路"构想高瞻远瞩、审时度势，对密切中国同中亚、南亚和东南亚以及欧亚非国家和地区之间的经济贸易关系，深化区域交流合作，统筹国内国际发展，实现陆海共济，维护周边环境安全，拓展中国对外开放的巨大空间，展现中国梦和促进世界各国共同繁荣都有着重大的意义。

　　"一带一路"构想具有十分丰富的内涵，它体现了对古丝绸之路精神的继承和发扬。2000多年的交往历史证明，坚持丝绸之路精神，不同种族、不同信仰、不同文化背景的国家完全可以共享和平、共同发展。在建设丝绸之路经济带和21世纪海上丝绸之路的今天，更需要将丝绸之路承载的和平合作、开放包容、互学互鉴、互利共赢精神薪火相传，发扬光大，在世界文明交流史上续写灿烂新篇章。中国的"一带一路"倡议，以经济和人文合作为主线，充分体现了互信和互利的精神。"一带一路"，从陆地到海上，从区域双边、诸边到国际多边，从国内到国际，展开跨地域、广泛深入的国际合作与发展项目对接；它要实现从人文交流、交通通道到经济、贸易和金融乃至政策等不同层面的相通，要使星罗棋布的沿线城市、产业园、自贸区等相互连接，达到全面高效的互联互通。通过投资、技术及产业转移，"一带一路"建设将提升改善沿线国家的产业结构和贸易结构，推进区域经济一体化，推动区域及跨区域的绿色、健康和可持续发展；使沿线各国形成利益共同体、责任共同体和命运共同体。"一带一路"以开放多元的特征推进区域合作的进程，有助于为全球经济复苏和发展提供新的动力,有助于形成更加公平的世界经济秩序,也有助于提升全球经济治理的水平和效率。

"千里之行,始于足下"。知往鉴今,在通往成功的道路上,往往分布着不少的荆棘与坎坷。昔日西汉张骞出使西域,创凿空之举,其行程万里,沿途历尽千难万险,备尝艰辛。今天,论建设"一带一路"的物质条件,若与数千年前相比,毕竟要好得多了。然而在实施过程中依然会面临各种自然环境、政治、经济、交通、文化等多重风险和挑战,对此,走出去的企业应当具有充分的心理应对准备,同时需要依靠大学、智库和科研机构开展前瞻性的科学研究和政策研究,以资参考和咨询。

古代长安是古丝绸之路的起点,它已成为中国古代对外开放的历史象征,有着难以磨灭的历史光辉。在中华民族走向伟大复兴的新形势下,西安作为周秦汉唐等十三朝古都和现代国际化城市的结合体,对丝绸之路经济带和 21 世纪海上丝绸之路的建设有着特殊的地理坐标指引和重要节点的支撑作用。在这里,我们高兴地邀请到国内外一批对"一带一路"有着浓厚兴趣、学有专长和志同道合的学者专家,分别从国际经济、政治、历史、贸易、金融、能源、交通、旅游、文化等不同领域进行专题研究,在国家社会科学基金项目、国家自然科学基金项目、陕西出版资金等基金项目的支持下,依托西安交通大学出版社,来共同合作完成"一带一路"发展丛书。

"不积跬步,无以至千里;不积小流,无以成江海"。我们愿共同努力,使这套发展丛书能够为"一带一路"合作发展研究作出微薄的贡献;我们也期待着,"一带一路"这一宏伟蓝图在各国互信合作中得以逐步实现,真正造福世界各国人民。

冯宗宪

2015 年 7 月

目　录

第一篇

丝绸之路经济带文化遗产保护
与旅游合作发展研究综述

第一章

丝绸之路经济带文化遗产保护研究综述

为明晰研究对象,厘清研究范围,首先对丝绸之路、新丝绸之路、丝绸之路经济带等相关概念作一辨识。

一、概念辨识

丝绸之路作为一条横贯亚洲、连接欧亚大陆的商贸通道,尽管早在2000多年前就已闻名世界,但直到1877年,"丝绸之路"概念(德文称为Seidenstrassen,英译为Silkroad)才由德国著名地理学家、近代早期中国地质学研究专家李希霍芬正式提出。至于"新丝绸之路"概念的提出只是晚近的事情,而"丝绸之路经济带"概念则是新近刚刚提出的。

(一)丝绸之路

传统意义上人们所指的丝绸之路是狭义的丝绸之路,即指公元前2世纪,由西汉张骞出使西域而开通的从新疆通往西亚的绿洲丝路,是谓陆上丝绸之路。但自汉代开始,中国还开通了从广东到印度的航道,此谓海上丝绸贸易的肇始。随着历史的前行和丝路贸易的发展,陆上丝绸之路逐渐发展为西线和东线,西线又分为西北线和西南线,其中西北线又渐分为新北线、中线和南线。海上丝绸之路也逐渐发展成三条主要航线,分别是东海起航线、南海起航线和马尼拉外传到美洲的航线。虽然丝绸之路最初仅是用来运输中国古代出产的丝绸,但在其发展过程中逐渐成为一条连通东方与西方之间经济、政治、文化的重要主干道。因此,现代意义上的丝绸之路通常包括陆上丝绸之路和海上丝绸之路,即广义的丝绸之路,也即泛称的丝绸之路或古丝绸之路。

(二)新丝绸之路

新丝绸之路是相对于(古)丝绸之路而言的。随着经济全球化的发展,丝绸之路沿线各国和地区逐渐形成了一种泛丝绸之路的态势与认知。随着 1990 年东起中国连云港西至荷兰鹿特丹等港口的欧亚大陆桥的全线贯通,意味着与发端于中国古代的丝绸之路并行、以现代化的铁路和高速公路为代表、经由中亚连通欧洲的"新丝绸之路"从此诞生。新丝绸之路既是一条贯通东西的重要交通要道,更是一条加强沿线国家和地区贸易往来的现代经济通道。新丝绸之路有多种称谓,包括新亚欧大陆桥(中国官方称谓)、亚欧大陆桥、大陆桥、泛丝绸之路等,其实际内涵所指并无实质的不同。

(三)丝绸之路经济带

"丝绸之路经济带"是在古丝绸之路概念基础上形成的当代经贸合作升级版,是贯通亚欧两大洲的经济大陆桥,被认为是世界上最长、最具有发展潜力的经济大走廊。2013 年 9 月国家主席习近平在出访中亚时提出共同建设"丝绸之路经济带"这一创新发展模式,引起世界各国的广泛关注和重视。十八届三中全会通过的《中共中央关于全面深化改革若干重大问题的决定》也明确提出"推进丝绸之路经济带,海上丝绸之路建设,形成全方位开放新格局"战略构想,打造和建设丝绸之路经济带已成为中国推动新一轮对外开放的国家战略。

二、文化遗产保护思想的起源与发展

近些年来,随着旅游业的飞速发展,世界遗产作为高品质的旅游资源,因其突出意义和普遍价值受到越来越多的关注,日益成为旅游的热点。截至 2015 年 7 月,《世界遗产名录》收录的世界遗产总数已经突破 1000 项,达到 1031 项,其中世界文化遗产(含文化景观遗产)802 项,自然遗产 197 项,文化与自然双遗产 32 项。

从近几十年的发展历程看,《世界遗产公约》因其严格的评定标准和监测制度使一些珍贵的世界遗产得到了有力地保护,在保护的前提下,通过发展旅游、文化等产业,既使其价值为越来越多的人所共知,也因为有了资金保障而逐渐实现了发展与保护的良性循环。但应该看到,受经济利益的驱使,世界遗产在一些国家和地区存在着"重申请,轻保护"的情况,尤其在一些发展中国家,世界遗产变成了"摇钱树",由于过度开发,破坏了遗产的真实性与完整性。例如坦桑尼亚的基尔瓦遗址和松戈马拉遗址因为缺乏有效保护,存在大海污染、管理系统破坏严重等问题,在 2004 年被世界遗产委员会亮了红牌;2007 年,中国故宫、天坛、颐和园、丽江古城、布达拉宫和三江并流等六处世界遗产也因过度开发等原因被亮了黄牌。以上事件的发生均悖离了世界遗产评选"保护为先"的初衷,也更凸显了对世界遗产加强保护的重要性。下文通过探讨中西文化遗产保护思想的起源与发展,并比较其异同,从而为丝绸之路沿线文化遗产的保护实践提供理论参考。

(一)西方文化遗产保护思想的起源与发展

1. 西方早期源于宗教信仰和艺术欣赏的古物保护思想

第一,带有强烈宗教色彩的古物保护思想。从西方国家的发展历史和文化特征看,绝大部分国家都具有强烈的宗教意识,喜欢在宗教中寻求生命的终极意义、存在和价值。在古埃及,人们把古器物与古建筑看做是可以接近创世时代神圣文明原型的模式,并且相信这些人工制品具有非凡的神圣力量。在古希腊,人们喜欢将神庙中的一些器物作为献祭的供品保留下来。西方早期带有强烈宗教色彩的古物保护思想从西方世界文化遗产多宗教项目可见一斑,如希腊巴赛的阿波罗·伊壁鸠鲁神庙,这座人类为纪念太阳神和拯救人类的神——阿波罗而建成的圣所,用大胆的建筑结构将古老的早期希腊建筑风格和明朗的陶立克风格结合在一起;又如意大利拉韦纳的早期基督教建筑,显示出了极高的艺术水准,其中包含了希腊罗马传统、基督教的插图以及东西方风格的完美交融。

第二,文艺复兴激发了古物保护的热情。人类通向文明之路往往伴随着野蛮和暴力,西方历史进程中的许多战争都给城市建筑等古物造成了巨

大的破坏。例如,罗马帝国摧毁希腊的城市和宫殿,中世纪十字军东征时,沿途破坏掠烧,所过之处全成了瓦砾废墟。实际上,在相当长的一段历史时期内,人们对古物的保护活动是零散的、自发的和被动的。直到发轫于15世纪的文艺复兴运动兴起以来,西方经过中世纪的长期思想禁锢和封闭之后,对古罗马时期的建筑艺术和文化产生了狂热的兴趣,发掘倒塌的雕像、整理残破的墙垣、修缮倾圮的宫殿,开展了大规模的文物建筑修复和保护活动。古物本身越来越具有内在价值,这并非仅仅是因为它们存在于遥远的过去,而且是因为它们代表了在人类历史上的一段克里斯玛时期。收集古玩成为时兴的一项活动,先是在欧洲,然后又在美国普及开来。

2. 西方近现代文物保护思想的发展演变

第一,产业革命对文物保护思想的影响。在近现代欧美等西方国家的历史上,对文物的保护和毁坏的力量,可以说同时存在。产业革命后相当长一段时期,人们忙于发展生产,对古建筑和历史环境的保护既缺乏认识也无力顾及,因此,一批古建筑及其环境在工业化的浪潮中遭到毁灭。例如巴尔神殿(Temple Bar)是威斯敏斯特城和伦敦的分界线,为了方便斯特兰大街的交通,人们便将这座神殿拆毁了。在西方工业化、城市化和战争对文化遗产的恣意破坏下,一些有识之士提出不能仅仅遵循单一的政治或实用逻辑而应该用多种价值观去衡量前人留下来的物品,并呼吁政府通过立法明确规定如何保护那些有历史或艺术价值的遗物,这一举措表明人们对前人的物质创造开始有了一种尊重和成熟的态度。

第二,西方考古学和艺术史学的发展对文物保护思想的影响。人们真正认识到文物的多维价值是在18—19世纪,当时西方的考古工作取得了很大成绩,博物馆里收藏了大量古希腊、罗马的文物,人们在欣赏这些珍品艺术价值的同时,也被其中所蕴含的历史和文化价值深深吸引,并开始加强对馆藏文物及建筑遗址价值的研究。加之18世纪启蒙运动和民族国家的兴起,西方的建筑遗产纷纷被赋予"国家纪念碑"的地位,作为国家的象征而具有遗产价值。例如,1984年入选《世界遗产名录》的自由女神像,自建成之日起,就成为成千上万的美国移民摆脱旧世界的贫困和压迫的象征。

第三,文物保护思想日趋完善。虽然文物保护起源于文艺复兴时期的古物收藏,但真正成规模的保护是从 19 世纪的法国开始的。当时,历史建筑的保护和修复工作开始受到重视,以法国的"风格修复"、英国的"明确可辨识性"和意大利对英法学派理论的兼收并蓄最为著名。与日渐增强的保护意识以及不断摸索和逐步推进的保护实践相适应,欧洲国家纷纷出台了关于文物保护的相关法律条例。如法国早在 1840 年即颁布了《历史性建筑法案》,1913 年又颁布了《历史古迹法》,英国在 1882 年颁布了《古迹保护法》,美国在 1916 年颁布了《国家公园系统组织法》,日本在 1929 年颁布了《国宝保护法》等。1931 年,西方国家通过了《关于历史性纪念物修复的雅典宪章》,专门论述了"有历史价值的建筑和地区"保护意义与基本原则。以上这些法律法规的颁布与实施不仅有力地促进了文物的保护,同时也使文物保护思想日臻完善。

3. 西方当代文化遗产保护思想的发展

第一,《威尼斯宪章》的开创性影响。由于在二战中,欧洲的许多城市遭受了重创,加之战后各国经济的快速发展对文物建筑及其周边环境的破坏,使得强调城市要与其周围影响地区成为一个整体来发展,城市发展过程中应该保留名胜古迹以及历史建筑等要求的《雅典宪章》已无法适应新的形势。在这种背景下,确定国际公认的保护和修复古建筑的原则就成为一种必需,《威尼斯宪章》应运而生。该宪章明确了历史文物建筑的概念,同时要求,必须利用一切科学技术保护与修复文物建筑,并强调对历史文物建筑的一切保护、修复和发掘工作都要有准确的记录、插图和照片。这些规定为文物保护工作的科学化、国际化奠定了理论基础,该宪章也因此成为了世界文化遗产保护发展的重要里程碑。

第二,"文化遗产"概念的提出和国际化。1972 年通过的《世界遗产公约》第一次明确提出了文化遗产的概念,并规定了文化遗产的类型,主要包括文物、建筑群和遗址等三大类。该公约对缔约国在文化遗产保护和利用方面的责任和义务作了清晰的界定,要求每个公约缔约国都应该竭尽全

力,最大限度地保护好本国的文化遗产,必要时可以利用所能获得的国际援助和合作,特别是财政、艺术、科学及技术方面的援助和合作。《世界遗产公约》于1975年生效后,因其文化遗产概念的权威性和保护措施的普适性,逐渐成为世界各国普遍承认的世界遗产保护准则。

第三,"文化遗产"类型的拓展。最近几十年来,随着实践的深入及对历史背景和文化环境重视程度的提高,世界文化遗产的范围不断扩大,从最初的建筑物到建筑群,从建筑群到历史地段,从历史地段再到整个城镇(如表1-1所示)。各个保护对象也逐渐形成自己的保护原则和方式,如全面保护原则、原真性原则、可逆性原则、可识别性原则、缜密原则等。整体上,当代西方在法律制度、国际公约、政府组织、民间机构、公众教育、资金保障、市场开发等方面已经建立了比较完备的文化遗产保护体系。

表1-1　当代世界文化遗产保护理论发展沿革表

时间	文件	保护内容
1964年	威尼斯宪章	保护文物建筑及历史地段
1972年	世界遗产公约	保护具有普遍价值的遗产
1975年	布鲁日决议	保护历史性小城镇
1976年	内罗毕建议	保护历史地区
1977年	马丘比丘宪章	历史街区改造更新
1982年	佛罗伦萨宪章	保护历史园林
1987年	华盛顿宪章	保护历史城镇及街区
1994年	奈良文件	关于东方木结构文化遗产原真性的概念评估
2005年	西安宣言	保护古建筑遗址历史区域周边环境
2008年	魁北克宪章	保护文化线路

(二)中国文化遗产保护思想的起源与发展

1. 中国古代深受《周易》和儒家思想影响的古物保护思想

第一,穷变通久的思维路线。作为中国传统哲学元典的《周易》,积累了丰富的人生哲理和智慧,对古代乃至今天中国的文化遗产保护思想都产生了重要的影响。例如《周易》中提出的"穷则变,变则通,通则久"的哲学思想,是一种除旧布新、穷变通久的思维路线,成为中国历史上政治家们推动变法图新的重要理论武器,也是中国历代遗产保护的重要思想路线。这种思想犹如一把双刃剑,一方面促进了文化的发展与进步;另一方面又导致文物、遗址巨大的甚至是毁灭性的破坏。每至更朝换代,后代对前朝的都城、建筑都会大肆破坏,项羽火烧咸阳,大火三月不熄,古都洛阳的几经兴衰等历史事件无不深受这种思想的影响。

第二,"重道轻器"的古物保护思想。儒家思想作为中国封建社会的正统,对中国的政治、经济、文化等各领域等产生了深刻的影响。作为封建社会的主体文化,历朝历代的统治阶级大都对其推崇有加,中国几千年来的封建社会,所传授的不外《四书》《五经》,科举取士所考也不出其外。因此,对儒家学说的研读成为众多学者毕生的任务。同时,《周易》中"形而上者之谓道,形而下者之谓器"的哲学命题塑造了古人"重道轻器"的思维定式。这就决定了古人对精神遗产的重视程度超过对物质遗产的重视程度。在先秦时期,就已经形成了完整的三不朽思想:"太上立德,其次立功,其次立言。"古人知道再好的建筑也会在岁月流逝中衰败,他们退而求其次,即通过保存历史信息来延续文化传统。这就是为什么在中国古代,建筑物本身并不能体现不朽之精神,只有通过文字描述才使其成为可能值得被保护的文化遗产。

2. 中国近现代的古物保护思想

第一,西学东渐对中国文物保护理念的影响。中国近现代文化遗产保护意识萌芽于 19 世纪末,与西学东渐不无关系。当时,中国主要采用传统金石学开展文物保护方面的研究,随着西方考古学的传入,古物保护技术在继承传统的基础上获得了重大创新。例如,晚清传入中国的为文物考古图录所广泛使用的影印法,对古本的流传作出了巨大贡献。这一时期,由于西方列强对中国文物的疯狂盗窃掠夺,激起了民众的民族文化遗产保护意识,无论是民间还是政府都参与了文物的保护。例如,王懿荣之收藏甲骨,郑振铎之抢救古籍,张大千、徐悲鸿之临摹敦煌壁画。抗日时期,国民

政府重点保护了以故宫博物院为主的国家级文物。

第二，现代意义上的文物保护思想在中国的形成。随着近代考古学理论在中国的传播与发展，尤其是 1922 年成立的考古学研究室及 1929 年成立的营造学社，标志着现代意义上的文物保护思想在中国开始形成。1928 年，国民政府内政部颁发了《名胜古迹古物保存条例》，把"名胜古迹"和"古物"作了分类。1930 年，国民政府颁布了中华民国的第一个文物法规——《古物保存法》，主要规定了古物的范围和种类、古物的保存方式、古物的管理方法、地下古物的归属、古物发掘的管理、古物的流通以及中央古物保管委员会的组织方法等。这些法规条例不仅促进了古物的保护，而且加深了人们对古物的概念、内涵、类型、保护和管理方法的认识。

3. 中国当代文化遗产保护思想的发展

第一，文物保护在困难中前行。新中国成立后，为了合理保护和修缮各类文物、古建筑和遗址，国家颁布了一系列文物保护法令。1961 年国务院颁布《文物保护管理暂行条例》，确定了全国首批 180 个重点文物保护单位，1963 年先后颁发了《文物保护单位保护管理暂行办法》和《革命纪念建筑、历史纪念建筑、古建筑、石窟寺修缮暂行管理办法》，1964 年又颁发了《古遗址、古墓葬调查、发掘暂行管理办法》，初步形成了以条例为依据的一套中国文物法规。"文化大革命"期间，许多珍贵的文物古迹遭到毁灭性破坏，文物保护工作几近停滞。改革开放后，文化保护工作逐渐恢复。1982 年，国家颁布了具有重要意义的《文物保护法》，明确规定对有价值的建筑群、历史街区及村镇予以保护。至此，以保护单体古建筑、历史遗迹及风景名胜区的中国文物保护制度初步形成。

第二，从文物保护到文化遗产保护。1985 年，中国加入了《世界遗产公约》，并于 1987 年成功申请了首批包括长城、故宫、秦始皇陵及兵马俑坑、莫高窟、周口店北京猿人遗址和泰山①等六处世界文化遗产，标志着中国原本相对独立的文物保护体系开始融入国际文化遗产保护体系，文物保护思想开始向文化遗产保护思想转变。1994 年，中国成立了"全国历史文化名

---

① 其中泰山为文化与自然双重遗产。

城保护专家委员会",以加强对现有国家历史文化名城的有效管理。2005年,国家又颁布了《历史文化名城保护规划规范》,对历史文化名城、历史文化街区和文物保护单位的保护目标、原则、内容和方法作了明确规定。同年,又颁布了《国务院关于加强文化遗产保护的通知》,对文化遗产保护的指导思想、基本方针和总体目标作了具体说明,并决定从2006年起,每年6月的第二个星期六为中国的"文化遗产日"。2008年7月,国务院又颁布实施了《历史文化名城名镇名村保护条例》,规范了历史文化名城、名镇、名村的申报与批准工作。截至2015年8月,中国的国家级历史文化名城数量达到127个。国家级历史文化名城的申报、评比、保护、管理发挥了良好的示范效应,有力地推动了文化遗产的保护。

第三,现代化浪潮对文化遗产保护的冲击。然而,由于缺乏资金、保护观念未深入人心等原因,改革开放三十多年来,受工业化、城镇化的现代化浪潮的强烈冲击,许多珍贵的文化遗产地,由于过度的旅游开发,导致景区城市化和商业化氛围日益浓厚,文化遗产的形象受到严重影响。更多的文物古迹,受制于日益加剧的城市化用地矛盾,仅仅作为单体矗立在"水泥森林"之中,生存空间日益狭小,殊不知没有周边原始环境的映衬,再珍贵的文化遗产也会因为失去了"地气"和文化空间使其价值日渐消弱。总之,在中国当前的工业化发展过程中,文化遗产的保护时刻面临原真性与创新性、传统与现代的博弈,文化遗产保护任重而道远。

(三)中西文化遗产保护思想的差异

截至2015年7月,中国先后共有48个项目被联合国教科文组织列入《世界遗产名录》,其中文化遗产34项(含跨国文化遗产1项),文化和自然双重遗产4项,遗产总数居世界第二位。尽管中国在世界遗产数量上走在世界的前列,但是,由于中国特殊的国情,尤其是财政方面的硬约束,减弱了文化遗产的保护力度;同时由于中西方文化的差异,在文化遗产保护思想方面存在一些分歧,突出表现在对原真性的理解上,这使得中国在借鉴西方文化遗产保护方法和技术方面不能一味实行"拿来主义",而应"批判性"借鉴。

1."原真性"的内涵

原真性(Authenticity)是文化遗产领域非常重要的概念和术语,在英文的词典释义中含有"原初的"(original)、"真实的"(real)和"可信的"(trustworthy)三层意义。原真性这一概念最早出现在 1964 年签署的《威尼斯宪章》中,宪章在其导言中明确提出传递其(历史古迹)原真性的全部信息是我们的责任,并对古迹的保护、修复和发掘作了严格的限定。在古迹保护方面,提出决不能改变建筑的布局或装饰;在古迹修复方面,提出修复过程是一个高度专业性的工作,修补既不能破坏整体的协调感,还要与原作区别开来;在古迹发掘方面,提出要加强对古迹的充分了解,再现时不能曲解其意,允许适当重修,但决不允许重建。上述规定无不因循着"原初""真实"和"可信"的原则,加之《威尼斯宪章》在世界文化遗产保护方面的重要地位和作用,从而使原真性成为文化遗产保护的重要原则之一。

2. 中西关于文化遗产"原真性"的理解差异

尽管中国当代的文化遗产保护理念主要源自西方,但由于中西方在建筑文化和哲学思想等方面的差异,导致对文化遗产"原真性"的理解也有所不同。

第一,中西建筑文化的差别导致对"原真性"理解的差异。从文化遗产的类型看,无论是建筑群还是遗址,主要是以建筑的形式存在的。中西建筑文化的一个主要差别在于建筑材质,即木质建筑和石构建筑的差异,原因主要有以下两点:一是建筑目的不同。西方由于普遍信仰宗教,其主要建筑为彼岸的神灵建造,石构建筑能够满足其追求恒远的需要。中国古代的主流建筑则主要是为现世的人建造的,木质建筑满足了其实用的需要;二是建筑理念有别。西方建筑的首要原则是坚固,在当时的社会条件下,石头无疑是最佳的选材;中国古代建筑更看重"风水","土木"因在性能上最能表现阴阳适中而最为常用。建筑选材的差异必然导致保护方法和修复措施的不同,西方的石构建筑由于坚固耐用,保持久远,因此主要源于西方的文化保护思想就尤为强调保持建筑的原来布局和结构,任何曲解其意的重修或重建都是对遗产"原真性"的破坏。

第二,中西哲学思想的不同导致对"原真性"理解的差异。西方的哲学观强调存在与物质,强调文化遗产的原始物质材料的存在性和真实性。而在东方恰好相反,其哲学观强调的是变化与联系。正是基于这种哲学观,导致了中国人对材料物质保护的不重视。例如,以帕提农神庙为代表的西方砖石体系和以日本伊势神宫、中国苏州古城建筑群为代表的东方木构体系的存续脉络就迥然不同,帕提农注重对原物的实存,而伊势神宫和苏州古建则更注重对文化精神的再续。这就是为什么在文化遗产概念还没普及到中国之前,人们能够非常轻易地破坏建造物的原始材料物质的身份而任意重建。

3. 对"原真性"理解的变通与发展

随着世界文化遗产数量的增多,源于西方的文化遗产保护思想日益受到多元文化的冲击,尤其当文化遗产保护的主流思想由欧洲扩展到东方,遇到亚洲木质建筑的大规模翻修时,"原真性"原则已很难适应,文化遗产保护思想的变通与发展已成必然。1994年的《奈良文件》对传统文化遗产保护思想提出了挑战,认为关于原真性的检验,要充分尊重所有文化的社会价值观和文化价值观。2007年,在中国举办的"东亚文物建筑保护理念与实践国际研讨会",研讨了亚洲地区文化遗产的突出普遍价值、真实性与完整性以及国际普适的保护准则在东亚地区的适用性等重大课题。研讨会形成的《北京文件》是《奈良文件》的延续与深化,进一步明确物质材料和非物质文化信息的历史真实是构成文化遗产"原真性"的两方面,突出强调了对东亚木结构建筑的非物质文化信息和传统工艺的重视。

中西方文化遗产保护思想都经历了一个由古物保护到文物保护再到文化遗产保护的发展历程。早期人们对古物的保护意识是不系统的,强调的是古物的艺术价值。近现代文物保护理念日趋完善,强调保护古建筑、古遗址等历史价值。由于历史价值凝结在古物之中,因此文物保护特别强调原真性。当代文化遗产保护思想面对文化多样性的冲击,日益强调文化遗产的多元价值。今后随着越来越多的国家加入世界遗产委员会,与全世

界一道分享不同体制、不同文明、不同文化背景下的文化遗产将成为必然，文化遗产保护思想将更加丰富、完善、开放和包容。

三、非物质文化遗产保护与管理模式创新

根据联合国教科文组织《保护非物质文化遗产公约》，非物质文化遗产是指各种以非物质形态存在的与群众生活密切相关、世代相承的传统文化表现形式。非物质文化遗产因其独特、丰富的文化价值，在保护民族优秀文化、继承民族优良传统、培养民族文化自觉、完善民族文化基因库等方面发挥着重要作用。但相较于有形的物质文化遗产，非物质文化遗产因其无形性、"活态"性、民间性和整体性等特点，其保护长期以来受到人们的忽视。常规的保护程序由于过于强调非物质文化遗产的"确认""立档""研究"和"保存"等基础性工作，而忽略了"宣传""弘扬""传承"和"振兴"等保护其生命力方面的重要工作，使其保护面临困境。更为严重的是，一些非物质文化遗产因为过度开发，逐渐导致遗产变质、濒危甚至失传。究其根源，保护问题只是其表，管理模式才是根本。想要走出非物质文化遗产"轻保护重利用"的困境，还要在其管理模式上去探求原因。

(一)非物质文化遗产的特点与使命

对中国遗产管理模式改革有说服力的论证，必须基于遗产的价值特点和权属特点，必须着眼于遗产事业的整个使命，必须适应于中国的具体国情。

1.非物质文化遗产的价值特点

(1)文化价值性

非物质文化遗产包括民间文学、传统音乐、传统舞蹈、传统戏剧、曲艺、传统体育游艺与杂技、传统美术、传统(手工)技艺、传统医药和民俗等十大类，尽管类型多样，形式有别，内容迥异，但一般都具有历史、人类学、社会学、科学、精神、"原真性"和符号等方面的文化价值。当上述价值中的一部分开始成为社会型消费需求时，如人们在苏州昆剧院欣赏昆曲、在深圳欢

乐谷观看杂技表演、在西双版纳参与傣族泼水节等情景下,遗产的文化价值则派生出经济价值,遗产开始具有经济功能。由此可见,相较于一般经济资源的单一性价值,非物质文化遗产的价值具有多维性,其中文化价值是其核心价值,是主体;经济价值是其衍生价值,是附属。对非物质文化遗产主体价值定位的不同通常导致非物质文化遗产管理和经营体制的差异。在西方发达国家,文化遗产管理(CHM)被视为保持文化资产的文化价值以满足当代和未来人类的享受需要而进行的系统化保护。在发展中国家,人们更容易舍本逐末,把非物质文化遗产当作一般经济资源来经营和管理。

(2)原真性

对于非物质文化遗产来说,原生态、源于真实的生活、本色演出,是其独特价值和魅力所在,是其代代相传的不竭源泉。对"原真性"本质以及内涵的理解差异决定了非物质文化遗产的保护手段、经营方法和管理模式的不同。

在中国当前如火如荼的城市(镇)化进程中,许多民族文化、精神、韵味被商业化洗脑。一味求"洋",求"现代",使城市失却了"民族记忆"与"人文记忆"。例如一些民族地区在发展旅游时,为迎合游客体验的短暂快感,采取了"舞台化"的表现手法对民俗文化进行庸俗表达或粗浅展现,最终导致文化符号本身在审美、精神需求方面的逐渐枯竭,其根源就在于没有认识到民俗文化的"原真性"价值的重要性。

(3)不可再生性

"不可再生",是指非物质文化遗产一旦濒危、失传,其包含的文化信息和历史印痕等将逐渐失去生命力,最终湮灭在历史长河中。同时"不可再生"一定程度上还意味着"不可替代",不论是世界级、国家级还是地区级的非物质文化遗产,无不具有典型意义上的"独特性",甚至是"唯一性"。如纳西古乐的珍贵之处,是因为它早已失传于历史上发源并盛行的中原汉族地区,却在西南边陲丽江纳西族聚居地区保存至今。因此,"不可再生"这一特点决定了"保护为主,合理利用"构成了非物质文化遗产管理模式创新的必然逻辑与命题。

2.非物质文化遗产的权属特点

（1）公共性

理论上,非物质文化遗产具有典型的"公共产品"性质,一方面,限制任何一个消费者对其的消费是困难的,甚至是不可能的;另一方面,消费者人数的增加所引起的产品边际成本为零。这一性质决定了非物质文化遗产的保护和管理,只能借助于公共权力来实现,因为政府掌握着公共场所资源的公共权力,代表公共利益。因此应由当地政府结合具体情况,制定相对合理的非物质文化遗产管理体制。但这一性质也必然会导致"公地悲剧""囚徒困境博弈""集体行动逻辑"和"搭便车"行为。

（2）可持续性

非物质文化遗产是全人类共有的遗产,其公共性不仅应体现在当代人中间,而且应体现在代际之间,体现在遗产的可持续性享用上,应确保作为公共资源的遗产能被未来人类平等地享用。因此,任何因保护不力或管理不当造成的非物质文化遗产的濒危、异化、变质、失传等现象,不仅是对当今人们享用权力的漠视,也是对后代享用权力的剥夺。政府作为非物质文化遗产的管理方,对其可持续发展发挥着不可或缺的作用。

3.非物质文化遗产的管理使命

非物质文化遗产的上述特性决定了其管理使命必然有别于一般的经济资源。根据联合国有关遗产的国际性公约、建议、章程、宪章和中国有关非物质文化遗产的法律法规,尽管对于遗产管理的使命有多种不同方式的表述,但基本可概括为两个词,即"保护"与"展示"。

（1）保护

《中华人民共和国非物质文化遗产法》总则第一条开宗明义:制定本法的目的是为了继承和弘扬中华民族优秀传统文化,促进社会主义精神文明建设,加强非物质文化遗产保护、保存工作。所谓"保护",是指非物质文化遗产的发现、审批、登录、保存、管护等。保护是前提,是根本,只有保护好了,展示、开发才有可能。但保护不能孤立、片面地进行,保护也需要充裕资金的支持,只有通过保护性展示、适度开发,才能让保护活动更加高效。

（2）展示

所谓"展示"，包括两类，一类是向研究者展示，另一类是向公众展示。向研究者展示，是为了揭示与开拓遗产所蕴含的知识信息、价值信息、功能信息，如从事赣剧的学理研究，这种情景下的展示是公益性的，通常是不付费的。向公众展示，是为了使遗产的各种信息和价值能被整个社会所分享，从而提高人们的生活质量与人文素质。在这种情景下，由展示派生出遗产产业，包括遗产展示与信息业（尤其是数字化技术与网络技术）和遗产旅游业。目前国内较为关注的是遗产旅游业；在发达国家，更为关注的是遗产信息业。

尽管理论上非物质文化遗产可以被人们非竞争性地、非排他性地享用，但实际上，对于非物质文化遗产公共性的具体处理，每个国家可以也应当根据自身当时当地的经济和社会特点，选择并不完全相同的保护和管理方式。在中国，政府资金投入对非物质文化遗产的保护和管理可谓杯水车薪；另外，社会对非物质文化遗产的需求远大于供给，导致其在超过临界容量时，具有了一定的竞争性。这样非物质文化遗产实质具有了"准公共产品""俱乐部物品"的性质，从而使遗产产业的出现和发展成为了可能。

（二）非物质文化遗产保护与管理模式的现状与成因

中国现行的非物质文化遗产管理模式与文博事业的管理模式相类，虽然遗产的所有权归国家所有，但真正的管理方为地方政府。这种管理模式不可避免地导致多重目标性与遗产产业化之间的矛盾，而多重管理加剧了这种矛盾。这些矛盾最终造成管理目标的扭曲，即过度追求遗产的经济效益，而忽视了其文化价值，最终导致遗产的濒危、变质、异化乃至失传。

1. 多重管理导致管理低效

《中华人民共和国非物质文化遗产法》规定：国务院文化主管部门负责全国非物质文化遗产的保护、保存工作，县级以上地方人民政府文化主管部门负责本行政区域内非物质文化遗产的保护、保存工作。这一规定本身

就难逃多重管理的窠臼。非物质文化遗产多来自民间,根据其文化价值和典型意义分为国家、省、市、县(区)四级,其申报有着严格的程序,先由县(区)级文化部门申报县级,再依次申请市级、省级、国家级(如图1－1所示),不可越级申报。因此愈是高等级的非物质文化遗产,管理层次越多。譬如陕西紫阳民歌属于国家级非物质文化遗产,不仅要受到安康市文化局、陕西省文化厅、国家文化部等上级主管部门的控制,即所谓条条管理——这些部门作为政府规制机构,行使行业规划、负责颁布行业法规和管理条例并负责监督执行等职责;还要受到紫阳县政府、文化局等地方部门的控制,即块块管理——这些部门作为实际的主管机构,行使遗产的登录、申报、保护、管理等职责。

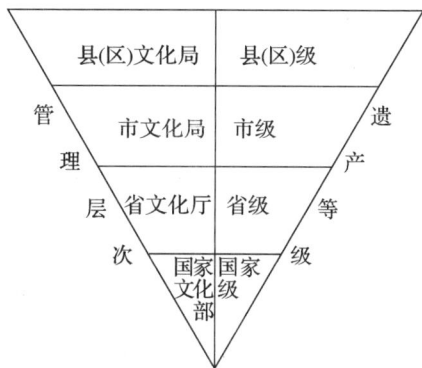

图1－1 非物质文化遗产等级与管理层次的关系

　　多重管理不仅可能导致利益纷争,如各级管理部门对遗产经济利益的争夺;也可能导致管理失位,如对遗产普查和保护等基础性工作的忽视和推脱。之所以会出现这种情况,可以利用委托代理理论进行解释。显然,非物质文化遗产的管理模式具有典型的委托代理特征。国家作为遗产的所有人,把遗产委托给地方文化主管部门进行管理,国家所追求的是遗产的文化效益,而地方政府更看重遗产的经济效益。地方政府为争取遗产的管理权,显然会有意弱化自己的逐利倾向而强化自己的保护动机,从而产生了逆向选择。在遗产的管理过程中,国家的主要职责是进行监管,但由于精力、财力、时间所限,只能对结果进行检查而无法对过程进行控制,使地方政府的投机主义有了生存空间,从而产生了道德风险。

上述分析过程利用系统论的原理也较易阐明(如图 1-2 所示)。不难看出,国家和地方政府两个控制机构的目标并不一致,两者的反馈系统缺乏交集。每个控制机构都只能用局部的眼光看待自己的控制问题,这种责任分离的结构特征意味着,每个控制机构只能在自己的职能范围内进行管理,这样做势必导致控制过程的不协调或者控制机构的不合作。

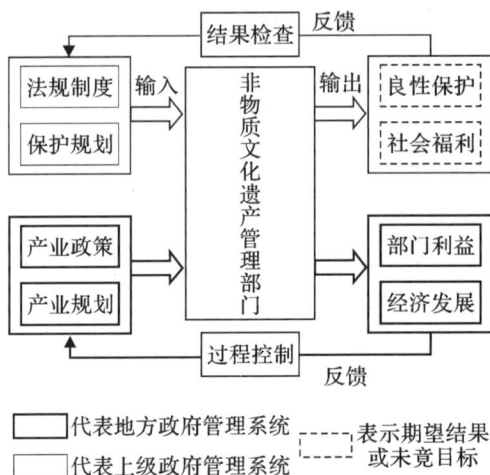

图 1-2 非物质文化遗产多重管理系统

2. 管理权与经营权的分离导致遗产管理使命的扭曲

从中国非物质文化遗产的保护和管理现状看,各级管理部门由于缺乏对非物质文化遗产管理使命的正确认知,导致非物质文化遗产并未一早就定格于文化遗产保护管理的先验性认知与制度设计的层面,自始至终便依循了旅游开发管理的思维与模式。最常见的模式就是经营权与管理权相分离,虽然在名义上非物质文化遗产的管理仍然属于事业性,但实际上是作为企业来管理和经营的,企业的逐利性必然导致对遗产保护的漠视。或是一套班子,两块牌子。一方面可使这套班子以拥有所有权的政府部门或机构的名义享受一切政府特权,另一方面又可以行使"经营权"的企业的名义,赚取利润。这种以个人、部门利益驱动损害和亵渎公共利益,导致遗产保护的公益性被削弱、经济性被凸显的错误做法完全是由于遗产地政府公共理性缺失造成的。随着中国改革的深入,这一做法的经济之弊与政治之

害愈加明显。

上述现象可以用同一单位不同经营活动之间的交叉补贴来解释(如图1-3所示)。根据遗产保护和开发活动的不同性质,分别提供其低强度和高强度的激励,从理论上应该可以实现资源的有效配置,实现"保护为主,合理利用"的遗产管理目标。但根据规制经济学理论,为同一个经营单位的两种经营活动提供不同强度的激励会产生交叉补贴问题,包括核算交叉补贴和配置交叉补贴,前者是指经营单位通过操纵账目,将一种活动的成本分摊到其他经营活动上,比如将修剧院的成本转嫁到遗产的调查、保护资金上;后者是指将那些有经验或素质较高的管理人员、更多的时间和注意力、更高质量的资本投入到激励较强的经营活动中,而将相对质量较差的投入用在激励较弱的经营活动上,表现为遗产管理单位普遍存在的"重开发,轻保护"倾向,这种补贴形式相较于第一种,更为隐形,不易监管。由于交叉补贴的存在,说明在同一个单位内对不同经营活动采取不同强度的激励是不相容的,最终激励会趋于均衡状态。加上中国的财政硬约束,以及社会赞助资金的缺乏,非物质文化遗产的保护资金十分有限,在这种情形下,保护与开发利用实际上有同样的激励强度,遗产管理机构因此会想方设法减少不能明确规定的保护活动,或者说很难用合同的形式保证保护目标的实现,最终不仅不会提高经济和社会福利,而且还会扭曲资源的配置。

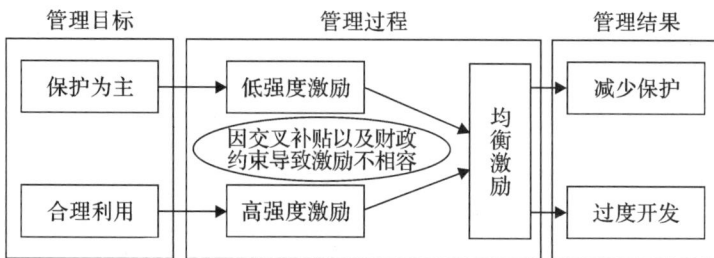

图1-3 非物质文化遗产管理使命扭曲分析示意图

3. 归口管理导致管理水平不高

中国目前非物质文化遗产实际上实行的是归口管理方式,一般是按照

"谁申报,谁负责,谁受益"的原则进行管理。从理论上讲,归口管理按行业、系统分工,可提高管理的专业化程度,防止管理缺位、错位和越位。但考虑到非物质文化遗产的类型多样性、价值多维性和管理使命多元性,非物质文化遗产管理不是某一学科类别的专家能解决的,要使其得到合理的保护和适当利用,必须吸收系统管理的思想,政府的制度、法规、政策,行业专家的指导,学界的研究,非政府组织的资助,重视非物质文化遗产环境的营造等缺一不可,唯有如此,才能实现文化效益和经济效益的双赢(如图1-4所示)。当然,政府监管、社会监督、组织自律又是保证系统良性运转不可或缺的条件。因此,单一的部门或专业管理难于协调遗产传承主体、传承客体、传承载体、传承受众体和传承利益体的矛盾,必然导致管理水平的低下。

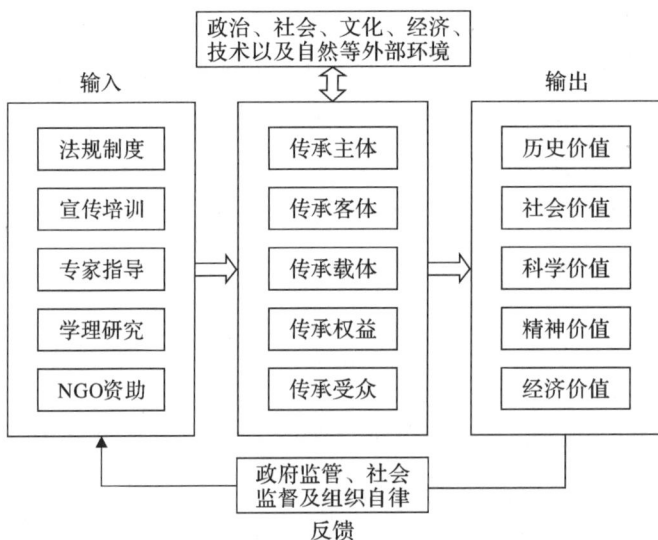

图1-4　非物质文化遗产管理系统图

4.对传承人管理的忽视导致遗产传承的不可持续性

从中国当前非物质文化遗产的管理实践看,更多强调的是"制度管理",即所谓"以制度管理人",如《中华人民共和国非物质文化遗产法》《国家级非物质文化遗产代表作申报评定暂行办法》等。诚然,制度管理可以要求"统一思想""统一目标"以达到"统一目的",制度成为不可逾越的行为

规范。但在强调"以人为本"核心理念的今天,这种管理方法显得有些生硬。尤其是针对非物质文化遗产的管理,对象主要是无形的遗产,因其技能、技术和知识具有可传承性,突出了人的因素,人的创造性及主体地位,由此决定了其管理模式的人本性。因此若仅仅重视对遗产等"物"的管理,忽略对"人",尤其是传承人的保护和管理,非物质文化遗产将成为无源、断流之水,其持续性将无法保障。

(三)非物质文化遗产保护与管理模式的创新

1. 非物质文化遗产管理模式构建原则

遗产的管理体制必须进行自上而下的强制性制度变迁,而不是等待遗产资源破坏事件促进自下而上的制度变迁。中国现时的遗产管理模式亟需自上而下的变革,非物质文化遗产管理模式的设计与建立,应当由国家主管部门针对遗产的具体特点及其所赋予的独特使命而进行,任何遗漏都意味着管理体制的缺失。根据上述分析,在具体的管理模式设计中,应当遵循以下一些原则:

第一,应以保护为管理的首要使命,顾及遗产享用的公益性和可持续性原则;

第二,重视对非物质文化遗产的系统保护和综合管理;

第三,应以非营利性作为遗产管理制度的基本特征,并力获可容许经济收益,且收益不用于分红,用于遗产事业的再投入。

2. 非物质文化遗产管理模式的创新

(1)采用权变的管理模式

中国各地经济发展差异大,非物质文化遗产面临的主要矛盾和问题也各不相同,很难找到适用于全国各地的、统一的非物质文化遗产管理标准与模式,应由当地政府结合具体情况,建立相对合理的非物质文化遗产管理体制。对于中国大部分地区来说,尤其是中西部地区,由于财政的硬约束,仍然要采取现行的委托代理模式(尽管其是一种满足预算约束的次优管理体制),由国家委托地方政府代为管理,为了规避逆向选择和道德风险,国家应从"成本—效益"与"成本—效果"双重角度建立遗产单位的管理标准,加强过程监督,同时应大力扶植、鼓励非政府组织,充分发挥他们的监督职能。可以把非物质文化遗产的保护职能,通过规范管理、招标、契约等方式,让渡给社会的民间组织(如公共事业组织)去完成,以免费提供场地、冠名权和适当资金补助等辅助形式,由民间组织操办民间文化活动,把非物质文化遗产与社区居民文化结合,使非物质文化遗产保护逐渐内化为全民的文化自觉。而对于沿海一些发达地区,如上海、广东、江浙等地,由于财政约束相对宽松,可以实行类似国家公园的管理体制,由上级政府集权管理。另外,遗产管理单位应根据各类遗产的价值、特点、隶属关系及相关资源的性质等实际情况,不断探索,逐步建立相对规范的分类、分级指导经营管理体系。

(2)保持"非营利机构"体制

当前非物质文化遗产管理体制之争,实际上是经济制度选择之争,其实质是地方政府联合当地旅游部门向遗产管理部门争夺经营权,而根本不具备管理与经营遗产知识能力的旅游部门,把遗产单位仅仅看作看门人,轻而易举取代,表明地方政府对遗产价值、保护、管理标准以及遗产事业使命缺乏完整而准确的理解。非物质文化遗产因其准公共产品的属性,决定了其经营权与所有权必然是天生一体的,其经营权与管理权必须统一于遗产管理单位,其经营是"文化价值导向"而非"利润导向"。在这一点上可向国外的先进经验学习,通过保证非物质文化遗产管理财权与事权的对称,使管理者的牟利动机被较好地抑制,从而保证遗产管理机构的"非营利性";同时,大力扶植、鼓励非政府组织,借助市场机制鼓励他们介入文化遗产经营管理,在扩大保护范围、提高服务质量和补充行政管理体制力量匮乏上发挥重要作用。对当前的中国来说,要保证遗产经营的营利与遗产事业的非营利性相一致。在向社会提供消费(如向游客展示)服务时,与一般经济企业相同,但其是"非营利性的"。其经营与文化单位(如乐团)非营利性质也不同,必须以"保护优先"为前提。

(3)加强综合管理

非物质文化遗产的管理是个系统工程,按管理的主体分,分为上级政

府和地方政府,上级政府主要起监管职能,地方政府主要发挥管理作用,要想实现管理目标的优化,加强各级政府之间的协调就尤为重要,这一工作是非物质文化遗产管理中的一个难点,需要加强上级、非政府组织监管和地方自律意识;按管理的客体分,又包括传承主体、传承客体、传承载体、传承受众体和传承权益体等五个子系统,他们共同组成非物质文化遗产的传承系统,要使系统整体输出最优,就必须重视对五个子系统自身的管理以及其间联系(即传承链)的管理,并注重对非物质文化遗产生存空间、生存环境、生存生态的整体性保护。

(4)重视人本管理

非物质文化遗产区别于物质文化遗产的一个基本特性,就是它是依附于个体的人、群体或特定区域或空间而存在的,是一种"活态"文化,对其的管理除了需要收集整理保存那些物质性的载体、或通过记录等手段将其物质形态化外,更重要的是要对掌握、表现优秀非物质文化遗产技艺或形态的人加以有效保护,提供资金帮扶,创造传承条件,加强人文关怀,使之通过个人、群体、民族之间的传承在现今以至未来社会中得以不断延续和发展。因为正是传承人的存在和发展,才赋予了非物质文化遗产鲜活和持久的生命力。此外,中国非物质文化遗产专业管理人才极度缺乏,亟需培养一大批掌握一定的管理技巧,对非物质文化遗产的概念、范畴尤其是本地区非物质文化遗产项目有一定的了解和认知的专业管理人员。

另外,鉴于中国当前非物质文化遗产的资金约束,应不断完善资金投入制度,实行国家投资带动地方政府资金投入,并辅之以社会团体、慈善机构及个人的多方合作的资金来源与保障制度,这一工作任重而道远。

四、丝绸之路经济带文化遗产保护回顾与展望

文化遗产地往往是"文化高地"与"经济洼地"的混合体,其发展常伴随着多重矛盾,其中最为突出的就是遗产保护与遗产地社区经济发展的矛盾。毋庸置疑,保护是发展的基础,但现实中不少文化遗产地为了发展地区或区域经济,往往忽略了文化遗产的保护。丝绸之路沿线既有大量类型多样的物质文化遗产,也有众多内涵丰富的非物质文化遗产,在漫长的历

史长河中,许多文化遗产要么与时俱进,保持永生,要么被时代所湮灭,濒危失传。在"丝绸之路经济带"国家战略提出和"丝绸之路:长安—天山廊道路网"成功申遗的重大战略机遇期,梳理过往关于丝绸之路文化遗产保护的相关研究,既可以为丝绸之路经济带文化遗产的保护实践提供决策参考,也可以为后续的保护研究打下一定的学术基础。

(一)研究回顾

本节资料的获取主要基于中国学术资源的最全面平台——中国知网全文数据库,为了尽可能地扩大文献收集面,并不失资料的学术性,主要在"期刊""特色期刊""学术辑刊""博士论文""硕士论文""国内会议"和"国际会议"等七个子库范围内进行跨库检索。在检索途径上,先以"丝绸之路"为主题进行首次检索,再以"遗产"与"保护"为主题对已检索到的文献进行二次筛选,共得到相关文献217篇①。进一步检索发现,关于丝绸之路沿线非物质文化遗产的文献有32篇,更多的则是物质文化遗产的研究,或两者兼而有之。考虑到物质文化遗产和非物质文化遗产特征的差异性进而导致保护理论、保护模式、保护技术以及保护方法的差别,下文分而述之,但以前者为主。

1.丝绸之路经济带物质文化遗产保护研究回顾

由于相关文献较多,涉及内容繁杂,为避免主次不分,依据所得文献的内容特点,主要从研究时间、研究空间、研究方法和研究内容四个维度对相关文献作一综述。

(1)时间维度

韩骥(1982)的《西安古城保护》是目前可得文献中较早关于丝绸之路沿线文化遗产保护的研究。西安作为丝绸之路的起点,在历史的长河中几经兴衰,尤其是当代面临城市化的巨大挑战,西安正确地定位了城市性质,把历史文化古城放在首位,及时提出了实行保护与建设相结合的建设方针,把保存、保护、复原、改建与开发新建密切结合。之后关于丝绸之路沿

---

① 检索时间为2014年7月22日21:16。

线文化遗产保护的文献并不多见，一直到 2006 年，相关研究开始快速增加，这与当年"丝绸之路"跨国申遗活动的开展和中国《丝绸之路旅游区总体规划》编制的启动等不无相关。随后相关研究稳中有降。研究年谱如图 1-5 所示，从文献的时间分布可以看出，人们对丝绸之路沿线文化遗产的保护程度日益增加，一定程度上反映出文化遗产保护观念正在逐步地深入人心。

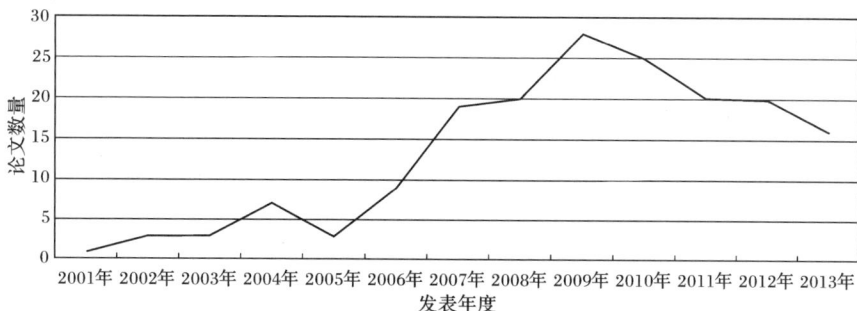

图 1-5　丝绸之路文化遗产保护研究年谱

（2）空间维度

从空间维度看，相关研究存在典型的空间分异性。在研究线路上，过往研究主要集中在陆上丝绸之路西北线，相关文献有 101 篇，几乎占到总文献量的 50%。这与陆上丝绸之路尤其是西北线为历史上最重要的丝绸之路走向是一致的。在文献来源期刊方面，刊发在期刊《丝绸之路》中的相关研究明显多于其他文献来源，占到总研究文献的七分之一强，凸显了《丝绸之路》杂志较强的专业性和针对性，结合下文关于丝绸之路旅游合作来源期刊的分析，说明《丝绸之路》杂志多年来已成为研究丝绸之路旅游方面的主要专业期刊。

（3）研究方法维度

从研究方法看，无论是保护理论根源、保护模式的分析，还是保护对策、保护政策的探讨，抑或保护技术的研究，主要以定性研究为主。这一方面是由研究问题的性质决定的，文化遗产保护的相关问题相对不宜用定量方法来分析；另一方面也说明由于文化遗产类型多样，所处地区环境有别，决定了文化遗产的保护研究是一个见仁见智、因地制宜的问题。

(4)研究内容维度

对以往研究文献进行初步的分析归纳,发现关于丝绸之路沿线物质文化遗产保护的过往研究主要包括保护理论根源和基础、保护理念和模式、保护技术以及保护政策和对策等四方面,下面逐一述之。

第一,保护理论根源和基础。保护是开发和利用的基础,但为什么要保护,保护的根源和基础是什么等问题在丝绸之路文化遗产保护的相关研究中较为缺乏。如果把"文化遗产需要保护"看成是数学中的一个命题,这个命题的真伪是需要证明的,其并非公理。但在相关理论研究中,许多研究者往往把其看成公理,未做保护根源或基础的深入挖掘,便提出一系列保护对策,降低了研究的信度。但也有部分研究在此方面作了一定深度地探讨。李飞,宋金平(2010)在理清廊道遗产两条理论源流的基础上,深度挖掘廊道遗产文化价值,解析其政治、经济、教育三种衍生功能,以说明廊道遗产的现代价值是中华民族伟大复兴在遗产和文物保护领域的具体体现,廊道遗产的合理保护与开发利用关乎中华民族的复兴大业。这篇研究为包括丝绸之路在内的廊道遗产保护提供了深入的学理解释,凸显了文化遗产保护的必要性和重要意义。王金伟,韩宾娜(2008)认为准确地评价线性文化遗产的旅游发展潜力,对于有效保护和合理开发利用文化遗产资源具有重要意义。构建线性文化遗产旅游发展潜力评价体系应充分考虑供给、需求和发展环境等多种因素的诸多方面。同时,还必须综合利用层次分析法、德尔菲法和熵技术,以减少误差、提高可信度。并以丝绸之路等线性文化遗产为例进行了实证检验,实证研究的结果与实际情况基本吻合,说明构建的评价指标体系具有一定的科学性和可信度。此外,雷昊明(2014)深入研究了回族古建筑昭示的和谐成因与文化认同,蒋兴国(2011)分析了河西走廊历史文化遗产的内涵与价值,王元林(2010)探讨了历史上丝绸之路沿线古城址衰废和消亡的原因以及当今社会破坏的因素,许辉等(2014)对塔吉克族文化遗产旅游资源进行了综合评价,这些研究都为丝绸之路文化遗产的保护提供了理论根源或依据。

第二,保护理念和模式。以往关于丝绸之路沿线文化遗产的保护研究主要包括以下几个角度。首先,从丝绸之路整体旅游线路的特点来看,一

些学者提出采用文化线路的保护理念。吕舟(2006)认为"文化线路"概念的提出,改变了过去世界遗产对人类文明的"点"状展示,而成为以重大的人类活动为脉络的"线"性区域性展示,更加真实、准确地反映了人类文化的发展与传播,也使在世界范围内构建以"文化线路"为经纬的"世界遗产保护网络"成为可能,这一新的遗产保护理念的出现将对国际遗产保护事业的发展产生重大而深远的影响。李林(2008)认为作为国际遗产保护的一种新理念和新方法,"文化线路"针对"丝绸之路"这类大型线性遗产提出了具体的保护策略,将"文化线路"的理念(方法)与"丝绸之路"文化遗产保护的具体实践相结合,有利于促进"丝绸之路"文化遗产的整体保护,有利于促进"丝绸之路"文化遗产的跨国合作保护,有利于促进"丝绸之路"沿线各国联合申报世界遗产,有利于促进"丝绸之路"的复兴。吴佳雨等(2013)以草原丝绸之路元上都至元中都段为例,基于文化线路视角探讨了绿道的选线原则、方法及服务设施规划,认为文化线路作为世界遗产研究的前沿概念,注重背景环境和相关区域的整体价值,以文化线路作为绿道规划选线的基础,增强了绿道的可识别性和历史感。总之,文化线路作为一种新的文化遗产类型,体现了世界遗产发展(遗产类型平衡以及跨国申报等)的方向和趋势。但作为一种新的保护理念,在概念辨析、具体线路界定、保护制度与策略、线路管理等方面的理论研究和实践探索都较为薄弱,亟待加强。

其次,从具体保护模式看,文化遗产的类型与特点不同,其保护模式往往有别。其中,大遗址是根据中国考古遗址的特点,提出的具有中国文化遗产保护特色的概念。由于丝绸之路沿线很多城市在古代是整个国家或区域的政治、经济中心,因此给我们遗留下来许多宝贵的大遗址,如河南的汉魏洛阳城遗址、陕西的汉长安城未央宫遗址、唐长安城大明宫遗址等。李勤(2010)探讨了汉长安城遗址的保护模式,主要归结为回填保护和现状保护两类。王军(2009)以唐大明宫遗址公园为例,探讨了遗址公园模式在城市遗址保护中的应用。另外,博物馆也是保护和展示文化遗产的一种有效方式。刘克成,肖莉(2010)认为西市遗址是隋唐丝绸之路的起点和重要标志,是"丝绸之路"商贸交流的重要文化遗产之一。西安唐西市遗址及丝绸之路博物馆作为丝绸之路的起点和物质载体,将对"丝路五国"正在进行的联合申报世界文化遗产工作具有重要的意义和作用。然而,由于传统的博物馆展示方式往往属于静态展示,缺乏参与性与互动性,因此新的展示方式就成为博物馆展示寻求突破的一个方向。耿苗(2012)认为广东海上丝绸之路博物馆"南海 I 号"出水文物开放式保护修复实验室的建设在国内博物馆中还是一个比较新的尝试,在博物馆内开设专门的开放式文物保护修复实验室供观众参观,在完成文物保护修复工作的同时,也可让观众了解文物保护修复的相关知识常识。此外,举办各类文化遗产节庆活动,通过对文化遗产的宣传与展示,加深人们对文化遗产价值的认识,使文化遗产保护逐渐成为一种文化自觉。

最后,基于丝绸之路跨洲、跨国、跨区域的特点,跨国管理与保护成为丝绸之路文化遗产保护面临的现实问题和巨大难题。学者们比较公认的解决办法是实施丝绸之路跨国申报世界文化遗产。丝绸之路以跨国合作、文化线路的形式"申遗",既是世界文化遗产保护的有益创新,也有利于提升遗产所在国的国际影响和地位。早在 2005 年,刘睿文,刘衡就以丝绸之路为例,通过分析丝绸之路自身的特点,提出了多国联合申报世界文化遗产的设想,并进一步对中国引入多国申报模式的必要性作以初步的论述。随后,关于丝绸之路跨国申遗的研究日益增多。肖先进(2008)认为在中国古代几大丝绸之路中,"南方丝绸之路"是开通最早、线路最长、途经国家最多的交通大动脉,具有无比重要的历史文化艺术等综合价值,南方丝绸之路作为"丝绸之路"不可分割的重要组成部分,理当尽快列入"丝绸之路"整体申遗名单。南宇,李兰军(2010)基于丝绸之路申遗的视角分析了西北丝绸之路跨区域、无障碍、一体化旅游模式。2014 年 6 月 22 日,在卡塔尔多哈举行的第 38 届世界遗产大会宣布,由吉尔吉斯斯坦、哈萨克斯坦、中国三国联合申报的"丝绸之路:长安—天山廊道路网"成功申报世界文化遗产,成为首例跨国合作、成功申遗的项目。这一文化线路产品的成功申报证明了丝绸之路跨国管理和保护研究的学术价值和实践意义。

第三,保护技术。尽管关于丝绸之路沿线文化遗产保护技术的文献不多,但保护技术的实践应用价值却很大。丝绸之路从肇始到如今已经历

2000多年的历史,沿线不同年代、不同地域、不同材质、不同构造的各类文化遗产历经自然的侵蚀、人为的影响,有些至今保存完整,如大雁塔;有些已然颓废,经过修整,重新面世,如汉魏洛阳城遗址;有些已经消失,如楼兰古城。现阶段,丝绸之路沿线的大部分文化遗产都面临各式各样的保护难题,尤其是保护技术的合适运用。李最雄,王旭东(1998)探讨了古丝绸之路上的土质、石质文物中石窟的主要病害和保护问题,这些病害包括风蚀、雨水侵蚀及其他作用力造成的石窟崖体、石雕、土建筑的开裂坍塌、风化剥落等,同时阐述了针对这些病害所采用的一些行之有效的加固保护技术和方法。樊锦诗(2008)总结了敦煌石窟的保护技术,认为敦煌石窟多年来通过自然科学多学科的结合和多层面的工作方法,已经逐步形成以环境监测和保护、壁画分析和修复、石窟加固、石窟档案为内容的科技保护体系,使敦煌研究院在壁画和土遗址保护领域达到了国内领先水平,已成为中国石窟和土遗址文物保护的基地,并发挥了积极的辐射作用。戴宁(2011)在其硕士论文《高昌故城土遗址保护理论研究》中,在对高昌故城的地理环境、历史特点、遗址分布、保存现状、主要病害以及土遗址保护技术等内容进行系统深入的调查、梳理与归纳的基础上,建立了针对高昌以及中国西北干旱地区土遗址保护的原则、方法、技术三级理论体系。整体上,关于丝绸之路沿线文化遗产保护技术的研究相对薄弱,这可能与保护技术研究的专业性太强有关,通常具有文化遗产保护技术方向知识背景的学者或跨学科背景的学者能够进行这方面的研究,这是未来需要加强的一个方向。

第四,保护政策和对策。中国早在 2007 年就启动了《丝绸之路旅游区总体规划》的编制工作,但相较于中国在旅游规划方面的积极行动,多年来因为各方面的原因丝绸之路沿线中亚各国在统一编制规划方面并无实质性进展。另外,2013 年,为妥善处理大遗址保护与国家经济社会发展之间的关系问题,进一步加大投入、加强引导,全面推进大遗址保护工作,中国国家文物局和财政部共同研究编制了《大遗址保护"十二五"专项规划》,明确了"十二五"期间中国大遗址保护的总体目标、主要任务、组织管理和保障措施等。上述规划从法规或政策层面对丝绸之路沿线文化遗产的保护政策作了整体规定,对丝绸之路中国段文化遗产保护具有重要的指导作用。

相对比较宏观的国家保护政策和法规,更多的关于丝绸之路沿线文化遗产的保护对策研究则更为微观、具体和有针对性,散见于结合不同地域、不同区段丝绸之路文化遗产保护的案例研究中。古丽拜克热·买明,沙代提古丽·买明(2012)在对交河故城保护现状和问题分析的基础上,提出了要坚持"以人为本"原则、制定保护规划、专业导游讲解、提升员工保护意识以及重视社区保护等对策。贺嵘,毕景龙(2012)以西安大唐西市保护与规划为例,提出在西安"唐皇城复兴"背景下的城市建设与发展过程中,让大唐西市项目在充分协调好保护与更新关系的前提下,通过历史遗产保护、文化活动、商业及旅游业开发,对历史文化遗产进行合理利用,使历史的文脉在现代生活中得到继承和延续。李树民,王会战等(2013)根据丝绸之路沿线文化遗产的不同类型,提出了对应的保护对策。其中,对于古城遗址类文化遗产,主要采用遗址公园模式、遗址保护与旅游开发相结合模式、主题公园模式或复建模式等保护对策;对于皇家宫殿遗址类文化遗产,可行的保护模式主要是遗址公园模式,具体又包括:局部重要遗址保护模式、整体保护模式、连片保护模式;对于军事遗址类文化遗产,可通过修复部分遗址遗迹,利用现代虚拟技术,再现古战场情景等对策进行保护;对于宗教活动场所类文化遗产,在保护过程中应注意以下几点:适度开发,有选择地开放,做好建筑和文化作品的保护措施,进行景区的合理规划,注重环境保护等;对于宗教石窟艺术类文化遗产,可采取深挖佛教文化,开发小众旅游等保护对策;对于陵墓类文化遗产,可通过扩展和放大陵墓资源的旅游功能,通过旅游实现陵墓保护自我造血功能,从而实现该类遗产的良性保护。整体上,关于丝绸之路沿线文化遗产保护对策的研究较多,大多属于定性研究,定量研究相对缺乏,使得有些保护对策缺乏说服力和针对性,理论价值不大,这一方面以后亟待加强。

除了以上四方面的研究之外,还有一些研究涉及丝绸之路沿线文化遗产的合作保护问题,尽管丝绸之路属于跨区域、跨国、跨洲廊道型文化遗产,但关于丝绸之路沿线文化遗产保护合作的研究并不多见。这一方面反映了丝绸之路沿线文化遗产保护尚处于"各自为战"的局面,另一方面也揭

示了丝绸沿线文化遗产保护水平不一的深层次原因。对于丝绸之路这样一条整体线路旅游产品来说，要想发挥丝绸之路旅游的品牌效应，沿线各个国家和地区应秉着资源共享、市场共享、信息共享、利益共享和风险共担原则，在规划制定、品牌建设、线路保护等方面进行深度合作。

2. 丝绸之路经济带非物质文化遗产保护研究回顾

丝绸之路沿线所经国家和地区除了具有丰富多样的物质文化遗产以外，同样富有各类非物质文化遗产。相较于物质文化遗产的有形性，非物质文化遗产由于其无形性，增加了保护的难度。从研究现状看，关于丝绸之路文化遗产保护的研究，主要针对物质文化遗产，关于非物质文化遗产保护的研究相对较少。

南宇，杨永春（2011）在对西北丝绸之路沿线区非物质文化遗产的概况、现状以及抢救保护工作所面临的问题深入分析的基础上，认为目前非物质文化遗产的传承保护面临着十分严峻的形势，一些非物质文化遗产正在濒临绝迹，传承后继乏人。论文提出了类型化保护、人格化载体保护、物化载体保护、产业化载体保护、知识产权保护、适度旅游开发保护等措施，认为在保护中发展，在传承中创新，构建西部丝绸之路沿线非物质文化遗产传承保护体系具有现实意义。周荣等（2007）认为西部丝绸之路沿线非物质文化遗产保护工作面临着四大严峻问题：一是西部丝绸之路沿线非物质文化遗产本体生存的文化生态环境急剧改变，资源流失状况严重，后继乏人，有些传统技艺面临灭绝；二是法律、法规建设有待于加快，非物质文化遗产还没有充分得到依法保护；三是非物质文化遗产本体保护意识有待于提高；四是多种保护机制亟需完善。在此基础上，提出了构建中国西部丝绸之路沿线非物质文化遗产保护体系的基本思路及其措施。除了以上对丝绸之路沿线区域非物质文化遗产保护现状和措施的研究外，还有一些研究着眼于更微观的地区非物质文化遗产的保护状况。如李季莲（2011）通过对新疆各民族传统舞蹈的论述，阐明传统舞蹈是非物质文化遗产中不可缺少的重要内容，同时也强调了抢救与保护非物质文化遗产是一项任重而道远的文化工程，以期引起更多的人对抢救、保护、研究传统舞蹈的关注。另外,杨举保(2011)对新疆玛纳斯县非物质文化遗产普查保护现状进行了综述。

整体上,关于丝绸之路沿线非物质文化遗产保护的研究尚不成体系,现有研究仅仅涉及到丝绸之路沿线地区非物质文化遗产的保护现状和保护措施,关于非物质遗产保护的基础理论、非物质文化遗产的内涵特征、非物质文化遗产的保护管理模式等问题都不曾涉及,今后应加强对丝绸之路沿线非物质文化遗产保护的系统研究。

(二)研究展望

根据丝绸之路经济带文化遗产保护的研究内容,分别从保护理论基础和根源、保护理念和模式、保护技术、保护政策和对策以及非物质文化遗产保护等五个方面作一展望。

第一,重视保护理论根源的基础研究。整体上,尽管关于文化遗产保护基础和根源的研究是一个根本并且重要的问题,但并未引起足够的重视。而正是此方面研究的匮乏,导致文化遗产保护的乏力。笔者于2014年7月在对丝绸之路沿线的一处世界文化遗产——汉长安城未央宫遗址的周边社区进行调研时发现,很多当地居民对汉长安城历史和价值的了解非常有限,这可能是汉长安城遗址长期以来受到被动保护①的一个深层次原因。因此,要想从根源上解决文化遗产的保护问题,今后必须重视文化遗产保护基础和根源的研究。具体来说,首先要重视丝绸之路沿线文化遗产历史文化价值的挖掘。其次,要加强对丝绸之路沿线文化遗产资源的定量评价。此外,要特别重视文化遗产保护的政治、经济、社会、文化和环境等多方面价值和意义的综合分析。如果文化遗产的价值能够达到妇孺皆知的程度,于文化遗产保护无疑是大有裨益的。

第二,丰富保护模式和理念。首先,重视文化线路这一前沿保护理念的理论深究和实践探索。当前,关于"文化线路"的本质、意义和范畴仍然

---

① 调查时发现,更多当地居民是受文物保护法、大遗址保护管理规定的约束,而无奈地保护汉长安城遗址,真正因认识到汉长安城的历史文化价值而进行主动保护的居民占少数。

存在着观念上和操作上的空白,加强"文化线路"概念辨析至关重要。国际古迹遗址理事会文化线路国际科学委员会(简称 CIIC)提出文化线路既不是某个特定历史事件或事物的载体,也不是特定历史或历史时刻的产物,CIIC 更倾向把文化线路作为一个社会现象来看待。按照这一观点,作为"文化线路"的丝绸之路绝不仅仅是一条贸易通道,而是同时具有文化价值、政治功能、经济功能和教育功能的一条遗产廊道。丝绸之路作为典型的廊道型文化遗产,线路具有多选性,使得文化线路的范围界定成为难题。2014 年 6 月,"丝绸之路:长安—天山廊道路网"成功申报世界文化遗产,明晰了从中国西安出发到中亚吉尔吉斯斯坦、哈萨克斯坦的这一段丝绸之路的范围,为今后保护制度与策略的制定及线路管理规划等提供了依据。但上述线路也只是传统的丝绸之路①的一部分,传统丝绸之路的其他部分以及海上丝绸之路的范围界定尚未形成定论,不利于保护制度与策略的制定和线路的管理规划。因此,丝绸之路的范围界定成为今后加强丝绸之路这一"文化线路"保护研究的基点。

其次,分类研究丝绸之路沿线文化遗产的保护模式。丝绸之路沿线主要有古城遗址、皇家宫殿遗址、军事遗址、宗教活动场所、宗教石窟艺术和陵墓等类型物质文化遗产,不同类型的文化遗产内涵特征不同,表现形式有别,决定了其保护模式必然有所差异。这就使得保护模式的分类研究显得尤为必要。在具体保护模式方面,除了文化线路、大遗址公园、博物馆等常见保护模式的应用研究外,也要注意新型保护模式的开发研究。

最后,随着"丝绸之路:长安—天山廊道路网"的成功申遗,必将极大提高丝绸之路的国际影响力,而且逐渐带来可观的经济效益和社会效益,必然将对丝绸之路经济带战略的实施起到巨大的促进作用。未来几年,丝绸之路沿线国家和地区应进一步加强文化遗产保护力度,未入选《世界遗产名录》的丝绸之路其他路段,应继续联合申报世界文化遗产,最终将丝绸之路打造成为国际上具有影响力的洲际旅游带。

———————————

① 传统意义上人们所指的丝绸之路是狭义的丝绸之路,即指公元前 2 世纪,由西汉张骞出使西域而开通的从新疆通往西亚的绿洲丝路,是谓陆上丝绸之路。

第三,加强保护技术的合作研究。保护理论、理念和模式的研究固然重要,但若缺乏保护技术的支撑,也只能是纸上谈兵。丝绸之路沿线的一些文化遗产保护不力并不是保护理念落后,保护模式不合适,而是保护技术水平低造成的。目前中国的经济状况还不足以完全满足文物保护所需的巨额经费,中国的专业技术人才还相对缺乏,对国际上先进的保护理论和保护技术知之不多,科研设备也相对落后。要快速提高中国的文物保护水平,壮大文物保护力量,走"以我为主,为我所用"的国际合作路径是一条重要途径。可以利用国外先进的遗产保护技术,采取和其他国家合作的方式,对丝绸之路沿线的重要文化遗产进行保护。通过合作研究,不仅研究解决保护中的难题,而且还能引进先进的保护科学和技术、保护理念和管理方法,进而提高保护科学技术水平,从而加强对丝绸之路沿线文化遗产的科学管理。

第四,加强保护政策和对策的针对性研究。现有关于丝绸之路文化遗产保护政策的研究过于概化,关于具体区域的保护对策相对也过于泛化,许多保护措施普适有余,针对性不强,从而降低了论文的应用价值。今后,应充分认识到丝绸之路沿线文化遗产种类多样,内涵特征不同,承载能力不一,因此,相应的保护对策必然有别。关于保护对策的探讨首先要基于对遗产类型的基本判别,对遗产内涵和价值的深刻把握,对遗产保护现状的清晰认识,对遗产保护不力原因的深刻洞察,对遗产地保护人力、物力和财力的客观了解,在此基础上,才可能提出具体、可行、科学、针对性强的保护对策,从而推动文化遗产的保护工作。另外,还要加强定量研究。按照定量研究的范式,结论往往通过假设推演提出,然后通过搜集数据对假设进行实证。关于丝绸之路沿线文化遗产的保护对策研究,今后可以在定量研究方面多做尝试,从而提高研究的信度和效度。

第五,加强丝绸之路沿线非物质文化遗产的系统研究。首先应当正确确认和理解非物质文化遗产。只有对非物质文化遗产的渊源、概念和内涵理解得比较清楚时,才能对非物质文化遗产做到有效保护。其次,加强丝绸之路沿线非物质文化遗产类型、数量、保护现状及存在问题的调查,对其内涵价值进行深度挖掘,只有对非物质文化遗产的内涵价值有基本认

知,才可能把被动的保护行为变成一种文化自觉。最后,在研究保护措施时,要加强对包括传承主体、传承客体、传承载体、传承受众体和传承权益体在内的整个传承链的系统保护,不可偏废。

第二章

丝绸之路经济带旅游合作研究综述

当今世界经济有两大发展趋势：一是全球经济一体化，二是区域经济合作化。"一带一路"国家战略的提出就是区域经济合作化这一趋势的最新动态，而在实现这一战略过程中发展丝绸之路经济带旅游合作具有重要的先导作用。追溯历史，早在 20 世纪 80 年代，随着联合国教科文组织"对话丝路：丝绸之路整体性研究"项目的启动①，丝绸之路沿线地区旅游合作的实践探索和学术研究即已展开。而在此后的近 30 年间，每逢国家提出有关丝绸之路沿线地区的重大发展战略或出台相关利好政策，抑或丝绸之路国内外旅游合作取得重大共识和突破，就犹如化学反应中的催化剂，往往导致丝绸之路旅游合作实践的深化和研究的深入。值此"一带一路"国家战略提出以及"丝绸之路：长安—天山廊道路网"成功申遗的重大机遇期，梳理以往关于丝绸之路旅游合作的相关研究成果，并在此基础上合理地借鉴与适当地吸收，可以为丝绸之路旅游合作研究的再一次增速与进一步深化提供更为深厚的背景基础与学术立足点。

已有的相关综述论文（张旭亮，2005；白慧妹等，2008；曹扬，2010；温秀等，2007）为本文的研究提供了很好的起始点。考虑到相关文献内容庞杂，为避免主次不分，分类研究就成为必需。借鉴有关综述类论文的行文逻辑和区域旅游合作理论的研究框架，尝试从"时间、空间、研究方法和研究内容"四个维度对丝绸之路旅游合作研究作一回顾与展望。囿于相关文献浩

---

① 李韵. 丝绸之路申遗——对丝路精神的敬意和传承[N]. 光明日报，2014-06-16(01).

繁,难免挂一漏万,尚祈各位方家见宥。

由于"新丝绸之路"和"丝绸之路经济带"概念的提出时间不长,加之现有关于丝绸之路旅游合作的研究所涉路线基本都是指(古)丝绸之路,因此本文研究对象限定为(古)丝绸之路。另外,作为一条跨国旅游线路,其旅游合作必然既涉及区域合作也关涉国际合作,由于相关研究较多,很难将数量浩繁的文献综于一文,因此本文仅站在国内研究者的视角,相应的综述内容包括丝绸之路国内段旅游合作研究和国内研究者所作的相关国际旅游合作研究。为进一步突出重点,本文把丝绸之路旅游合作分为两个层面,包括整体内部的合作和个体内部的合作,前者是指丝绸之路全线或丝绸之路国内段所涉国家和地区之间的旅游合作,后者是指丝绸之路沿线某个地区内部的旅游合作,由于前者受"行政区经济"的掣肘而使区域旅游合作研究更具有挑战性和理论实践意义,加之其更趋近丝绸之路旅游合作实践的未来走向,因此本文选择前者作为研究层面。

一、研究回顾

本文资料获取主要基于中国学术资源的最全面平台——中国知网全文数据库,为了尽可能地扩大文献收集面并不失学术性,主要在"期刊""特色期刊""学术辑刊""博士论文""硕士论文""国内会议"和"国际会议"等七个子库范围内进行跨库检索。在检索途径上,先以"丝绸之路"为主题进行首次检索,再以"旅游"与"合作"为主题对已检索到的文献进行二次筛选,共得到相关文献 142 篇①。另外,本论文还参阅了相关研究专著 6 部,旅游规划著作 1 部。

(一)时间维度

关于丝绸之路旅游合作的较早研究发轫于 20 世纪 90 年代中期,迟景才(1996)探讨了新亚欧大陆桥沿线的旅游发展和合作问题,但真正严格意

---

① 检索时间为 2015 年 4 月 1 日 17:30,剔除了两篇内容重复论文。

义上关乎(古)丝绸之路旅游合作的研究出现在国家实施"西部大开发"国
家战略之后,唐湘辉(2001)在《西部地区旅游经济发展研究》一文中探析了
丝绸之路旅游合作问题。此后,随着中国旅游业的快速发展,关于丝绸之
路旅游合作的研究日渐增多,整体上表现出早期快速发展、中期保持平稳、
近期稳中有降的研究趋势,研究年谱如图 2-1 所示。早期的旅游合作研
究主要集中于丝绸之路西北线,相关分析仅仅停留在概念符号层面,研究
广度和深度皆用力不够,并未引起政界、业界和学界的一致重视。尽管早
在 1997 年,就有学者敏锐地指出丝绸之路因其具有神秘性、文化性、经济
性、多样性和民族性等显著特征,将会成为 21 世纪一条重要的国际旅游热
线,但 90% 以上的相关研究主要出现在最近十年左右。从时间轴向看,研
究的拐点最早出现在 2006—2007 年间,丝绸之路旅游合作研究迅速升温,
这与当年"丝绸之路"跨国申遗活动的开展和中国《丝绸之路旅游区总体规
划》编制的启动等不无关系,突出表现在丝绸之路国际旅游合作研究占比
增加,研究内容也逐渐深化,扩展到合作理论、合作战略和合作路径等旅游
合作研究的一般领域。但最近几年,相关研究又趋于平缓。整体来看,在
客源市场、合作战略及合作模式等具有动态演化特征的研究领域,相关研
究普遍缺乏时间序列分析,至于历时性、跟踪性研究则更为少见。

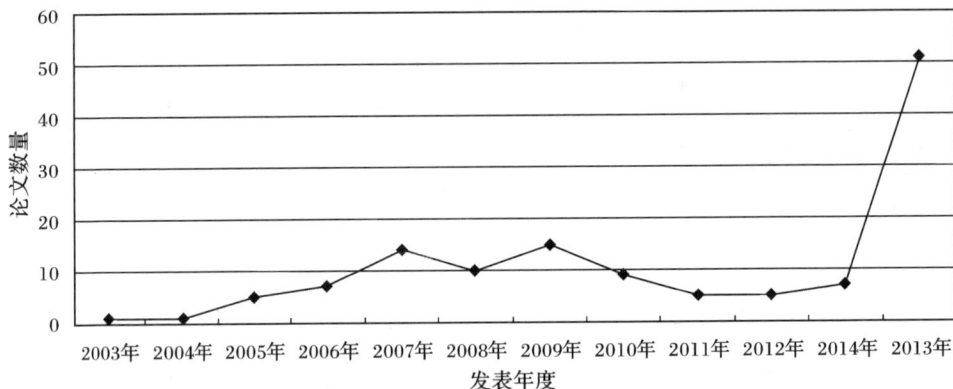

图 2-1 丝绸之路旅游合作研究年谱

(二)空间维度

如果把整体看作是丝绸之路旅游研究[①],统计发现仅有 10% 左右的研究属于旅游合作研究,说明丝绸之路尽管是一条跨区域的文化廊道,属于整体线路产品,但无论是旅游实践探索还是相关学术研究都还停留在"单体发展,各自为战"的水平。把研究内容定位到丝绸之路旅游合作研究方面,现有研究存在典型的空间分异性。在研究线路上,相关研究主要集中在陆上丝绸之路,而在陆上丝绸之路,主要研究又集中在丝绸之路的西北线,这与陆上丝绸之路尤其是西北线为历史上最重要的丝绸之路走向是一致的。这一客观的研究现状也使下文的文献回顾主要集中在丝绸之路西北线旅游合作方面。另外,在文献来源期刊方面,刊发在新疆和甘肃的出版刊物上的相关论文占比最大,其中仅期刊《大陆桥视野》和《丝绸之路》中的相关研究[②]就占到总研究文献的 25%。在文献来源机构方面,出自甘肃省的科研院所的相关研究占比最大,接近 20%,其中仅西北师范大学就贡献了 11% 的研究文献,新疆共计贡献了 12% 的研究文献。以上资料表明,甘肃和新疆已然成为当前丝绸之路旅游合作实践探索和理论研究的两个热点地区,丝绸之路西北线其他地区关于丝绸之路旅游合作的研究相对薄弱,一定程度上反映了丝绸之路沿线地区对旅游合作的重视程度有别。这里需要指出的是,作为丝绸之路的起点以及"丝绸之路申遗点"最多的地区,陕西省理应在丝绸之路旅游合作实践探索和理论研究方面发挥重要作用,但实际上陕西省的相关研究明显滞后。整体上,丝绸之路旅游研究在研究线路和研究区域上表现出明显的分异性,分散、单体研究居多,不利于丝绸之路整体旅游品牌的打造。

---

① 检索时间为 2015 年 4 月 1 日 17:35,先以"丝绸之路"为主题进行首次检索,再以"旅游"为主题对已检索到的文献进行二次筛选,共得到相关文献 1186 篇,剔除内容重复论文和无关论文外,得到 1148 篇左右相关文献。

② 《大陆桥视野》,由新疆电子音像出版社主办;《丝绸之路》,由甘肃丝绸之路协会、甘肃省文物局、甘肃省旅游局、西北师范大学联合主办。

(三)研究方法维度

按照方法论的一般分类框架,研究方法通常分为定性方法和定量方法。有关丝绸之路旅游合作的研究大多采用了定性研究方法,这些研究一般使用论文、书籍和其它定性资料作为主要的数据、资料来源,对研究内容进行规范分析,但严格意义上说,很多结论和观点,充其量只是一种假设,尚需大量的实证研究进行证实或证伪。其中一些关于政府对策建议的论文并非真正的定性研究,仅有少部分研究利用二手统计数据或一手调查资料进行了定量研究,如张永锋利用统计年鉴和官方网站公布的相关资料和数据对西北地区"丝绸之路"沿线 10 城市旅游竞争力的研究,褚玉良运用问卷调查、深度访谈和数学建模等方法对丝绸之路内部入境旅游流流动模式的研究,这些实证研究通过个案研究和演绎逻辑来揭示一般结论,具有较强的客观性和一定的普适性。但有些实证研究也存在滥用模型、研究设计不规范等问题。从时间轴向看,近几年来,关于丝绸之路旅游合作的定量研究论文在逐渐增多且研究日趋规范,如韩春鲜在对中国西北丝绸之路基于人口学特征的外国旅游者出游"推—拉力"因素的差异研究中,对研究方法、数据来源、信度测试、数据处理等方面都作了详细地阐述。旅游研究的规范化必将有助于提高研究的信度和效度,也有助于他人对其研究的信度和效度进行检验。另外,研究内容影响研究方法的选择,除了旅游资源评价、游客行为与偏好以及旅游流等方面的部分论文采用了定量研究方法以外,其他方面的大部分论文都采用了传统的定性研究方法。

(四)研究内容维度

整体上,丝绸之路旅游合作研究几乎涉及区域旅游合作研究的所有领域,囿于篇幅,笔者难以全面展开,而更为重要的考虑是面面俱到的分析就犹如在一望无垠的沙滩拣选珍珠,即便"大珠小珠落玉盘",也终究不是一条有价值的珍珠项链。如果上升到"论方法"的层次,对于丝绸之路这样一类廊道型旅游产品,根据区域旅游合作的研究范式,结合丝绸之路旅游资

源特点与发展现状,确定应该从哪些方面展开研究,以此来检视过往研究的维度、贡献与不足,虽可能挂一漏万,却能摆脱"泛泛而谈"的窠臼。本文主要参考汪宇明(2009)和陈实等(2013)相关著作的研究范式,借鉴梁雪松(2009)相关研究内容框架和行文逻辑,从合作基础理论、合作基础条件、合作动力机制、合作战略、合作模式、合作路径、合作机制体制以及国际旅游合作等八方面对丝绸之路旅游合作研究内容作一回顾。

1. 旅游合作基础理论

旅游的跨学科特点和区域问题的复杂性决定了区域旅游合作研究基础理论的综合性。汪宇明(2009)认为,区域旅游合作研究主要涉及地理学、新制度经济学、国家竞争力理论和博弈论等理论。具体到丝绸之路旅游线路,首先,地理学中的地格理论应是其保护和开发的基础(李飞,等,2009),也是沿线区域合作的基础。现有分段式的开发和宣传,人为割裂了丝绸之路这一廊道遗产的文脉、地格,破坏了丝绸之路的整体旅游形象;其次,新制度经济学中的增长理论和区域空间结构理论中的"核心—边缘"理论为丝绸之路旅游合作模式的探索奠定了理论基础。梁雪松(2007)认为,"点—轴"开发模式最适合于丝绸之路这样具有悠久历史和众多文化遗产的廊道型带状区域。淮建军等(2015)认为,"增长极"理论、"点—轴"理论和"核心—边缘"理论为构建新丝绸之路经济带的空间结构明确了步骤,这些理论同样适用于丝绸之路旅游合作发展规划与行动方案的制定;再次,国家竞争力理论体系中的比较优势理论为丝绸之路旅游合作实践的开展提供了理论解释。王润玲等(2007)认为,西北地区要科学运用动态比较优势原理,依托丝绸之路,进行区域联合,创造西北旅游业的动态比较优势;此外,作为一条跨区域的旅游线路产品,其合作开发涉及到政府、企业、行业组织、沿线社区居民等众多相关利益主体,进而必然引发合作中的"博弈"问题。陈实等(2013)利用博弈论分析了区域旅游合作的动力机制,创设了"区域旅游合作完全信息静态博弈"的均衡模型,并把这一模型用于西部地区旅游合作动力机制和合作路径的分析,同样适用于对丝绸之路旅游合作的研究。

综上所述,尽管区域旅游合作的大部分理论在丝绸之路旅游合作以往的部分研究中有一定程度地体现,但从相关文献的整体情况看,一方面,对理论的重视程度略显不足,具体表现在一些研究仅仅局限于对案例地调查样本特征的具体描述,以及对数据进行简单地堆砌和分析,而缺乏对旅游现象背后原因的深入思考(张宏梅,2011),这类研究虽具有中国意义,但缺乏学术合法性(汪丁丁,2008);另一方面,对理论的适切性问题考虑不够,具体表现为基于对丝绸之路沿线地区旅游发展现状和特点等方面的浅层分析,大胆套用地理学、经济学和管理学等学科的基本理论。这类研究虽具有学术合法性,但缺乏中国意义(汪丁丁,2008)。

2. 旅游合作基础条件

从供需关系来看,旅游合作的基础条件主要包括旅游资源(或旅游产品)和客源市场。旅游资源互补是产生旅游合作意愿的主要动因,客源市场的可靠度则是旅游业发展的决定因素。这两方面成为丝绸之路旅游合作的基础。

(1)旅游资源(或旅游产品)

在此方面,现有相关研究主要关涉丝绸之路沿线旅游资源(或旅游产品)的类型特征、价值评价和规划开发等。丝绸之路沿线地区旅游资源丰富,类型多样,尤以文化遗产为多,具体涉及古城遗址、皇家宫殿遗址、军事遗址、宗教活动场所、宗教石窟艺术以及陵墓等类型的文化遗产。梁雪松(2007)认为丝绸之路沿线旅游资源独特性与广泛性兼备、综合性与组合性兼备、原生态与古朴兼备,在总量、丰度、可持续利用等方面都可称得上优势资源。王金伟等(2008)利用线性文化遗产旅游发展潜力评价体系对丝绸之路、京杭大运河、长城等线性文化遗产进行了实证研究,结果表明丝绸之路的资源价值最高。李飞(2008)认为廊道遗产具有文化价值、政治功能、经济功能和教育功能。其中,文化价值表现在丝绸之路廊道遗产具有丰厚的中国传统文化底蕴以及鲜明的民族地域特征;从丝绸之路的产生和发展历程来看,其对人们的民族和国家观念的形成起到至关重要的作用;作为一条连接亚洲、非洲和欧洲的古代陆上商业贸易路线,丝绸之路不仅

实现了贸易往来的直接价值,还促进了沿线辐射地区之间的经济要素流动,并通过区域合作和资源整合产生了更大的社会经济效益;另外,丝绸之路廊道遗产还以最真实、最直接的形态向人们传递着历史信息,对于爱国主义教育,增强民族自豪感和自信心,加强民族融合具有重大作用。

在丝绸之路旅游规划与开发方面,相关研究较多,主要涉及规划开发理念和开发模式等方面。基于丝绸之路的跨地域性、文化价值突出以及生态环境脆弱等特点,研究者分别提出了在丝绸之路旅游规划与开发中,应体现"和而不同"的规划开发理念,注重人文精神的挖掘以及基于生态理念的旅游产品结构优化和升级。在开发模式方面,尽管丝绸之路旅游的突出特点是其整体性,但由于线路狭长、旅游资源分散,加之受行政区划束缚以及沿线地区对丝绸之路旅游的重视程度有别,导致多年来丝绸之路沿线地区旅游合作不力,"丝路之旅"更多停留在概念层面,反映在相关研究上,关于丝绸之路沿线单体旅游资源的开发研究要明显多于合作开发研究。前者内容庞杂,且与本文主题无涉,故不作讨论;后者集中在下文合作模式分析中,在此也不作赘述。

（2）客源市场

在此方面,现有研究主要涉及丝绸之路旅游客源市场动态结构、游客旅游动机、旅游偏好和行为特点等,且主要以入境游客为研究对象。郑春丽等（2009）利用客源市场竞争态模型分析了1995—2006年丝绸之路国际客源市场的变化特点,结果表明这一市场总体呈现萎缩趋势,并据此把丝绸之路国际旅游市场分为萎缩市场、平稳扩张市场和迅速扩张市场三类,并根据亲景度理论把丝绸之路国际旅游市场分为亲景市场、疏景市场和强疏景市场。南宇等（2011）采用定量与定性相结合的方法分析了1999—2009年丝绸之路沿线五省区入境旅游发展概况,结果表明除个别客源市场呈现萎缩趋势外,大部分客源市场呈增长态势,这与郑春丽等（2009）的结论互相抵牾,一方面是两者选取研究时间区间不一致,另一方面两者选取研究地域不一致,后者仅选择了丝绸之路沿线五省区中接待入境游客较多的陕西、甘肃和新疆为研究地域。南宇等（2011）也分析了1999—2009年丝绸之路沿线五省区国内旅游发展概况,整体呈现稳步增长态势,并分省作了细化研究,这是为数不多的关于丝绸之路国内旅游市场变化特点的研究。以上研究为丝绸之路旅游客源市场的开发和营销提供了一定的理论借鉴和依据。

旅游动机是旅游者行为的一个重要决定因素,动机不仅决定了消费者是否将参与某项旅游活动,还决定了他们将于何时何地从事何种类型的旅游活动。因此旅游动机和旅游者行为的研究往往是相连的。李德山等(2010)基于跨文化比较的视角研究了丝绸之路外国旅游者旅游动机及旅游行为特征,结果表明:旅游者主要推力因素是拓展视野,主要拉力因素是旅游景点,且客源国文化因素对旅游者旅游动机和行为特征均有影响。韩春鲜等(2011)以"推—拉理论"为基础,运用单因素方差分析法研究了西北丝绸之路的外国旅游者出游动机,结果显示:不同客源地、性别、年龄、学历、收入结构的外国旅游者出旅动机的推力和拉力有显著差异。梁雪松等(2008)对丝绸之路地区国际旅游游客旅游选择偏好和行为决策模式进行了分析和研究,结果表明:国际游客来丝绸之路旅游的旅游选择偏好依次是观光游览(占72%)、文化交流(占12%)、商务旅游(占7%)、休闲度假(占5%)、其他(占3%)、宗教朝圣(占1%),并提出"刺激—反映"模式是丝绸之路入境游客旅游决策的主要模式。以上研究为中国丝绸之路外国旅游市场细分与营销实践提供了理论依据。

此外,李德山(2009)还对丝绸之路沿线西北五省区入境旅游竞争力进行了比较研究,结果表明1995—2007年丝绸之路五省区之间的入境旅游竞争力差异有逐渐增大的趋势,为了更好地开发丝绸之路旅游线路,丝绸之路沿线五省区应积极制定区域旅游合作规划,对同类或相似资源开发提出差异性战略,对不同类资源开发提出互补性战略,共同营销,最终实现丝绸之路旅游竞争力水平整体提高的目标。褚玉良等(2010)以北京入境旅游流向丝绸之路沿线省区转移为例,分析了1998—2007年北京入境旅游流向丝绸之路沿线各省区转移规模和旅游经济联系强度之间的关系,这些研究为丝绸之路区域旅游合作提供了理论参考。

综上，无论是有关丝绸之路旅游资源（或旅游产品）的研究还是关乎客源市场的分析，都占了相关研究的很大比例，但整体表现出多单体定性评价或定量分析，少整体横向比较或追踪研究，从而不利于发挥区域比较优势，实现资源共享。

3. 旅游合作动力机制

推动区域旅游合作的空间动力机理是复杂的，既有旅游资源和产品的区域差异性与互补性诱因，又有发展和创新引起的竞争推动，还有一体化的目标诉求（汪宇明，2009）。丝绸之路沿线既富有雄浑瑰丽的自然景观，又遍布底蕴深厚的人文景点，加之天然的差异分布和优化的空间组合，使其成为中国的一条"黄金旅游线路"，也是沿线区域旅游合作的必要前提和根本诱因。但现有关于丝绸之路合作动力机制的研究大多止步于此。除了李飞等（2010）关于廊道遗产丝绸之路旅游品牌的动力机制研究和南宇等（2010）关于丝绸之路跨区域、无障碍、一体化旅游模式的可行性分析分别触及发展推动和一体化目标诉求诱因外，现有研究鲜有对旅游动力机制更深层次地挖掘。正如南宇等（2010）所言：旅游区域协作大部分是在"诸侯经济"的格局下，人为捏合或行政"拉郎配"而组成的，缺乏联合的基础与动力——经济利益与市场机制，使发展旅游业的各项要素不能实现优化配置，许多旅游区域协作有名无实，有始无终。这一点是当前丝绸之路旅游合作现状的真实写照。梁雪松（2009）更进一步认为，丝绸之路旅游发展滞后的一个深层次原因在于沿线地区在资源互补的背景下缺少围绕产品线的深层次区域合作，游客所购买的产品是松散型的、不连贯的景点组合，而不是有机结合为一体的旅游线路产品。对照近些年政府层面在丝绸之路旅游合作领域日益高涨的呼声和紧锣密鼓的行动，反观企业层面不疾不徐的配合甚或消极冷淡的应对，说明丝绸之路旅游合作的实践仍深受"行政区旅游经济"现象（胡浩，2006）的刚性约束。政府追求旅游发展的综合效益固然没错，但若疏于对旅游企业、游客和社区居民利益诉求的考量，仅仅依靠丰富的旅游资源禀赋和突出的比较优势，就想当然制定出区域旅游合作发展的战略和规划，就难于跳出当前丝绸之路旅游合作"政府力主合作而企业缺位"的泥淖。李树民（2005）认为，有效的区域旅游合作不能仅仅表现为形式上的合作，而应形成优质产品组合链和高效的产业协同发展机制，通过聚合和协调作用获取显著的经济和社会效益，从而形成推动合作进一步深入发展的动力源。陈实等（2013）通过创设博弈模型证实，区域旅游合作的根本动力来源于政府、企业和行业组织等参与方从旅游合作中获得的收益大于不合作时的收益，最终旅游合作的建立依赖于参与各方策略选择之后形成的博弈均衡，而绝不仅仅只是政府的"独角戏"。

综上所述，现有研究大都认识到动力机制之于区域旅游合作的重要性，但对其内在机理的深入挖掘略显不足。旅游资源和产品的区域差异和优势互补对于推动区域旅游合作固然重要，但其只是区域旅游合作的充分条件，而丝绸之路沿线地区旅游竞争及由此引发的各相关利益主体之间的不均衡博弈才是区域旅游合作的必要条件。现有研究对丝绸之路旅游合作的充分条件重视有余，而对其必要条件关注不足，这可能正是丝绸之路旅游合作实践不力的理论根源所在。

4. 旅游合作战略

对于丝绸之路这样一条狭长的跨区域旅游线路产品，涉及的管理主体、参与主体众多，为了达到相关主体的利益均衡并进而实现区域旅游的协调发展，加强合作战略的研究就显得尤为重要。研究者比较一致的观点首推实施"政府主导型"合作战略（梁雪松，2007；南宇，2009；马耀峰，2009），因为在区域旅游合作实践中，公共旅游产品供给的"囚徒困境"可能导致供给不足，而私人旅游产品供给的"斗鸡博弈"则可能导致供给结构失衡，为了规避市场失灵，需要政府介入对区域旅游资源的规划、开发以及旅游企业的竞合行为进行合理引导（陈实，温秀，2013）。基于"丝绸之路"这一国际品牌的巨大影响力，研究者普遍认为，丝绸之路旅游合作一定要打造旅游品牌战略（梁雪松，2007；南宇，2009）。丝绸之路沿线旅游资源虽然丰富，但品牌旅游资源却略显不足，加之沿线地区对丝绸之路整体旅游产品的人为分割，"丝路之旅"实则有名无实。因此，要想实施品牌战略，必需借鉴系统论的整体观点，注重丝绸之路整体品牌的营造，而要实现品牌创

新,致力于跨国申报丝绸之路世界文化遗产是一种有效途径(马耀峰,2009;南宇,2012)。此外,梁雪松(2007)、马耀峰(2009)基于丝绸之路沿线地区普遍不高的旅游经济发展水平,提出要充分利用后发优势实现旅游业"跨越式发展"的战略。

综上所述,以往有关丝绸之路旅游合作战略的研究,对战略的全局性、整体性特点强调有余,但对战略的阶段性、动态性特点重视不足。由于内外部环境随着时间在不断变化,某种战略的有效性随之也在变化(加斯·塞隆纳,等,2004)。20 世纪 80 年代中后期,在"政府主导"合作战略的推动下,丝绸之路沿线地区旅游业在短期内获得了快速发展,然而随后的旅游发展实践证明,"政府主导"并非"万能药",随着我国旅游市场化程度的日益加深,市场在旅游资源配置中的作用愈加重要。而对于品牌战略,在"丝绸之路:长安—天山廊道路网"申遗成功的背景下,品牌战略的实施内容和重点亦应发生相应的变化。这些都是以往研究所欠缺的。

5. 旅游合作模式

区域旅游合作模式,是指区域旅游系统各要素和旅游活动在合作区域空间内的相互关系和组合形式。在不同的区域条件和合作机制作用下,区域旅游合作会呈现不同的结构形态,并处于时空演化之中(汪宇明,2009)。现有关于丝绸之路旅游合作模式的研究,主要集中于空间结构层面的合作,尽管区域旅游合作的空间结构模式类型众多,但不同的空间形态结构通常对应于区域旅游合作发展时空组合的阶段性特征(杨荣斌,等,2005)。丝绸之路的"廊道型"特点和旅游合作现状,决定了"点—轴形态模式"是一种比较适宜的合作模式,这一点成为杨荣斌等(2005)、梁雪松(2007)和马耀峰(2009)等的共识。注意到丝绸之路沿线旅游资源和市场分布的不均衡特点以及旅游合作模式的时空演化趋势,梁雪松(2009)提出了丝绸之路旅游合作的互补模式(即单核辐射和双核联动模式)及发展趋势模式(即网络模式),南宇等(2010)基于申遗的视角提出了丝绸之路旅游合作的跨区域、无障碍、一体化旅游模式,这些研究在一定程度上体现了动态思维的思想。除了以上在概念层面关于丝绸之路旅游合作的研究以外,有些学者从更具体的操作层面探讨了丝绸之路沿线重点旅游中心(节点)城市的合作开发模式。汪威(2007)采用旅游地中心性指数对丝绸之路 21 个节点城市进行了评价和分析,在此基础上提出,在丝绸之路沿线构建一个立体化、网络化的多级旅游中心城市体系。南宇等(2010)也认为,丝绸之路沿线重点旅游城市实行梯度开发,旅游中心城市实行协作开发一体化网络模式(南宇,2010),两者虽在城市分级标准方面有所不同,但理论依据均为增长极理论。

综上所述,学者们大都注意到丝绸之路旅游资源的分布特征和区域经济社会发展状况对丝绸之路旅游合作模式的影响,认识到合作模式的动态演化特征,一定程度上体现了研究的针对性和动态性。但以上关于丝绸之路旅游合作模式的探讨,更多地停留在概念层面,绝大多数是经济地理学或区域经济学中相关模型的翻版,仅是就合作范式、政策尺度、目标指向与水平深度的一种定性描述,缺乏实证分析的支撑(汪宇明,2009)。另外,现有关于合作模式的研究仅仅局限于空间视角,研究视角亟待拓展。

6. 旅游合作路径

区域旅游合作路径主要是指合作主体之间为了达到合作目标而采取的合作方式,是以政府、企业和非政府组织为基础,整合多项生产要素的多项产业发展路径(陈实,温秀,2013)。在政府层面,囿于行政壁垒的刚性约束,加之丝绸之路沿线国家和地区经济发展水平的客观差异以及对旅游业的重视程度有别,如单单依靠沿线个别国家和地区之间的旅游交流和合作,根据耗散结构原理,丝绸之路整体旅游系统的输出必然是低效的。为了保证充分交流和常态化合作,组建能够统领丝绸之路沿线国家和地区旅游发展的协调机构就十分必要,该组织可由丝绸之路沿线各个国家和地区的相关部门领导、专家学者和旅游商等多方组成,就区域旅游合作中的重大问题和政策进行协商,保证丝绸之路旅游合作的顺利开展(马耀峰,2009)。另外,考虑到丝绸之路作为一条文化线路的整体性特点,联合申报丝绸之路世界文化遗产对创新丝绸之路旅游品牌就显得尤为必要(南宇,2009,2012)。但尽管如此,丝绸之路主题旅游形象的塑造仍要遵循"和而

不同"的理念,因为丝绸之路沿线地区旅游业发展条件和态势不均,所以不同地区宜分别采取不同的形象建设策略(程圩,等,2014;李巧玲,2012)。此外,旅游基础设施供给不足,现有设施良莠不齐是制约丝绸之路旅游发展的一个短板。因此,丝绸之路沿线国家和地区首先应加强在旅游基础设施建设方面的整体规划、布局和对接,尤其要把立体交通的打造作为当前合作的重中之重(马勇,2013)。同时,要坚持"物流先行"的原则,物流系统的建设不应仅仅针对货物运输,而且要解决东西部地区、西部地区与国际间人员的交往、观光旅游等需求,要让人们愿意并且方便地进出丝绸之路经济带(王之泰,2014)。

在企业层面,一些研究者提出了丝绸之路沿线地区联合开发旅游资源和旅游线路产品的构想(梁雪松,2007),还有研究者提出了加强丝绸之路沿线地区的联合营销(李飞,等,2009)。但由于缺乏对旅游企业合作动力机制的深入探究,有些路径的合理性和可行性已遭到丝绸之路沿线旅游企业合作不力的证伪。在市场经济条件下,企业间的竞合以逐利性为根本特征,目前以政府为主要推手促成的以"拉郎配"式为突出特征的旅游企业合作,其核心成员由于缺乏产权基础,难以发挥旅游企业合作的积极性和整体优势,而以市场为主的旅游企业集团化才是西部地区旅游企业合作的发展方向(陈实,温秀,2013)。此外,随着信息技术的飞速发展,加强旅游企业信息化建设,助推旅游电子商务发展(易方,唐光海,2015),以实现"资源互享、客源互送、线路互推、信息互通"(南宇,李兰军,2010)。

在非政府组织层面,相关研究着墨不多。为了维护本行业利益,规范旅游市场秩序,制定行业自律文件,以达到规范经营的目的,成立跨区域旅游行业组织来进行协调沟通就变得异常的重要,应充分发挥其在政府与企业之间的桥梁和纽带作用(李创新,等,2009)。

综上所述,关于丝绸之路旅游合作路径的探讨主要集中在政府层面,企业层面和非政府组织层面相对薄弱。然而单单强调"政策沟通""道路联通""货币流通"和"民心相通",而缺乏最根本的"贸易畅通",丝绸之路旅游合作就会因为合作主体的缺位和合作载体的缺失而流于形式。在市场经济条件下,企业合作路径的理论研究理应成为未来研究的重点,这需要相关研究的理性回归。

7. 旅游合作机制体制

基于中国国情的区域旅游合作的机制体制,实质上是政府、企业、非政府组织等主体之间相互关系的战略性命题,相应的合作主要包括三个层面:政府层面、企业层面以及非政府组织层面,所涉及的机制体制分别对应为基于政府层面的公共行政管理体制、基于市场化机理的区域性合作机制和基于非政府组织的参与机制(汪宇明,2009)。整体上,丝绸之路当前的旅游合作机制主要局限在政府层面。通常有两种形式:一种是丝绸之路沿线城市、省区政府间自下而上的旅游合作形式,如中国丝绸之路吐鲁番葡萄节旅游论坛;另一种是丝绸之路沿线国家自上而下建立的合作平台,如欧亚经济论坛(李文兵,南宇,2010)。但无论哪种形式,合作仍停留在政府主办的"对话""论坛"等战略性合作层次(曹扬,2010),而对务虚的强调又使其渐趋流于形式的"合作秀"。相较之下,企业作为区域旅游合作的主体,本应通过基于市场化机理的区域性合作机制,在丝绸之路旅游合作中发挥参与主体作用,但因缺乏根本的利益驱动机制和长效的合作机制,导致合作效果不佳(梁雪松,2009)。至于非政府组织,由于其在中国的天然弱势地位,决定了其在区域旅游合作中的参与性地位。陈实等(2013)认为当前西部地区的行业协会与政府渊源很深,要想充分发挥其监督与智库作用,需要行业组织的自主化、职能化和市场化转变,但由于其本身缺乏监督机制和自律机制,这一过程可能会相对漫长(陈实,温秀,2013)。

综上所述,丝绸之路旅游合作机制体制虽然涉及政府、企业和非政府组织等三个层面,然而无论是理论研究还是实践探索,政府层面的合作最受关注,突显了区域旅游合作中"政府主导"的特征。但却不能因此忽略企业和非政府组织的力量,其实正是由于企业缺乏利益分享的动力机制,非政府组织缺乏独立自主的监督机制,才造成当前丝绸之路旅游合作"政府热情,企业冷淡,非政府组织无声"的局面。这两个层面的研究和实践在以后亟待加强。

8.国际旅游合作

对跨国旅游合作的关注一定程度上反映了旅游研究者的国际化视野,尤其对于丝绸之路这样一条国际旅游线路产品,无论是对合作动力机制、合作战略的分析,还是对合作模式、合作路径和合作机制体制的研究,如果无法打破"地方主义"的藩篱,就很难突出丝绸之路的整体旅游形象,很难实现"资源互享、客源互送、线路互推、政策互惠、信息互通、节庆互动、交通互联、争议互商"(南宇,李兰军,2010)。整体来看,关于丝绸之路旅游的国际合作研究还相对较少。童斌(1979)对日本"丝绸之路热"的分析是当前可得文献中较早地关注丝绸之路国际客源市场方面的研究。马耀峰等(2006)探讨了跨国丝绸之路旅游合作的意义、可行性、机制与方式等,比较全面地总括了丝绸之路国际旅游合作研究。其他研究多集中于丝绸之路国际旅游合作的某一或几个方面,其中,在合作动力机制和战略方面,马勇等(2014)认为,丝绸之路旅游文化经济带的发展动力机制首先应着眼于旅游要素和文化要素的聚集,在产业融合的基础上,逐步实现结构调整,产业升级,并从提升全球竞争力的角度提出了全域旅游发展战略、国际合作发展战略、全产业链发展战略和产业外溢发展战略等四大发展战略;在合作模式方面,郭鹏等(2014)认为,丝绸之路国际旅游合作模式应以打造丝绸之路国际旅游联盟、丝绸之路国际生态旅游带、丝绸之路国际文化旅游带、丝绸之路无障碍旅游区、丝绸之路旅游经济特区和丝绸之路国际旅游城市网络为重点,合理共建"丝绸之路国际旅游经济带"。魏敏(2015)分析了中国和土耳其旅游合作发展的基础,认为,当前中土旅游合作基本上属于市场互换的低级合作模式;在合作路径方面,惠宁等(2014)认为,丝绸之路沿线国家要充分发挥上海合作组织的平台作用,依托欧亚经济论坛,借助丝绸之路国际旅游文化艺术节的影响力,推动建立双边、多边精品旅游合作项目,以旅游促进文化交流,发挥旅游产业的扩散和带动效应,促进区域经济发展;此外,马莉萍(2015)探讨了丝绸之路经济带跨境旅游消费者的权益保障问题。

综上所述,相较于全面展开、日益深化的丝绸之路国内旅游合作研究,国际旅游合作研究无论是研究广度还是研究深度都远远不够,这可能是近几十年来丝绸之路国际旅游合作实践不力的客观反映,但若依照"理论指导实践"的原则,更可能是其实践不力的原因所在。未来只有因循"理论研究先行"的逻辑,日益加强和深化丝绸之路国际旅游的全方位、多方面研究,才会有利于丝绸之路国际旅游合作的有序、良性、持续发展。

二、研究展望

(一)时间维度

毋庸置疑,前瞻性是学术研究的一个重要价值维度,但在中国旅游研究的诸多领域,却都面临学术研究滞后于政策导向和实践探索的尴尬。从丝绸之路旅游合作的过往研究来看,每一次研究的增速都发生在国家重大战略或政策出台之后,尽管这些研究有一定的功利主义价值取向,但却是当前中国旅游研究情境下的次优选择。2013 年 9 月国家主席习近平在出访中亚时提出共同建设"丝绸之路经济带"这一创新发展模式,而在实现这一国家战略过程中发展丝绸之路经济带旅游合作具有重要的先导作用。要实现这一国家战略,需要大量的基础研究和应用研究作指导。因此,可以预期未来几年乃至更长一段时间,丝绸之路旅游合作研究将会成为区域旅游合作领域的一个热点,再次进入飞速发展期。丝绸之路经济带是中国的一个长期国家战略,随着这一战略的逐步实施,丝绸之路旅游合作的深度和广度将不断增加,也需要相关研究的不断深化和持续跟进。而放眼更远的将来,只有相关研究更多发乎于内生需要,较少受制于外生影响,才能够逐渐实现学术研究的理性回归。

(二)空间维度

丝绸之路作为一条跨区域、跨国、跨洲的国际旅游线路,最突出的特点就是其整体性,因此其统一旅游品牌形象的打造至关重要。从长远来看,沿线国家和地区要想实现"多赢",最佳战略就是合作重于竞争。在国际层

面,丝绸之路沿线国家和地区应秉着资源共享、市场共享、信息共享、利益共享和风险共担原则,尽快制定丝绸之路旅游发展整体规划、继续联合申请丝绸之路世界文化遗产、共创丝绸之路旅游统一品牌形象、丰富丝绸之路旅游线路产品类型、加强旅游基础设施建设等。为实现这些目标,国内学者既要不断拓展自己的国际化视野,同时也要加强和丝绸之路沿线国家和地区相关研究者的学术合作。在国内层面,加强丝绸之路沿线各省(区)旅游发展与合作,尽快形成国内丝绸之路旅游的整体品牌,以国内区域合力来拓展丝绸之路旅游的国际合作。在区域层面,同样需要研究者抛却狭隘的地域之见,在区域旅游合作理论研究和实践探索方面多多用力。

(三)研究方法维度

定性研究和定量研究作为研究方法的二分类型,并不存在孰优孰劣的问题,关键在于其与研究内容和情景的适宜性。笔者建议以后加强丝绸之路旅游的定量研究,是基于许多本该采用定量分析的研究领域却采用了泛泛而谈的"定性分析"的事实[①],而绝非期望定量研究的滥用。事实上,定性研究一直是以英国为代表的欧洲旅游的主要研究方法。近年来,美国也出现了从高度定量研究向定性研究的回归。但令人遗憾的是,现有关于丝绸之路旅游的大量所谓的"定性研究"从严格意义上说并非真正的定性研究。即便是建立在调研问卷基础上的研究,按照社会学的观点,也仅仅停留"求同"的层次,只有基于扎根研究、深度访谈的研究,才可能达到"求异"及至"求全"的高度,才能称得上真正的定性研究。因此,以后除了在适宜领域加强定量研究,并注重实证研究的规范以外,也要强化定性研究的方法论学习,尤其在旅游资源价值评价、旅游产品开发、文化内涵挖掘、游客行为等丝绸之路旅游合作的基础条件方面重视基于社区考察和深度访谈的"求异""求全"调查,以提高研究的学术价值和实践贡献。另外,在客源市场、合作战略及合作模式等具有动态演化特征的研究领域,应加强历时性、跟踪性研究。

---

① 这里"定性分析"之所以加上引号,是因为其并非严格意义上的定性研究,下同。

(四)研究内容维度

丝绸之路整体性的突出特点,决定了相关研究只有因循系统思维的逻辑,才可能从整体上把握研究的宽度、广度和深度。根据系统理论,研究一个系统,不仅要对系统的各个组成部分、各个层次、各个方面进行分析,更重要是对各个组成部分、层次以及方面之间的关系进行研究(夏建华,许征,2004)。具体到丝绸之路旅游合作,今后除了继续加强丝绸之路沿线国家和地区在旅游方面的单体研究以外,更重要的是要强化在合作基础理论、合作基础条件、合作动力机制、合作战略、合作模式、合作路径、合作机制体制和国际旅游合作等方面的系统研究。

1. 重视旅游合作基础理论的应用研究

理论之于实践的作用就如同下层基础之于上层建筑的支撑,针对旅游合作基础理论研究不足的问题,今后在旅游合作动力机制方面,除了深度挖掘丝绸之路沿线地区的地格差异外,还应深入分析丝绸之路沿线地区的文脉相承关系,因为地格差异、文脉关系均是旅游合作发展的基础[①](邹统钎,2013);在旅游合作模式方面,应加强增长理论的阶段适应性分析,通常"点—轴开发模式"多适用于旅游发展的初期,随着丝绸之路经济带概念的提出以及丝绸之路沿线主要旅游中心城市旅游发展的日臻成熟,其旅游开发或合作模式也宜作相应地调整;另外,还应注意到丝绸之路旅游合作发展中不同利益主体博弈的动态演化特征;最后,对于丝绸之路这样一条跨区域旅游线路,由于涉及相关利益主体众多,各种现实问题和矛盾错综复杂,因此,在强调理论分析与实证检验相结合的同时,注重理论应用的"情景适应性"也尤为重要。

2. 突出旅游合作基础条件的比较分析

总体来看,开展丝绸之路旅游合作目前具备战略环境基础、历史渊源基础和利益互补基础,但最根本的基础在于丝绸之路沿线各国之间国家战

---

① 在国内,陈传康强调文脉的重要性,邹统钎主张地格差异是地方旅游发展的命脉。

略合作利益的存在,即利益互补基础乃合作之根本诱因。利益互补关系具有多面性和综合性,主要表现为旅游资源互补,旅游产品互补,旅游交通互补以及旅游市场互补等。其中,旅游资源(产品)互补是产生旅游合作意愿的主要动因。替代产生竞争,互补产生合作。丝绸之路沿线国家和地区旅游资源禀赋高度的互补性,决定了其旅游合作具有巨大的发展潜力和成长空间。旅游市场互补是旅游合作得以顺利开展的根本保证。丝绸之路的跨国性决定了"丝路之旅"从产生之日起其旅游市场就具有典型的国际性和互补性特点。应从旅游资源的互补来认识丝绸之路经济带旅游合作的根本基础,从旅游市场的互补来认识丝绸之路经济带旅游合作拓展的空间。

3. 注重旅游合作动力机制的博弈分析

尽管触发区域旅游合作的诱因众多,但从本质上看,利益互补关系是合作主体的主要动力机制,区域旅游合作能否顺利开展关键在于相关利益主体之间是否可以达致皆大欢喜的"博弈—均衡"(汪宇明,2009)。对于丝绸之路这样一条跨国、跨区域旅游线路产品来说,其旅游合作的实现取决于政府、企业、行业组织和社区居民之间能否实现诸多的"博弈—均衡"结果,具体表现在各级政府之间达成的区域旅游合作框架,政府和企业之间形成的制度安排,政府和行业组织之间建立的职能分工体系,政府和社区居民之间形成的社区参与机制,企业和企业之间生成的竞争—合作机制,企业和行业组织之间生成的自律和监督体系,企业和社区居民之间达成的利益分成机制,行业组织和社区居民之间建立的分工合作体系。只有以上相关主体在彼此的博弈中实现了"多赢",区域旅游合作才可能真正实现。现实中丝绸之路旅游合作不力的现象正是相关利益主体无法达致"博弈—均衡"结果的表征。因此,若欲推动"丝路之旅"的蓬勃发展,首要思考如何实现相关利益主体的"博弈—均衡",这是未来加强动力机制研究的理论基点。

4. 强调旅游合作战略的动态演变

合作战略的制定关乎着区域合作的长远目标和关键行动方案能否顺

利得以实现。对于这样一条跨越不同行政区域、历史概念清晰而现实区域模糊、主题一脉相承而构成又丰富多样的整体旅游产品,没有战略目标的宏观指导其合作是难以想象的,但制定出沿线地区都满意的战略方针也近乎是不可能的,因此,在旅游合作实践中应体现"和而不同"的战略思想,强调"整体协调和突出特色相结合"(王瑜,等,2011);同时,作为一条"廊道型"文化旅游线路,还应把丝绸之路人文精神的挖掘作为一种战略思想贯穿旅游合作实践的始终,以延长丝绸之路旅游产品的生命周期,实现遗产保护、继承和可持续发展(王啸,2004);另外还应考虑到战略的"动态演变性"特征。自 20 世纪 90 年代以来,随着新丝绸之路概念的提出,丝绸之路的概念逐渐泛化,尤其是新近丝绸之路经济带国家战略的提出,更加速了这种趋势,因此未来关于丝绸之路旅游合作的研究首先应打破传统的概念藩篱,逐步转向丝绸之路经济带的旅游合作研究。而在此种转变背景下对未来旅游合作战略的考量首先要基于对丝绸之路经济带旅游合作发展两大基本特征的根本把握。第一,和以往狭义的丝绸之路旅游合作不同,丝绸之路经济带旅游合作是沿线国家之间的相互旅游交流,以国际旅游为主体。第二,开展丝绸之路经济带旅游合作是在国家实施向西开放背景下实施的,是作为落实国家开发战略的先导步骤来布置的,要在实现国家总体战略意图的原则下具体实施。

5. 拓展旅游合作模式的研究视角

研究视角不同,合作模式的类型往往有别。陈实等(2013)分别从合作程度、产业组织、要素组合、地理空间聚集程度(状态)和合作内容等视角研究了区域旅游合作的模式。根据丝绸之路旅游发展现状,在现有合作模式的基础上,通过拓展研究视角,探究旅游合作模式的新类型。具体来说,从合作程度视角看,根据丝绸之路沿线国家和地区之间的合作现状,结合吴军(2007)基于合作主体之间联系紧密程度对区域旅游合作模式的分类,可以判断丝绸之路现有旅游合作属于半紧密型半松散型合作模式,表现出旅游合作主要局限于政府层面、合作流于形式等特征,未来要想提高合作的实际效果,就要在资源开发、政府合作、企业往来、联合执法、联合营销和市

场规制等领域展开广泛、深度的合作,逐步形成紧密型合作模式;从产业组织视角看,根据区域旅游合作中政府与企业的关系,可把合作模式分为政府主导企业参与型和企业主导政府服务型。毋庸置疑,现实态的丝绸之路旅游合作当属于政府主导企业参与型合作模式,表现出市场主体缺位、旅游发展动力不足等特征。从我国旅游发展现处阶段和丝绸之路当前及未来旅游发展情况看,今后相当长一段时期这种模式还将占主体地位。未来随着丝绸之路沿线旅游企业市场主体地位的逐渐确立,可考虑向企业主导政府服务型合作模式的转化;从要素组合视角看,丝绸之路作为一类整体旅游产品,采取资源共享型旅游合作模式是其合作发展的前提。由于丝绸之路沿线国家和地区的文脉、地格不同,相应的旅游资源禀赋、类型有别,因此,采用资源互补型合作模式也成为必然。此外,基于丝绸之路市场互补性强的特点,也可采用资源拉动型合作模式,使沿线国家和地区互为客源地和目的地;从地理空间聚集程度或状态视角看,要逐步实现从目前的以增长极为中心的点—轴开发模式向网络式空间结构模式的转化;从合作内容视角看,丝绸之路旅游合作应告别目前内容相对单一的旅游资源合作模式,逐步实现向行业综合型和多元化全方位合作模式的转化。如果站在丝绸之路经济带经济合作的高度,把丝绸之路旅游合作模式定位为关联性区域合作模式可能最为恰当。丝绸之路经济带发展战略的主要目标是实现区域经济一体化,必将在客观上促进丝绸之路旅游的合作与发展。

6. 丰富旅游合作路径的研究层面

区域旅游合作主体的多元性决定了合作层面的多样性。今后应紧密结合丝绸之路经济带的国家战略,除了继续强化政府层面的合作以外,企业、行业组织和民间层面的合作亦应加强。具体来说,在政府层面,应通过区域政策调整,为其他主体的区域旅游合作创造良好的区域环境。通过改善政府的决策能力提高政府的协调创造能力,通过制定区域旅游发展规划保护合作区域内有形的和无形的特色旅游资源,通过完善区域利益均衡机制平衡区域之间和区域各个合作主体之间的矛盾;在企业层面,应通过价值链重新构建企业联合体,实施旅游企业集团化、国际化战略,联合设计、开发丝绸之路旅游线路产品,加强网络为基础的旅游企业信息化合作,共建丝绸之路国际旅游产品品牌;在行业组织层面,要逐步摆脱对所在国政府的依赖,表现在市场地位上,行业协会要避免政府干扰,在发挥自身职能时要做到专业、独立与公平。在市场功能上,要贴近企业,在企业国际化合作中发挥好桥梁纽带作用;在民间层面,由于民间文化交流能够使各国人民了解丝绸之路异域文化风貌,产生旅游动机与需求,进一步产生旅游交往的行为。因此应搭建民间文化交流的机制和桥梁,促进民间文化的交流与合作,进而带动丝绸之路旅游的合作与发展(张旭亮,2005;马勇,2013)。

7.坚持旅游合作机制体制的创新研究

区域旅游合作,其实是建构一种多元主体参与的公共治理架构。在政府层面,以中国既定的国情和丝绸之路旅游合作发展的基本态势和属性特征,政府主导及其推进的会议模式,是当前乃至今后一个相当长时期内的主要机制体制;对于旅游企业来说,其参与旅游合作的主动性,关键在于其在合作伙伴关系网络架构中的话语权地位(汪宇明,2009)。但地位或权力不是自动形成的,也不是单纯由当地政府赋予的,而是各利益主体在持续的、反复的博弈过程中实现的(张民巍,2004)。一方面,要求旅游企业在相关利益保障、政策差别、服务标准、经营环境和诚信建设等方面提出建设性的制度要求。另一方面,要求政府在规范旅游市场竞争秩序、清除区域性制度障碍、改善区域性旅游发展环境等方面发挥积极作用;此外,行业组织作为推动区域旅游合作发展的重要智囊力量,应充分发挥其非强制力、非盈利性、客观中立的组织优势,在沟通政府与企业发展的利益诉求、破解市场失灵和政府失灵难题、促进相关利益主体信息共享,为区域旅游合作发展提供战略性决策及相关方案供给等方面发挥积极作用,从而进一步推进区域旅游合作发展的理论集成与丝绸之路旅游合作实践模式创新(汪宇明,2009)。综上所述,建立一种能够融合政府、旅游企业和行业组织等多方力量参与的"三主机制"(即政府主导,企业主动,行业组织参与),应是未来丝绸之路旅游合作机制体制创新的方向。

8. 加强国际旅游合作的学术关照

丝绸之路旅游线路的跨国性、整体性决定了相关研究的国际性和系统性。以往国内有关丝绸之路旅游合作的研究主要局限于国内段，一方面反映了丝绸之路国际旅游合作不力的现实，另一方面也突显了国际旅游合作相关研究的不足。如果要使合作不仅仅停留在口号层面，就必须在今后全面加强对丝绸之路国际旅游合作的学术研究。在合作基础理论方面，考虑到丝绸之路沿线各国的旅游资源禀赋、旅游产业地位、社会经济状况等方面的不同，应日益重视旅游合作基础理论的"情景适应性"；在合作基础条件方面，应该站在国家的高度，充分认识到丝绸之路国际旅游合作最根本的基础在于沿线各国之间国家战略合作利益的存在，除了加强丝绸之路沿线各国旅游资源和客源市场的比较研究之外，也要重视战略利益基础的深究；在合作动力机制方面，要打破"就旅游谈旅游"的藩篱，深入理解"旅游搭台，经贸唱戏"的本质，充分认识到丝绸之路经济带国家战略既是经济战略，也是政治、文化战略，旅游合作战略只是这一国家战略的重要组成部分，因此除了重视沿线各国政府、旅游企业和行业组织在旅游方面的博弈分析之外，还应加强沿线各国在政治、经济、文化等领域的合作动力机制分析；在合作战略方面，丝绸之路经济带战略的跨国性决定了丝绸之路旅游合作战略的国际性，这一特点决定了丝绸之路旅游合作研究必须以国际旅游为主体，无论是合作组织的建立、旅游规划的编制还是旅游资源的开发、旅游品牌的打造，都应该具有国际化视野，实现真正的国际参与和合作；在合作模式方面，基于丝绸之路沿线各国社会体制、经济发展水平、旅游产业地位及旅游发展阶段等方面的客观差异，当前及今后很长一段时期政府主导企业参与型合作模式都将占主体地位，在这种模式下，政府除了发挥正常职能和作用外，还需要考虑对市场国际化、投资国际化和经营国际化合作的引导和支持（陈实，温秀，2013）；在合作路径方面，应加强丝绸之路沿线各国和地区在政府、企业、行业组织和民间方面的全方位合作研究，尤其要加强旅游企业的跨国合作，这是推动合作实践的根本力量，行业组织和民间的国际合作和交流作为旅游合作的助推剂和润滑剂，同样也不能忽视;在合作机制体制方面,对于丝绸之路这样一条跨国旅游线路来说,政府主导模式可能会在今后相当长一段时间内占主体地位,除了深化现有会议模式的形式和类型以外,还应积极探索政府合作的其他有效方式。但从更长远的未来看,丝绸之路国际旅游合作终究是一种市场行为,因此及早加强丝绸之路沿线各国旅游企业合作机制体制的探究,并辅以行业组织等其他层面合作机制体制研究的补充,对推进丝绸之路国际旅游合作大有裨益。

对丝绸之路旅游合作研究的回顾与展望,既有助于对过往研究时空分布、研究方法和研究内容等方面的整体认识,也有利于对未来相关研究方向和趋势的一个宏观把握。但由于区域旅游合作研究内容浩繁,涉及合作基础理论、合作基础条件、合作动力机制、合作战略、合作模式、合作路径、合作机制体制以及国际旅游合作等诸多方面,囿于篇幅及研究视野,每一方面的综述也都只是浅尝辄止,仅为抛砖引玉之用。随着"一带一路"国家战略的践行,丝绸之路国际旅游合作将会成为未来相当长一段时期内的研究热点和重点,需要后续更多相关研究的及时跟进与逐步深化。

第二篇

丝绸之路经济带文化遗产

保护研究

第三章 丝绸之路经济带文化遗产资源分布概述

一、丝绸之路国际段各国旅游资源分布概述

作为丝绸之路的重要组成部分，中亚五国（哈萨克斯坦、吉尔吉斯斯坦、塔吉克斯坦、土库曼斯坦、乌兹别克斯坦）及俄罗斯拥有丰富的历史和民族文化，优美的自然资源，高山雪场、广阔的湖泊，使得该地区具有浓厚的地方特色。

中亚各国旅游资源丰富，紧邻天山山脉和帕米尔高原的吉尔吉斯斯坦、塔吉克斯坦被誉为"全球徒步旅行胜地之一"，吉尔吉斯斯坦境内的伊塞克湖是世界第二大高山湖泊，美轮美奂的湖光山色沁人心脾，托克马克近郊的碎叶古城遗址曾是唐朝时期安西四镇之一；土库曼斯坦的泥火山、矿泉等疗养胜地遍布全国，享誉世界的"汗血宝马"——阿哈尔捷金马名不虚传；乌兹别克斯坦历史悠久、文化灿烂，享有"东方的璀璨明珠"美誉的撒马尔罕等古城被列入《世界遗产名录》，帖木儿帝国雄踞一时的痕迹仍依稀可见；哈萨克斯坦广袤的大草原、四季开放的滑雪场是享受大自然的好去处。中亚五国拥有种类丰富、品质优良的旅游资源，俄罗斯更是在自然资源和民族文化方面独具特色，这为丝绸之路旅游的发展提供了良好的资源基础。

（一）丝绸之路国际段各国社会经济发展现状

1. 哈萨克斯坦

（1）自然地理概况

哈萨克斯坦横跨亚欧两洲，西濒里海，北临俄罗斯，南与乌兹别克斯坦、

土库曼斯坦和吉尔吉斯斯坦接壤,东南与中国毗邻。全国面积为 272.49 万平方公里,国土面积居世界第九位,亦是全世界最大的内陆国,人口约 1749.8 万(截至 2015 年 5 月),境内四季均有郁金香开放,因此郁金香是他们的国花,首都为阿斯塔纳。哈萨克斯坦是多民族国家,由哈萨克、俄罗斯、乌克兰、乌兹别克、日耳曼和鞑靼等 131 个民族组成,其中哈萨克族占总人口的 58.6%。哈萨克语为国语,俄语与哈萨克语同为官方语言。多数居民信奉伊斯兰教,此外还有东正教、基督教和佛教等。哈萨克斯坦的旅游业以自然景观旅游为主。

哈萨克斯坦属强烈温带大陆性气候,多晴朗天气。平原地区降水主要集中在夏季,降水量约 250 毫米,大部分降水集中在山区,年平均降水量可达 800 毫米～1000 毫米。动植物在不同的自然带有一定差别。在森林、草原和半沙漠地带生长着苦蒿等禾本科植物;在山区的典型植物有厚雪松、云杉、冷杉林。境内的珍贵动物有:棕熊、猞猁、紫貂、沙猫、貂;沙漠地带有赛加羚羊和鹅喉羚。

(2)社会历史

公元前 3 世纪至前 1 世纪,哈萨克境内出现了乌孙国。其后出现过突厥汗国、突骑施、葛逻禄等封建国家。15 世纪由术赤系的苏丹克烈汗与贾尼别克在蒙兀儿斯坦建立哈萨克汗国。16 世纪初,哈萨克族基本形成。其后与乌兹别克人及叶尔羌汗国争战。18 世纪初,进行了反对准噶尔人入侵的斗争。从 19 世纪 30 至 40 年代开始,逐步被俄罗斯帝国占领。东部巴尔喀什湖及其以东和斋桑泊一带原为中国领土,19 世纪下半叶,被沙俄帝国侵占。1925 年 4 月 19 日,中亚各国按民族划界,改称哈萨克苏维埃自治共和国。1936 年成为苏联加盟共和国。1990 年 10 月 25 日,发表主权宣言。1991 年 12 月 16 日,宣布独立,改称哈萨克共和国,同年 12 月 21 日加入独联体。

(3)经济发展

苏联解体后,由于原统一的经济和货币空间被打破,哈萨克斯坦的经济陷入了深刻的危机之中。由于良好的工业基础和丰富的原料储备,哈萨克斯坦的经济状况相对于其他独联体国家处于优势。为恢复国内经济,哈萨克斯坦政府采取了一系列旨在由原来高度集中的计划经济向市场经济过渡的经济改革措施,使其经济状况好转。2013年国民生产总值约为2318.8亿美元(人均国民生产总值为1.36万美元)①。主要的出口商品有:石油、有色金属、钢材、粮食等原材料性商品。农业经济的高度发展,使其能够获得大量粮食作物,哈萨克斯坦是羊毛、棉花、马铃薯的主要生产国。

2012年,哈萨克斯坦主要出口对象国前三位分别是:中国(17.9%)、意大利(16.8%)、荷兰(8.1%)。哈萨克斯坦同期与关税同盟成员国俄罗斯、白俄罗斯双边贸易额为246.26亿美元,同比增长6.9%。进口对象国前三位分别是:俄罗斯(38.4%)、中国(16.8%)和乌克兰(6.6%)。

(4)旅游资源

哈萨克斯坦旅游资源丰富多样,拥有非常优美的自然风景和人文风景。哈萨克斯坦南部地区最富盛名的旅游景点是恰伦峡谷;西部地区的最佳旅游目的地是卡拉吉耶洼地,该洼地是世界上第二低的地方,里海就位于此地;中部地区的巴尔喀什湖则是最吸引人的地方。这里有许多独特的自然保护区和国家公园,100多个医学度假胜地,还有9000多个考古和历史遗址。哈萨克斯坦的主要城市阿拉木图、卡拉干达、乌拉尔等也是著名的旅游城市。

哈萨克斯坦的主要旅游景区(点)如表3－1所示。

表3－1　哈萨克斯坦主要旅游景区(点)统计

序号	景点名称	景点特色	备注
1	霍贾·艾哈迈德·亚萨维陵墓	帖木儿时期规模最大、保存最完整的建筑之一	2003年被列入《世界遗产名录》
2	巴尔喀什湖	哈萨克斯坦境内最有特色的湖	
3	里海	世界上最大的咸水湖	

---

① 数据来源:世界银行数据库.http://∥www.worldbank.org.cn/.

序号	景点名称	景点特色	备注
4	阿斯塔纳	哈萨克斯坦的首都	阿斯塔纳拥有世界上最大的帐篷可汗沙特尔以及巴伊杰列克观景塔
5	泰姆格里考古景观岩刻	哈萨克斯坦值得一看的考古景观岩刻	2004 年被列入《世界遗产名录》
6	萨利亚喀-哈萨克斯坦北部的疏树草原和湖泊	哈萨克斯坦最为重要的湿地	
7	阿拉木图塔	世界上最高的不需支撑的钢管结构塔	
8	哈萨克斯坦国家乐器博物馆	哈萨克斯坦最重要的乐器博物馆	
9	阿拉木图	哈萨克斯坦最大的城市	升天大教堂 2004 年获联合国教科文组织亚太区文物古迹保护奖杰出项目奖
10	咸海	最需要被保护的湖泊之一	

①霍贾·艾哈迈德·亚萨维陵墓。建造于帖木儿时期(1389—1405)的霍贾·艾哈迈德·亚萨维陵墓位于突厥斯坦(以前称为亚瑟市)。它是帖木儿(Timurid)时期规模最大、保存最完整的建筑之一,也是帖木儿时代建筑的杰出代表,对伊斯兰宗教建筑的发展作出了巨大的贡献,是中亚地区文化和建筑技术发展的独特见证,于 2003 年被列入《世界遗产名录》。

②巴尔喀什湖。又名巴勒喀什池,位于哈萨克斯坦东部,是一个内陆冰川堰塞湖,是世界第四长湖。它东西长约 605 公里,南北宽 8 至 70 公里,面积 1.83 万平方公里。巴尔喀什湖是世界上极少数咸淡湖水分别占半的湖,因为湖东西两部分有湖峡水道相连,所以在定义上是一个湖。巴尔喀什湖区地层多碳酸盐沉积,动物繁多,特别在芦苇丛中有大量鸥、野鸭和鸬鹚,同时也有天鹅、鹈鹕、雉和鹧鸪;野兽有野猪、狼、狐狸和野兔等;湖

中有 20 种鱼类,有 6 种是这里的特产,其余是人工养殖的,包括鲤、鲈、鳊、鲟、狗鱼、弓鱼等。湖上有货轮来往,北岸为著名的铜矿带,巴尔喀什是重要的炼铜中心,与哈萨克斯坦和中亚重要城市有铁路连接;南岸伊犁河下游农牧业发达。1970 年伊犁河上建成卡普恰盖水电站,水库蓄水后,巴尔喀什湖的水文状况有了巨大的变化,主要湖港有布鲁尔拜塔尔和布尔柳托别。

③里海。里海是世界上最大的咸水湖,位于亚欧大陆腹部。里海表面约低于海平面 28 米,靠近南面的最大深度为 1025 米。里海有 50 个岛屿,多为小岛,西北部的车臣岛最大,其次有秋列尼(Tyuleny)岛、莫尔斯科依(Morskoy)岛、库拉雷(Kulaly)岛、日洛依(Zhiloy)岛和奥古尔钦斯基(Ogurchin)岛。以水文特点为依据,通常将整个里海分为北、中、南三部分。

④阿斯塔纳。阿斯纳塔是位于哈萨克斯坦中北部的半沙漠草原,为哈萨克斯坦的自治市,1997 年起成为哈萨克斯坦的首都,也是哈萨克斯坦第二大城市,仅次于阿拉木图。该城市被称为"欧亚大陆的心脏",是世界上最年轻的首都之一,也是中亚最现代化的城市。阿斯塔纳四季气候宜人,生态环境良好,美丽的耶希耳河穿城而过,是一座迅速发展的首都城市,备受世界关注。阿斯塔纳遍布着花坛、草坪、微型公园和城市广场,拥有极为奇特且唯美的建筑群,分为欧式建筑和伊斯兰建筑,毫不逊色于欧洲各大城市。

阿斯塔纳拥有世界上最大的帐篷——可汗沙特尔,高 150 米,内部建造有人造沙滩、瀑布、迷你高尔夫球场和植物园。巴伊杰列克观景塔为阿斯塔纳最知名的地标建筑,是一座纪念塔兼观景塔,为当地重要的旅游景点,亦是阿斯塔纳的象征。

⑤泰姆格里考古景观岩刻。该景观位于泰姆格里大峡谷,于 2004 年被列入《世界遗产名录》。泰姆格里大峡谷位于辽阔而干旱的楚河—伊犁河之间的山脉中,在辽阔的群山环抱中,有 5000 多个稀世的古代岩雕,时间跨度从公元前 1000 年直至 20 世纪初。这些作品大多数散布在远古人

类居住的建筑和坟墓的遗址上，反映了当地人耕种、社会组织和宗教仪式等情况。

⑥疏树草原和湖泊。萨利亚喀－哈萨克斯坦北部的疏树草原和湖泊占地面积为450344公顷，由诺尔绰姆国家自然保护区和科尔加尔辛国家自然保护区两个保护区组成。萨利亚喀拥有对迁徙水鸟而言极为重要的湿地，这些水鸟中包括世界级濒危鸟类，例如珍稀的西伯利亚白鹤、达尔马提亚鹈鹕和Pallas鱼鹰。这些湿地是非洲、欧洲和南亚鸟类向西伯利亚西部和东部繁殖地迁徙时在中亚的重要歇息地和交汇点。

⑦阿拉木图塔。阿拉木图塔位于哈萨克斯坦阿拉木图的东南部，坐落于库图博山(Kok Tobe)上，是一个高高挺立的电视塔，于1975年开始建造，1983年完工。与其他电视塔不同的是它不是混凝土结构，而是钢管结构，是世界上最高的不需支撑的钢管结构塔。阿拉木图塔高371.5米，有两个观景台，在高146米和252米处各设有一个观景台，通过电梯就可到达。可惜的是目前观景台并不对游客开放。阿拉木图塔背后是连绵起伏的山脉，因而背景非常显著，这些高高的山脉被皑皑白雪覆盖，甚至壮观，成为阿拉木图塔最美丽的背景颜色。

⑧哈萨克斯坦国家乐器博物馆。该博物馆被誉为世界上著名的乐器博物馆之一，收藏了来自于哈萨克斯坦各个地区的各种民族乐器，还有很多乐器来自于世界各地。博物馆内收藏有阿拜、江布尔等著名诗人和音乐家使用过的乐器几十种。馆内的乐器包括弹奏乐器、拉奏乐器、吹奏乐器和打击乐器，馆内数目众多的莫过于冬不拉，收藏约有13种。

⑨阿拉木图。阿拉木图两面环山，是一座风景独特的旅游城市，犹如一个童话世界，是大自然的美和现代大都市的完美组合。这是一个气候宜人、环境优美的花园城市，上千条溪水般的河流，在城市的各个角落叮咚作响。终年不化的雪山使得阿拉木图更具魅力，气势磅礴的天山白雪皑皑，山峰上的白雪终年不化，在蓝天白云的衬托下，银光灿灿，蔚为壮观。

升天大教堂是阿拉木图的一座东正教大教堂，为全世界第二高的木制教堂，整座建筑没有使用过一根钉子，2004年获联合国教科文组织亚太区文物古迹保护奖杰出项目奖。

⑩咸海。咸海位于哈萨克斯坦和乌兹别克斯坦的交界处,是中亚的一个内流咸水湖,水源主要来自阿姆河和锡尔河。咸海曾经是世界上最大的内陆湖之一,主要水产有鳝、鲤、鲱、鲻等鱼类,海中散布着1000多个小岛。但是,由于苏联人将大量的咸海海水用于农业灌溉项目,再加上20世纪70年代以来气候持续干旱,导致湖面水位下降、湖面面积急剧下降和湖水盐度增高,湖盆附近地区大量干盐堆积。咸海分成南、北两部分,称为南咸海和北咸海,南咸海由于乌兹别克斯坦政府财政紧缩,至今水位仍在不断下降。

2. 乌兹别克斯坦

(1)自然地理

乌兹别克斯坦共和国,简称乌兹别克斯坦,位于中亚中部,是世界上两个双重内陆国之一。乌兹别克斯坦与哈萨克斯坦、吉尔吉斯斯坦、塔吉克斯坦、土库曼斯坦和阿富汗毗邻。地理位置优越,处于连接西方和南北方的中欧中亚交通要冲的十字路口,总面积为44.74万平方公里。乌兹别克斯坦是著名的"丝绸之路"古国,历史上与中国通过"丝绸之路"有着悠久的联系。乌兹别克斯坦境内现存多处15、16世纪的宗教建筑和陵墓,其中巴拉克汗马德拉斯神学院、伊斯麦布卡利清真寺和古陵墓等古建筑可让人一窥当年中亚古帝国的遗迹。

乌兹别克斯坦属严重干旱的大陆性气候。年平均气温由北向南递增,夏季漫长、炎热、少雨,平均气温保持在30℃。夏秋两季在平原地区经常伴有沙尘暴天气。年均降水量平原低地约为30毫米,山区为1000毫米,大部分集中在冬春两季。境内植物丰富多样。拥有很多谷物,如杜松、开心果、杏仁、伞形科植物等。领土的绝大多数被沙漠覆盖,因此具有沙漠植被的特征:如沙拐枣、黑白梭梭、以及品种多样的艾草。在乌兹别克斯坦境内的沙漠地区可以看到的动物有瞪羚、羚羊、鼠类、蛇类(包括蝰蛇、眼镜蛇)、蜥蜴(巨蜥、壁虎)。山区的动物也多种多样,有山羊、雪豹、旱獭、龟、蛇和众多鸟类。

（2）社会历史

乌兹别克斯坦历史悠久。9至11世纪，以突厥人、东伊朗人为主要组成部分的乌兹别克民族形成，建立喀喇汗国，13世纪被蒙古人征服。14世纪，乌兹别克部落建立政权并占领中亚北部及帖木儿帝国衰败后遗留下的几个封建王国。乌兹别克人建立自己的国家，名为乌兹别克斯坦。15世纪时建立了昔班尼王麾下的乌兹别克国。19世纪60至70年代，乌兹别克部分领土并入俄罗斯帝国。1917年11月建立苏维埃政权，1924年10月27日成立乌兹别克苏维埃社会主义共和国并加入苏联。1991年8月31日宣布独立，改国名为乌兹别克斯坦共和国。1991年12月8日得到承认。

乌兹别克斯坦人有两大专长和两大特点。两大专长是能歌善舞和刺绣工艺。每逢节假日都要跳舞唱歌，有大型的、集体的、个人的、家庭的，形式很多。他们用的床单、枕套、帽子、衣服等都有绣花，一般都很精美，还有最具盛名的绣花盘，工艺精巧。两大特点是：一是取暖的坑炉特别，又叫火塘，即在屋中央挖一大坑，里面放炉生火，即可以做饭又可以用来取暖。取暖是在坑沿上搭上木板，人可以睡在木板上，像是木头的炕一样，十分别致。另一个特点，孩子多。每家多到几十个，少则几个。由于没有生育政策，人们的观念是多子多福。所以家家放开生育，孩子都很多，所以是世界上年轻人占比例很高的国家。

每年的宗教节日主要有肉孜节、古尔邦节、圣纪节，届时张灯结彩，讲经、赞扬穆罕默德的功绩，特别是清真寺里热闹非凡，有的清真寺里炸油香、宰羊、宰牛，有的聚餐。有的分成等份，来者每人一份，或每家一份。因此地盛产棉花，所以每年还有棉花节、歌咏节。此外，还有庆祝独立日，是政府组织的官方纪念性活动。还有一个特别的仪式叫苏麦克莱仪式，家家都要做甜粥，载歌载舞分送各家，人们视为上品。

（3）经济发展

乌兹别克斯坦近年来实行的经济政策是深化市场改革，加强私有化进程和扩大商业活动，确保金融和宏观经济的稳定，加强控制国家货币政策。

2013 年国民生产总值为 567.96 亿美元(人均国民生产总值为 1878.09 美元)①。目前比较成熟的产业有:有色冶金(铜制造,耐火、耐高温金属,黄金)、纺织品、燃料、化工、食品加工及机械制造。农业支柱产业是棉花种植业、桑蚕业、畜牧业,其中畜牧业是农业生产的主导部门。在出口产业结构中占据比重最大的是商品原材料(特别是棉纤维)。除了棉花,其他出口产品有金、天然气、有色金属、化工和石油化工、蔬菜、卡拉库尔羔皮、生丝及羊毛。

(4)旅游资源

乌兹别克斯坦境内保存着许多古代建筑和历史遗迹,该国也由此闻名于世。撒马尔罕是乌兹别克斯坦共和国第二大城市,撒马尔罕州首府,是乌兹别克斯坦总统卡里莫夫的故乡,也是著名的旅游城市。迄今市内仍保留有 14 至 17 世纪的许多著名的古建筑,包括清真寺、陵墓等。其中以帖木儿帝国时期建造的宫殿、陵寝最为壮丽。如建于 15 世纪的帖木儿家族陵墓"古尔－艾米尔陵墓",15 至 17 世纪的"列基斯坦"伊斯兰教神学院、15 世纪的比比－哈内姆大清真寺、兀鲁伯天文台、14 至 15 世纪中亚最大的"沙赫静达"陵墓建筑群等。布哈拉市现存大约 140 座古代建筑和历史遗迹。这些古建筑独具匠心,极负盛名,使布哈拉市弥漫着浓厚的伊斯兰教色彩,因而它又有"博物馆城"之称,在穆斯林世界中占有特殊地位。吸引旅游者注意的还有带有四个高塔的乔尔-米诺尔清真学校、保拉-浩兹清真寺、查尔清真寺、拉希姆汉清真寺、谢伊费德丁纳·布哈尔兹陵墓、卡里安尖塔、阿布杜拉齐斯商栈等。在该国境内有超过 10 个自然保护区,其中规模最大的要属恰特卡和米拉克林自然保护区。乌兹别克斯坦同时拥有许多温泉和浴疗度假村:如塔什干矿泉度假村、恰尔塔克度假村、阿伽雷克度假村、奇姆甘度假村等。

乌兹别克斯坦的主要旅游景区(点)如表 3－2 所示。

---

① 数据来源:世界银行数据库. http:///www. worldbank. org. cn/.

表 3 - 2 　乌兹别克斯坦旅游景区(点)统计表

序号	名称	特点
1	塔什干独立广场	乌兹别克斯坦最重要的广场
2	塔什干地震纪念碑	乌兹别克斯坦值得一看的纪念碑之一
3	兀鲁伯天文台	15 世纪中亚最大的天文台
4	古尔－艾米尔陵墓	乌兹别克斯坦最富丽堂皇的陵墓
5	列基斯坦神学院	中世纪中亚最有特色的建筑群
6	布哈拉历史中心	中亚城市建筑物保存最完好的古迹之一
7	塔什干	乌兹别克斯坦的首都
8	帖木儿广场	乌兹别克斯坦最具纪念意义的广场
9	塔什干电视塔	乌兹别克斯坦的最高建筑
10	絮敏国家公园	乌兹别克斯坦最古老的自然保护区
11	咸海	最需要被保护的湖泊之一
12	恰尔瓦克湖	乌兹别克斯坦最不像湖泊的湖泊
13	恰特卡尔国家公园	乌兹别克斯坦最好的生态旅游公园
14	伊钦·卡拉内城	值得一看的伊斯兰纪念建筑
15	沙赫利苏伯兹历史中心	值得一看的沙赫利苏伯兹历史中心
16	处在文化十字路口的撒马尔罕城	值得一看的撒马尔罕古城
17	塔什干动物园	中亚最大的动物园
18	朱玛清真寺	
19	比比汗姆大清真寺	
20	希瓦古城	"中亚的明珠""太阳之国"

①塔什干独立广场。塔什干独立广场是乌兹别克斯坦最重要的广场,是自由和独立的象征,也是希望之地。塔什干独立广场占地 12 公顷,是乌兹别克斯坦人们引以为傲的广场,包含了他们对广场的无限的崇敬之意和热爱之情。

②塔什干地震纪念碑。塔什干地震纪念碑也叫英勇纪念碑,本国人民为了纪念 1966 年 4 月 26 日塔什干大地震死难者而建立。当地的百姓经

常来这里缅怀遇难者,尤其是新结婚的夫妻,来这里献花成了"必备"的程序。

地震纪念碑建于 1976 年 5 月 20 日,是一名来自莫斯科的建筑师与当地工匠合作的成果。纪念碑就修在当时的地震震中区域,占地面积约 2.5 公顷。整个纪念碑由三部分组成,主体造型是一对男女组成的石刻雕像,男人骨骼健壮,迈开大步,脚踏废墟,右手臂把女子拦在身后,做保护状;面对地震灾害,女子也有奋勇向前之意,伸出右手与灾难抗争。在这对男女前方有一道深深的裂缝,延伸到一块方型时钟雕塑,上面的时针和分针停留在地震发生的具体时间 5 时 24 分。

③兀鲁伯天文台。兀鲁伯天文台由帖木儿帝国的创建人帖木儿的孙子、乌兹别克斯坦著名天文学家、学者、诗人和哲学家、撒马尔罕的统治者兀鲁伯于 1428—1429 年建造,是中世纪时期具有世界影响的天文台之一。

在 1449 年被毁坏之前,兀鲁伯天文台被认为是当时伊斯兰世界最好的天文台之一,也是中亚最大的天文台,其规模远远超过了以前的天文台,观测和研究设备也属一流,所有的巨型象限仪半径达 40 米,这在当时是非常罕见的。兀鲁伯天文台是一个三层圆形建筑物,有独特的 40 米大理石六分仪和水平度盘。兀鲁伯在此测出的一年时间的长短与现代科学计算的结果相差极微。目前兀鲁伯天文台只留下一座巨大的、由大理石制成的六分仪。六分仪安装在离地面 11 米深、2 米宽的斜坑道里,部分伸出地面,坑道上面是兀鲁伯天文台博物馆。当年兀鲁伯天文台编制的《新天文表》,概述了当时的天文学基础理论和 1018 颗恒星的方位,这是继古希腊天文学家希巴尔赫之后,测定星辰位置的最准确的记录。

④古尔-艾米尔陵墓。古尔-艾米尔陵墓位于撒马尔罕,始建立于 14 世纪,是帖木儿及其后嗣的陵墓,据说是帖木儿亲自设计的,未经任何改动。整个陵墓造型壮观,色彩鲜艳,有球锥形大圆顶,具有浓厚的东方建筑特色,是世界著名的中亚建筑瑰宝。

古尔-艾米尔陵墓的主体是一个八角形的圆顶建筑,八角形的外体墙上有一段高约 8 米的鼓座,鼓座底部支撑着内层穹顶。外表由密密的圆形

对角菱线组成,通体包裹着天蓝色琉璃面砖,色彩淡雅,光耀夺目。陵墓内部呈十字形,墙壁的下部全用大理石砌成,上部则布满了彩砖砌成的青绿色阿拉伯图案和金质的阿拉伯字母,彩砖和金饰交相辉映,浑然一体。陵墓的灵堂中放有 9 个象征性的石棺椁,真正盛放遗体的棺椁深深埋在地下。虽然古尔-艾米尔陵墓经历了时间的考验和地震的摧残,但依旧富丽堂皇、华美无限。

⑤列基斯坦神学院。列基斯坦神学院位于撒马尔罕市中心的"列吉斯坦"(意为"沙地")广场,是一组宏大的建筑群,建于公元 15—17 世纪。该建筑群由三座神学院组成:左侧为兀鲁伯神学院,建于 1417—1420 年;正面为季里雅-卡利(意为镶金的)神学院,建于 1646—1660 年;右侧为希尔-多尔(意为藏狮的)神学院,建于 1619—1636 年。

这三座建筑高大壮观、气势宏伟,内有金碧辉煌的清真寺。兀鲁伯神学院的正门和彩色的穹顶是用各种色彩的陶瓷装饰的,后遭地震破坏,又重新修建了高 13 米、直径 13 米的新穹顶,建筑材料采用特殊金属结构。这些神学院是中世纪培养穆斯林神职人员的学府,其中兀鲁伯神学院是 15 世纪最好的穆斯林学府之一。据说,兀鲁伯曾亲自在此授课,这里是他统治期间世俗科学思想的中心。三座神学院虽建于不同时代,但风格组合相当成功,是中世纪中亚建筑的杰作。

⑥布哈拉历史中心。布哈拉历史中心距首都塔什干西南约 450 公里,联合国教科文组织于 1993 年将其作为文化遗产列入了《世界遗产名录》。布哈拉城内有各个王朝修建的宫殿、清真寺等,被称为"博物馆城"。

布哈拉城建立于公元前 1 世纪,位于泽拉夫尚河的低洼灌溉河谷地区,邻近沙赫库德运河,丝绸之路途径此处,古迹距离贯穿黑海地区的铁路线 15 公里,距撒马尔罕 250 公里。历史上布哈拉城是宗教和贸易中心,现为乌兹别克斯坦布哈拉州首府。位于丝绸之路的布哈拉已有两万多年的历史,它是中亚城市中绝大多数建筑物保存完好的中世纪城市的范例。布哈拉历史中心有名的纪念物有伊斯梅尔·萨马尼的著名墓碑,10 世纪穆斯林的建筑杰作以及 17 世纪的一批建筑等。

3. 吉尔吉斯斯坦

(1) 自然地理

吉尔吉斯共和国(The Kyrgyz Republic),简称吉尔吉斯坦,为中亚东北部的内陆国。吉尔吉斯坦面积为 19.85 万平方公里,东南和东面与中国相接,北与哈萨克斯坦相连,西界乌兹别克斯坦,南同塔吉克斯坦接壤。吉尔吉斯斯坦境内河流湖泊众多,水资源丰富。吉尔吉斯斯坦境内特有物种比较丰富。山林地带生长着雪岭云杉、核桃、冷杉、杜松。高原地区有茂密的高山矮草。不同风景区的动物种类各有千秋。高山地区动物种类繁多:熊、猞猁、狼、獾、黄鼠狼、貂、狍。鸟类主要有鸨、大鸨、鹰、秃鹫。

(2) 社会历史

6—13 世纪建立吉尔吉斯汗国。15 世纪后半叶吉尔吉斯民族基本形成。16 世纪受沙俄压迫。19 世纪前半叶,东部和南部大部分地区属于中国新疆,西部属浩罕汗国。1864 年 10 月 7 日,俄国胁迫清政府签订《中俄勘分西北边界条约》,强行割让新疆西部 44 万平方公里领土,其中就包括现今吉尔吉斯斯坦的大部分领土,至此,吉尔吉斯全部领土划归俄国。1917 年 11 月—1918 年 6 月建立苏维埃政权。1936 年 12 月 5 日成立吉尔吉斯苏维埃社会主义共和国,加入苏联。1991 年 8 月 31 日通过国家独立宣言,宣布独立,改国名为吉尔吉斯斯坦共和国。

比什凯克是吉尔吉斯斯坦的首都,位于吉国北部吉尔吉斯阿拉套山北麓,美丽富饶的楚河盆地中央,是全国的政治、经济、文教、科技中心,也是该国的主要交通枢纽。楚河谷作为天山古道的一部分,是连接中亚草原与中国西北沙漠的捷径,也是古代山路中最为险峻的路段,中国唐代玄奘西行取经,走的就是这条路,被称为"古代丝绸之路"。

(3) 经济发展

吉尔吉斯斯坦共和国独立后就着手进行激进的经济改革,其目的是通过对国有财产的非国有化和私有化,建设具有发达市场经济的民主国家。工业发展加速,有色冶金、机械制造、轻工业和食品工业已在国民经济中占主导地位。农业领域的主导产业主要有畜牧业(羊、马养殖)、棉花种植、水

果、蔬菜、瓜果和烟草培育。主要出口产品有:羊毛、棉花、烟草、电力、有色金属、饮料。2013 年国内生产总值为 72.25 亿美元(人均国内生产总值为 1263.45 美元)①。

(4)旅游资源

吉尔吉斯斯坦境内河流湖泊众多,主要湖泊有伊塞克湖、松格里湖、萨雷切列克湖等,多分布在海拔 2000 米以上地区,风景优美,具有较高的旅游价值。地处东部崇山峻岭中的伊塞克湖湖水清澈澄碧,终年不冻,是有名的"热湖",有"中亚明珠"的美誉,是中亚地区旅游疗养的胜地。湖区气候宜人,风景美丽,湖泥中含有多种微量元素,可以治疗多种疾病。

吉尔吉斯斯坦主要旅游景区(点)如表 3-3 所示。

表 3-3　吉尔吉斯斯坦主要旅游景区(点)统计

序号	名称	特　点
1	碎叶城	吉尔吉斯斯坦值得一看的唐代古城
2	伊塞克湖	世界最大的山地湖泊之一
3	苏莱曼圣山	中亚地区圣山的最完整象征
4	比什凯克	吉尔吉斯斯坦值得一看的城市
5	阿拉阿查国家公园	吉尔吉斯斯坦最适宜郊游的公园
6	布若娜塔	吉尔吉斯斯坦建筑结构最独特的高塔之一
7	奥什	吉尔吉斯斯坦第二大城市
8	卡拉科尔	吉尔吉斯斯坦第四大城市 卡拉科尔还是一座因滑雪而知名的城市

①碎叶城。碎叶城又作素叶城、素叶水城,因其依傍素叶水,故得此名。其故址在吉尔吉斯斯坦托克马克城西南 8 公里处的阿克-贝希姆(Ak-Beshim)。碎叶城曾是唐王朝经营西域的"安西四镇"之一,据资料记载,诗仙李白即诞生于此地。

---

① 数据来源:世界银行数据库. http://www.worldbank.org.cn/.

托克马克市历史悠久,据记载从汉朝就是中国领土,唐代叫碎叶,大诗人李白生活到 5 岁才离开该城。公元 640 年唐朝设置安西都护府,统辖安西四镇(龟兹、疏勒、于阗、碎叶),碎叶是中国历代王朝在西部地区驻军最远和军事控制最远的一座边陲城市,直到清朝签订了《伊犁条约》,该城才划给沙皇俄国。现这座古城遗址就在托克马克市的城南,经过 1000 多年的风吹沙打,雨水冲洗,这座唐代古城已风化瓦解成为一座巨大的土堆,爬上这座荒草丛生的古城遗址,可以清晰看到当年唐朝军队修建的周长达 26 公里的城墙断壁。

②伊塞克湖。伊塞克湖位于吉尔吉斯斯坦国境内,位于天山山系北部,为世界最大的山地湖泊之一,以其壮丽的景色和独特的科学价值而著称。湖泊在伊塞克湖盆地的底边缘内,北为昆格山脉,南为泰尔斯凯山脉;湖泊长 182 公里,最宽处 61 公里,面积 6280 平方公里;湖水深达 702 米,容积 1738 立方公里,在世界高山湖泊中水深度第一、集水量第二。

伊塞克湖的名字源自吉尔吉斯语,意为"热湖",暗示这是一个在冬天不封冻的湖,湖水清澈澄碧,终年不冻,是中亚地区旅游疗养的胜地。近 40 年来,湖面下降约 2 米,以湖滨城市雷巴奇耶为中心的疗养区设有泥浴、矿泉浴等设施。金色的沙滩、碧绿的湖水连同仿佛矗立在湖心的巍峨雪山,让伊塞克湖成为人们理想的休闲疗养度假圣地。

③苏莱曼圣山。苏莱曼圣山位于费尔干纳盆地,地处中亚丝绸之路的重要路线的十字路口。苏莱曼在超过一个半世纪的时间里一直是旅行者的指示灯,被尊为圣山。其五座山峰和山坡散布着无数古代朝圣之地和岩石壁画的岩洞,以及两座 16 世纪建造的清真寺。

目前,苏莱曼圣山已经记录有 101 个充满岩石壁画的岩洞,雕刻着人物、动物和几何图形。苏莱曼圣山包括 17 个仍在使用的朝圣地,很多已不再使用。这些散布在山峰各处的朝圣地被朝圣者的脚印连接起来,这些朝圣之地被视为能够治愈不孕、头痛和背痛,并让人长命百岁的圣地。对这些山峰的崇敬混合了先伊斯兰教和伊斯兰教的信仰。该遗产被认为是中亚地区圣山的最完整象征。

4. 土库曼斯坦

（1）自然地理

土库曼斯坦为中亚西南部的内陆国。西濒里海，北邻哈萨克斯坦（边界线长为 379 公里），东北部与乌兹别克斯坦接壤（1621 公里），东界阿富汗（744 公里），南接伊朗（992 公里）。边界线总长为 3736 公里，海岸线长 1768 公里。国土总面积为 49.12 万平方公里。全境大部是低地，平原多在海拔 200 米以下，80％的领土被卡拉库姆大沙漠覆盖。沙漠面积为 37.5 万平方公里。

土库曼斯坦（土库曼语：Türkmenistan）是一个中亚国家，前苏联加盟共和国之一，苏联时期的名称为土库曼苏维埃社会主义共和国，1991 年从苏联独立。虽然土库曼斯坦是世界上最干旱的地区之一，但它拥有丰富的天然气（世界第五）和石油资源，石油天然气工业为该国的支柱产业。而农业方面则以种植棉花和小麦为主。该国因地处地中海地震带上，所以时常受地震威胁。在外交方面，联合国在 1995 年 12 月 12 日承认土库曼斯坦为一个永久中立国。

土库曼斯坦位处亚洲大陆的中心处，因此属于典型的温带大陆性气候，具有气候干旱的标志性特征：温度昼夜变化明显，常年波动，空气干燥，少云。该国年平均温度从北向南递增，为 11℃～17℃。冬季温暖，无霜冻。年降水量由西北面沙漠的 80 毫米，递增至东南山区的每年 300 毫米～400 毫米。

土库曼斯坦的植被主要是沙漠植物。在低山地区生长着巨大的伞形科植物；稍高的地势生长着灌木、杜松、菖蒲、郁金香等植被；较为茂密的植被在河谷地带生长良好。沙漠地区最常见的哺乳动物有：羚羊、豺、狐狸、山羊；平原地带栖息着鼠类和其他爬行动物（巨蜥、眼镜蛇、斑蝰蛇、龟）。

（2）社会历史

公元前 1000 年，土库曼境内出现阶级社会。公元前 6 世纪后，一直连续不断被外族人入侵和统治。直至 15 世纪，才基本形成土库曼民族。16 至 17 世纪，隶属希瓦汗国和布哈拉汗国。19 世纪 60 年代末至 80 年代中期,部分领土并入俄国。土库曼人民参加了 1917 年的二月革命和十月社会主义革命。1917 年 12 月建立苏维埃政权,其领土并入土耳其斯坦苏维埃社会主义自治共和国、花刺子模和布哈拉苏维埃人民共和国。1924 年 10 月,成立土库曼苏维埃社会主义共和国,成为苏联加盟共和国。1990 年 8 月 23 日,土库曼最高苏维埃通过了国家主权宣言。1991 年 10 月 27 日,宣布独立,改称土库曼斯坦共和国,同年 12 月 21 日,加入独立国家联合体。

(3)经济发展

2013 年土库曼斯坦国内生产总值为 411.42 亿美元(人均国内生产总值为 7853 美元)①。石油和天然气是土库曼斯坦国民经济的支柱产业。农业主要种植棉花、小麦、水果和蔬菜。主要出口的商品有棉纤维、柴油、重油、手工地毯。其中重要的贸易合作伙伴有俄罗斯、乌克兰、哈萨克斯坦、阿塞拜疆、土耳其。

(4)旅游资源

里海沿岸西北部是卡拉—布加兹海湾。南部和西部为科佩特山脉和帕罗特米兹山脉。其境内最大的湖泊为萨雷卡梅盐水湖,主要河流为阿姆河。

土库曼斯坦主要旅游景区(点)如表 3-4 所示。

表 3-4　土库曼斯坦主要旅游景区(点)统计

序号	名称	特点
1	地狱之门	世界上最壮观的天然气坑
2	尼莎帕提亚要塞	帕提亚王国最早和最重要的城市遗址
3	库尼亚-乌尔根奇	值得一看的库尼亚-乌尔根奇建筑群
4	中立柱和独立柱	土库曼斯坦最主要的标志性建筑之一
5	梅尔夫历史与文化公园	一般游客难以想象的国家公园

---

① 　数据来源:世界银行数据库. http:///www.worldbank.org.cn/.

序号	名称	特点
6	地震纪念碑	土库曼斯坦值得一看的地震纪念碑
7	卡拉库姆运河	目前世界上最长的运河
8	阿什哈巴德	土库曼斯坦的首都 是卡拉库姆沙漠中的一个绿洲城市
9	苏丹·阿里陵墓	土库曼斯坦最经典的地标性建筑之一
10	里海	世界上最大的咸水湖

①地狱之门。地狱之门坐落于达瓦札小镇附近,因一年四季如火海般都在燃烧的天然气而知名。这个天然气坑于 1974 年被来此的地质学家钻探天然气时意外发现,但其又大又深,无法测量,因为洞穴中都充满了天然气等毒气,随时都有燃烧爆炸的可能,也有可能毒气会溢出。出于安全的考虑,科考人员只好把它点燃,使有毒气体不致泄漏出来。自那时起,洞内的天然气就在燃烧,没有人知道这些年来有多少天然气被烧掉,它似乎是源源而来,烧之不尽。目前,地狱之门真的犹如地狱一般,熊熊的火海,猛烈地燃烧,并且已经燃烧了 38 年,从未停息过。

②尼莎帕提亚要塞。尼莎帕提亚要塞由新旧两组台形遗址构成,是帕提亚王国最早和最重要的城市遗址。帕提亚王国是公元前 3 世纪中期至公元 3 世纪的大国。在近两千年的历史中,这里几乎从未遭到破坏,从而将古代文明的发掘遗址较好地保存了下来,并巧妙地将自身的传统文化元素和希腊及西罗马元素结合起来。对两处遗址进行的考古挖掘发现了装饰精美的建筑,展示了室内、城邦和宗教方面的功能。

③库尼亚－乌尔根奇。库尼亚－乌尔根奇位于土库曼斯坦的东北部、阿姆河的南面。乌尔根奇建筑群位于土库曼斯坦北部城市达绍古兹郊外,面积 640 公顷,是中亚地区最古老的城市之一;乌尔根奇的遗迹,现已经开辟为博物馆,主要建筑包括丝绸之路驿站、清真寺塔和诸多名人墓等,其中最古老的建筑已经有两千年的历史。

库尼亚—乌尔根奇(Kunya—Urgench)于 2005 年被列入了《世界遗产名录》,世界遗产委员会给予的评价为"乌尔根奇是阿契美尼德帝国统治下可兰次姆地区的首都,古镇拥有一系列 11 至 16 世纪时期的纪念碑,包括一座清真寺、旅馆的门、堡垒、陵墓和一座尖塔。这些纪念碑展示了当时建筑和手工艺方面的卓越成就,其影响力波及伊朗、阿富汗和 16 世纪印度的后期建筑"。库尼亚—乌尔根奇为伊斯兰文化的独特保存状态提供了一个特殊的例证,尽管它已经不复为一个国家的中心,但仍有许多旅客前往那里朝圣。

④中立柱和独立柱。在阿什哈巴德市中心总统府广场,耸立着象征土库曼斯坦中立国地位的中立柱(Arch of Neutrality)。3 个柱体支撑脚代表土 3 个不可分割的基础:独立、中立和民族团结。在阿什哈巴德城南,矗立着象征土库曼斯坦作为独立主权国家的独立柱,塔基上方的塔柱高 91 米,象征土库曼斯坦于 1991 年获得独立。每年 10 月 27 日的"独立日"和 12 月 12 日的"中立日"已成为土库曼斯坦最重要和最隆重的节日。同时,中立柱(Arch of Neutrality)和独立柱也成为阿什哈巴德主要的标志性建筑和观光景点。

⑤梅尔夫历史与文化公园。古梅尔夫是中亚地区丝绸之路沿线最古老、保存最完好的绿洲城市。梅尔夫(Merv)又称马雷(古称蒙奇、马鲁、麻里兀、马兰),是中亚土库曼斯坦马雷州的一个绿洲城市。古梅尔夫城在撒马儿罕和巴格达之间(今土库曼斯坦马雷市附近),是古代丝绸之路上的交通要道。这片宽阔的绿洲横跨了四千年的人类历史,有许多纪念性的建筑,1999 年被列入《世界遗产名录》。

梅尔夫历史与文化公园建于 12 世纪,公园中的大部分建筑都是在土库曼斯坦帝国时建造的。现在国家公园内大部分建筑不是受到人为的破坏就是毁于一次次的地震。梅尔夫历史与文化公园是一个一般游客难以想象的国家公园,这里没有入口、没有大门,所以也就没有门票;也没有任何告示牌、没有护林员、没有公园地图、宣传册子;更让人不可思议的是公园附近连厕所、快餐厅都没有,有的只是沙漠上一些废弃的遗迹。

5. 塔吉克斯坦

（1）自然地理

塔吉克斯坦共和国（The Republic of Tajikistan），简称塔吉克斯坦，是一个位于中亚东南部的内陆国。西部和北部分别同乌兹别克斯坦、吉尔吉斯斯坦接壤，东邻中国新疆，南接阿富汗，是中亚诸国之中国土面积最小的国家。塔吉克斯坦地处山区，境内山地和高原占 90％，其中约一半在海拔3000 米以上，有"高山国"之称。北部山脉属天山山系，中部属吉萨尔－阿尔泰山系，东南部为冰雪覆盖的帕米尔高原。塔吉克斯坦大部分河流属咸海水系，主要有锡尔河、阿姆河、泽拉夫尚河、瓦赫什河和菲尔尼甘河等，水力资源可观。湖泊多分布在帕米尔高原，喀拉湖最大。主要自然资源包括石油、天然气、煤炭、铀矿和丰富的水电资源。耕地面积约占国土面积的6％，草地和牧场占国土面积的 23％。

塔吉克斯坦境内河谷地带气候与亚热带气候规律略有不同，其气候有严重干燥、少云的特点。河谷地区夏季炎热漫长。7 月平均气温为 29℃～31℃，1 月平均气温为－15℃～25℃。最大降水量出现在较为寒冷的季节。河谷地区的年降水量为 150 毫米～300 毫米，高山区为 1500 毫米～2000毫米。境内的植物世界丰富多彩，许多稀有物种自远古时代生存至今。山区地带盛开罂粟、金银花、核桃、雪绒花等。塔吉克斯坦的森林地区生长着杜松和茂密的阔叶林（胡桃树、枫树、白蜡树）。动物种类繁多，沙漠地区可以看到鹅喉羚、鬣狗、豪猪、野兔、鸮、蜥蜴、蛇类（蟒蛇、蝮蛇）。森林地区有布哈拉鹿、野猪、丛林猫、水禽、眼镜蛇、毒蛇。高山地区居住着雪豹、盘羊等。

（2）社会历史

塔吉克人是中亚国家一个古老的民族。公元前 6—前 4 世纪，先后被波斯、马其顿和叙利亚王国统治。公元前 3 世纪，并入希腊巴克达利王国和贵霜王国。9—11 世纪属塔希尔王朝和萨曼王朝，基本上形成塔吉克部落。13 世纪，被蒙古鞑靼人征服。14—15 世纪属帖木儿统治。16 世纪起，加入布哈拉汗国。1868 年起，北部并入沙俄。东南部曾为中国清朝领土，

19 世纪末,被帝俄武力侵占。1919 年全境建立苏维埃政权。1924 年 10 月 14 日,成立塔吉克苏维埃社会主义共和国,属乌兹别克。1929 年 10 月加入苏联。1990 年发表主权宣言。1991 年 9 月 9 日宣布独立,改称塔吉克斯坦共和国,同年 12 月 21 日加入独立国家联合体。

（3）经济发展

塔吉克斯坦是一个农业工业国,但由于内战的原因,其经济正经历着一场深刻的危机。塔吉克斯坦从 1997 年开始,经济逐步回暖,并从 21 世纪伊始发行新的货币,稳定并完善国家金融体系。2013 年国内生产总值为 85.06 亿美元（人均 GDP 为 1036 美元）①。工业产值通常占社会生产总值的一半以上,主要部门有采矿业、轻工、食品、有色冶金、化工、机器制造和电子工业。农业以棉花为主（棉纤维——最重要的出口商品之一）,以及蚕桑、园艺、蔬菜种植和葡萄栽培。主要贸易伙伴有俄罗斯、哈萨克斯坦、乌克兰、乌兹别克斯坦、土库曼斯坦。

（4）旅游资源

塔吉克斯坦东北部的帕米尔高原有着"世界屋脊"的美誉,独联体国家的最高峰——索莫尼峰（海拔 7495 米）吸引着世界各地的旅游者和高山探险家;除了高山资源,水资源是塔吉克斯坦另一特征,同时"古丝绸之路"经过塔吉克斯坦的彭吉肯特、乌拉秋别、胡占德等城镇,这条伟大的商旅之路为后人留下了丰富的历史和文化遗产。

塔吉克斯坦的主要旅游景区（点）如表 3-5 所示。

①杜尚别。作为塔吉克斯坦的首都,是塔吉克斯坦重要的经济、文化中心。著名的旅游景点有塔吉克地质博物馆、萨马尼纪念碑、鲁达基纪念碑、艾尼纪念碑以及图尔松扎德纪念碑。此外,展示塔吉克斯坦悠久历史的国家博物馆、体现地方人文生活的地方史志博物馆、独特的造型艺术博物馆等景点也都值得一览。

---

① 数据来源:世界银行数据库.http:///www.worldbank.org.cn/.

表 3－5　塔吉克斯坦主要旅游景区(点)统计

序号	名称	特点
1	杜尚别	塔吉克斯坦绿化最好的城市
2	塔吉克地质博物馆	唯一一座具有门杰列夫元素周期表对应展品的博物馆
3	萨拉子目古城的原型城市遗址	中亚商贸往来与文化交流的最佳见证
4	古弥尼乐器博物馆	塔吉克斯坦最大的乐器博物馆
5	塔吉克国家公园(帕米尔山)	2013 被列为世界自然遗产
6	瓦尔佐布山谷	塔吉克斯坦最著名的度假疗养胜地之一
7	伊斯梅尔·萨马尼峰	是塔吉克斯坦最高峰,海拔 7495 米

②塔吉克地质博物馆。博物馆内收藏各类矿石、宝石样品 1.6 万余件,由于场地限制只展出 4500 件,博物馆面积约为 320 平方米,展出了地质学的不同学科的展品,所展示的展品中,90％是塔吉克斯坦本国出产的矿石,小部分是通过交换从其它国家获得的展品。

③萨拉子目古城的原型城市。萨拉子目古城的原型城市遗址是中亚草原与土库曼斯坦、伊朗高原、印度河谷直至印度洋这些地区之间商贸往来与文化交流的见证。④古弥尼乐器博物馆。古弥尼乐器博物馆由塔吉克斯坦演员和音乐家古弥尼(Gurminj Zavkibekov)成立于 1990 年,是塔吉克斯坦最大的乐器博物馆。古弥尼乐器博物馆收藏有 80 多件乐器,虽然不多,但是却为公共活动提供了便利。这些乐器大部分为帕米尔人和巴达克山地区的传统乐器,是古弥尼在四处旅游时收集而来的,包括鲁巴卜、帕米尔鲁巴卜、塔姆布拉琴、琵琶、哈克、鼓等。古弥尼乐器博物馆已经成为众多来自世界各地音乐家聚集的场所,他们在此练习音乐并互相学习。

⑤塔吉克国家公园。坐落于欧亚大陆最高山脉的汇合点——"帕米尔高原"中部,该处遗址覆盖了塔吉克斯坦东部超过 250 万公顷的区域,多山且鲜有人居住,于 2103 年被列为世界自然遗产。

⑥瓦尔佐布山谷。距首都杜尚别市 30 多公里的瓦尔佐布山谷是非常著名的一个兼旅游休闲及疾病治疗为一体的度假疗养胜地,山谷内有世界

闻名的地热资源,含有氡等元素的地下蒸汽常年自地下涌出,源源不断。

⑦伊斯梅尔·萨马尼峰。原名共产主义峰,是塔吉克斯坦最高峰,海拔7495米,属于帕米尔高原一部分。它位于塔吉克斯坦戈尔诺—巴达赫尚自治州与加尔姆州交界处,是帕米尔高原西北部科学院山脉的一个山峰。山坡上大部分覆盖厚层冰雪,周围为许多巨大的冰川所围绕,包括71.2千米长的帕米尔高原上最长冰河的费振科冰川。

6. 俄罗斯

(1)自然地理

俄罗斯联邦简称俄罗斯或俄国,是世界上面积最大的国家之一,总面积为1707.54万平方公里,地域跨越欧亚两个大洲,与多个国家接壤,绵延的海岸线从北冰洋一直伸展到北太平洋,还包括了内陆海黑海和里海。除位于欧亚大陆的本土外,还拥有北冰洋内的众多岛屿。按地貌划分为瓦尔代丘陵、中俄罗斯高地、窝瓦高原及聂伯河、黑海和里海低地等地区。

境内主要河流有:伏尔加河、北德维纳河、顿河、额尔齐斯河、鄂毕河、安加拉河、叶尼塞河、勒拿河、阿穆尔河。里海,面积3.76万平方公里,是世界最大的湖泊;贝加尔湖,面积约3.15万平方公里,湖底最深达1620米。并且煤、铁、铜、石油、天然气、金钢石等储量均居世界前列。俄罗斯尽管地域辽阔,可耕地面积仅占全国的8%,绝大多数地区常年被冰雪覆盖。

俄罗斯的气候复杂多样,北极圈以北属于寒带气候,而大部分地区属于温带大陆性气候,在东西伯利亚地区,季节性温差明显,降水较少。俄罗斯南部,特别是黑海沿岸一带为地中海式气候。东欧平原西部气候较温和,西伯利亚地区冬季非常寒冷,北冰洋沿海为极地苔原气候。在莫斯科,1月份平均气温为-16℃~9℃,7月份平均气温为13℃~23℃。

不同的气候带特点决定了自然带的多样性。北极远北地区的地表覆盖着苔藓、极地罂粟花、毛茛。在苔原地带生长着矮桦树、柳树、赤杨等种类的树木。俄罗斯三分之一的领土被森林覆盖,针叶林位于南苔原地带,并延伸至西伯利亚南部边界。这一领域典型植物有云杉、冷杉、雪松、落叶松。南部地区开始生长橡树、鹅耳枥的阔叶林。在近阿穆尔地区有许多稀

有树种:蒙古栎、满枫树、榆树、核桃树。森林和草原地区有橡树林、草地以及禾本科植物。黑海亚热带地区的代表性树种有:橡树、杜松、黄杨、黑桤木等。

动物群方面北极苔原带最具典型的有:北极狐、驯鹿、北极兔、海豹、海象、北极熊。针叶林中生活着种类繁多的动物:熊、猞猁、驯鹿、狼獾、麋鹿、貂、黄鼠狼、花栗鼠、松鼠、筑巢松鸡、榛鸡、黑琴鸡、啄木鸟、星鸦,此外,针叶林的特点是有大量的蚊子。落叶林的动物同样多种多样:野猪、鹿、貂、鸟类、蜥蜴。远东的森林地带拥有罕见的乌苏里虎、熊、鹿。草原区的动物以啮齿动物为主:羚羊、獾、狐狸、大型鸟类(鸨、丹顶鹤、草原鹤)。沙漠中有羚羊、豹、沙猫、啮齿动物。此外有很多爬行动物和龟。在高加索地区有山羊、高加索鹿、豪猪、豹、鬣狗、熊,以及大量的爬行动物。

(2)社会历史

公元9世纪,在建立以基辅为中心的古罗斯国家过程中,逐步形成了俄罗斯人的祖先古罗斯部族人,并成为此后国家名称。到冷战期间,苏联成为与美国并驾齐驱的"超级大国"。1991年12月25日苏联解体后,最大加盟国俄罗斯正式独立,继承了苏联的绝大部分军事力量,军事实力居世界第二,并且拥有世上最大的核武器库。

在俄罗斯1000多年的历史上,除了24年的鞑靼统治以外,只有两个王朝。第一个王朝是留利克王朝,建于公元9世纪。1613年建立了罗曼诺夫王朝,这个王朝经历了18个沙皇的统治,末代沙皇尼古拉二世在1917年发生的俄国二月革命中被推翻。

1917年11月7日,彼得格勒武装起义胜利,列宁领导的俄国布尔什维克建立了世界上第一个劳动人民当家做主的政权。俄罗斯联邦、外高加索联邦、乌克兰、白俄罗斯于1922年底成立苏维埃社会主义共和国联盟,简称"苏联"。第二次世界大战战胜纳粹德国后,发展成为冷战中的超级大国。1991年12月8日,俄罗斯联邦、白俄罗斯、乌克兰三国领导人签署《独立国家联合体协议》,宣布组成"独立国家联合体"。12月26日,苏联最高苏维埃共和国院举行最后一次会议,宣布苏联停止存在。至此,苏联解体,俄罗斯联邦成为完全独立的国家,并成为苏联的唯一继承国。1993 年 12 月 12 日,经过全民投票通过了俄罗斯独立后的第一部宪法,规定国家名称为"俄罗斯联邦",和"俄罗斯"意义相同。

（3）经济发展

苏联解体后,俄罗斯所有制结构和产权结构发生了重大变化,形成了以非国有制为主导的多元化所有制体系为基础的市场经济框架。与此同时,该国大部分地区人民生活水平急剧下降、贫富分化严重、失业率上升。自 1999 年以来,尤其是普京执政以后,从内部形势来看,俄罗斯政局逐渐稳定、制度环境不断改善、社会政策得到强化,明确了俄罗斯经济发展道路,提出了俄罗斯经济走"第三条道路"的发展方针,宏观经济政策正确,一切以维护国家经济利益为核心;从外部环境来看,世界经济总体形势看好,国际市场尤其是能源原材料市场行情一路走高。在内外形势良好的背景下,俄罗斯经济出现了恢复性增长,并步入稳步快速增长阶段。俄罗斯的综合经济实力逐步增强,国家综合经济安全指数有所好转。2013 年国内生产总值为 2.097 万亿美元,人均国内生产总值为 14613 美元。

俄罗斯工业发达,工业基础雄厚,部门齐全,具有代表性的有采矿业、加工业制造业。俄罗斯主要出口商品是石油和天然气等矿产品、金属及其制品、化工产品、机械设备和交通工具、宝石及其制品、木材及纸浆等。在农业方面,农业基本作物约占农业总产值的 40%,畜牧业占 60% 以上。农牧业并重,主要农作物有小麦、黑麦、小米、荞麦、甜菜、水稻、向日葵、马铃薯。经济作物以亚麻、向日葵和甜菜为主。畜牧业主要为养牛、养羊、养猪业。

（4）旅游资源

俄罗斯拥有丰富的旅游资源,有诸多的名胜古迹,如克里姆林宫,特列季亚科夫绘画陈列馆,世界上最大的图书馆之一——图立列宁图书馆,有"北方威尼斯"之称的第二大城市圣彼得堡,著名的伏尔加河沿岸城市喀山,还有 16 世纪修建的克里姆林宫、欧洲风格的教堂、亚洲风格的喇嘛庙、斯拉夫式拱门、罗马式尖顶等特色旅游资源。

俄罗斯的主要旅游资源集中在黑海沿岸、波罗的海及芬兰湾沿岸、贝加尔湖沿岸和高加索山一带,以林海雪原和民族风情为主打品牌,是集疗养、度假和体育等功能为一体的旅游胜地。

俄罗斯的主要旅游景区(点)如表 3－6 所示。

表 3－6　俄罗斯主要旅游景区(点)统计

序号	名称	特点	备注
1	圣瓦西里教堂	外形最奇特的教堂之一	
2	贝加尔湖	世界上最深和蓄水量最大的淡水湖	
3	圣彼得堡胜利广场	俄罗斯值得一看的广场之一	
4	冬宫	世界最长艺廊	
5	克里姆林宫和红场	世界最闻名的建筑群之一	
6	圣母升天大教堂	莫斯科最著名的教堂之一	
7	索契	俄罗斯最受欢迎的度假胜地	
8	新圣女公墓	莫斯科最为著名的公墓	
9	彼得大帝纪念雕像	俄罗斯最丑陋的雕塑	
10	沙皇炮	世界上最大的榴弹炮	
11	莫斯科铁路博物馆	俄罗斯唯一仅存的 U 型蒸汽机车	
12	圣彼得堡历史中心及其相关古迹群	俄罗斯最壮观的人工瀑布	
13	莫斯科无名烈士墓	俄罗斯值得一看的烈士墓	
14	涅瓦河	俄罗斯最温馨浪漫的河流	
15	彼得保罗要塞	圣彼得堡最早的建筑群	
16	特列季亚科夫画廊	世界上收藏俄罗斯绘画作品最多的艺术博物馆	
17	亚历山大公园	莫斯科人休息游玩最喜欢去的场所之一	
18	圣三一桥(圣彼得堡)	涅瓦河上最壮观的开启桥之一	

序号	名称	特点	备注
19	俄罗斯岛大桥	世界上主跨最大的斜拉桥	
20	彼得大帝青铜骑士像	圣彼德堡的最佳象征	
21	基督喋血大教堂	俄罗斯值得一看的教堂之一	
22	俄罗斯博物馆	世界上藏品最丰富的博物馆之一	
23	伊萨基耶夫斯基大教堂	世界最著名的四大教堂之一	
24	里海	世界上最大的咸水湖	
25	莫斯科凯旋门	莫斯科最值得一看的凯旋门	
26	科米原始森林	欧洲北部现存面积最大的原始森林	
27	西高加索山	俄罗斯最长、最深的洞穴	
28	卢日尼基体育场	俄罗斯最大的体育场	
29	沙皇钟	世界上最大的钟	
30	威利坎间歇泉	世界上最神奇的间歇泉	
31	鄂毕河	俄罗斯最重要的河流之一	
32	勒那河柱状岩自然公园	俄罗斯于 2012 年最新增加的世界自然遗产	
33	雅罗斯拉夫尔城的历史中心	伏尔加河上游地区最古老的建筑之一	
34	莫斯科中央马场	欧洲最古老的马场	
35	勘察加火山	世界上最著名的火山区之一	
36	金山-阿尔泰山	阿尔泰山系最为原始、海拔最高的山脉	
37	中斯霍特特阿兰山脉	世界上土地最肥沃、气温最宜人的森林	
38	弗兰格尔岛自然保护区	世界上最大的太平洋海象群	
39	伏尔加河	欧洲最长的河流	
40	诺夫哥罗德及其周围的历史古迹	俄罗斯最早的国家绘画学院所在地	

序号	名称	特点	备注
41	十二月党人广场	俄罗斯值得一看的广场之一	
42	圣彼得堡玩具博物馆	俄罗斯最大的博物馆之一	
43	莫斯科河	俄罗斯最安详的河流	
44	伊凡大帝钟楼	全世界最高的烽火楼	
45	彼得保罗大教堂	俄罗斯值得一看的教堂之一	
46	埃尔米塔日博物馆	世界藏品最多的博物馆之一	
47	普希金造型艺术博物馆	莫斯科最大的艺术博物馆	
48	列宁墓	俄罗斯最庄严肃穆的陵墓	
49	红场	莫斯科最古老的广场	
50	特维尔大街	世界租金最昂贵的街道之一	
51	斯特鲁维地理探测弧线	最早对子午线长度的精确测量	
52	布尔加科夫博物馆	俄罗斯唯一的布尔加科夫博物馆	
53	俄罗斯国家历史博物馆	俄罗斯收藏历史文物藏品最丰富的博物馆	
54	阿尔巴特街	莫斯科最古老的大街之一	
55	冬宫广场	俄罗斯最知名的广场之一	
56	俄罗斯中央陆军博物馆	俄罗斯最重要的军事博物馆之一	
57	陶里亚蒂	俄罗斯最大的非联邦主体首府城市	
58	米尔钻石矿场	全球最大的露天钻石矿场	
59	彼尔姆	俄罗斯彼尔姆边疆区的首府	彼尔姆市柴可夫斯基芭蕾舞剧院为俄罗斯最好、最古老的剧院之一；有艺术家展览馆、联盟艺术画廊、亚玛丽斯艺术、私人艺术沙龙等

续表 3－6

序号	名称	特点	备注
60	沃罗涅日	俄罗斯沃罗涅日州的首府	沃罗涅日拥有 7 个剧院、12 座博物馆、一座爱乐厅、一个马戏团，以及 12 所电影院
61	萨拉托夫	俄罗斯萨拉托夫州的首府	车尔尼雪夫斯基广场新哥特式音乐学院,是俄罗斯第三个最早的音乐学府
62	中央空军博物馆	世界最大的飞行博物馆之一	
63	埃利斯塔	俄罗斯知名的象棋城	
64	马哈奇卡拉	俄罗斯北高加索联邦区最大的城市	
65	彼得罗扎沃茨克	俄罗斯卡累利阿共和国的首府	
66	瑟克特夫卡尔	俄罗斯科米共和国的首府	众多的博物馆和美术馆,是欣赏艺术的理想之地
67	乌赫塔	俄罗斯重要的工业城市	
68	格罗兹尼	俄罗斯车臣共和国的首府	格罗兹尼因现代化的建筑而知名
69	马加斯	俄罗斯人口最少的首府城市	
70	弗拉季高加索	俄罗斯北奥塞梯-阿兰共和国的首府	穆赫塔罗夫清真寺 1934 年被列为历史地标建筑
71	博尔格尔的历史建筑及考古遗址	2014 年新增的世界文化遗产	中世纪古老城市博尔格尔存在于 7 世纪～ 15 世纪,为 13 世纪金帐汗国的第一个首都

序号	名称	特点	备注
72	克拉斯诺达尔	俄罗斯克拉斯诺达尔边疆区的首府	
73	伊热夫斯克	俄罗斯乌德穆尔特共和国的首府	
74	雅罗斯拉夫尔	俄罗斯雅罗斯拉夫尔州的首府位于伏尔加河和科托罗斯尔河相会之处,为雅罗斯拉夫尔州的首府,为中央联邦区的按人口数量排名第三大的城市	雅罗斯拉夫尔市是俄罗斯最古老的城市之一,同时也是重要的交通枢纽中心
75	伏尔加格勒	俄罗斯伏尔加格勒州的首府,坐落于俄罗斯南部的北高加索地区,伏尔加河下游,为伏尔加格勒州的首府	伏尔加格勒是伏尔加河流域最古老的城市之一。由于受伏尔加河的滋润,物产丰富,该城市历来被称为俄罗斯的"南部粮仓"
76	克拉斯诺亚尔斯克	西伯利亚地区第三大城市,位于叶尼塞河和西伯利亚铁路的交汇点,是俄罗斯克拉斯诺亚尔斯克边疆区的首府	克拉斯诺亚尔斯克以铝产量高著称,是西伯利亚地区第三大城市
77	彼得大帝夏宫	俄罗斯圣彼得堡最著名的景点之一	
78	阿芙乐尔号巡洋舰	俄罗斯圣彼得堡著名的浮动博物馆	
79	安东·契诃夫诞生之屋	契诃夫唯一的诞生之屋	
80	战神广场	圣彼得堡最古老、最美丽的广场之一	
81	大理石宫	圣彼得堡最华丽的大理石宫殿建筑	
82	莫伊卡河	环绕圣彼得堡中心区最主要的河流之一	

续表 3 - 6

序号	名称	特点	备注
83	全俄展览中心	莫斯科最大的展览中心	
84	驯马场广场	莫斯科最著名的广场之一	
85	人类学民族学博物馆	俄罗斯最早的博物馆	
86	夏园	圣彼得堡最浪漫和最令人回味的地方之一	
87	马林斯基剧院	圣彼得堡最著名的剧院之一	
88	莫斯科	俄罗斯的首都,是世界上绿化最好的城市之一	
89	圣彼得堡	俄罗斯第二大城市,俄罗斯第二大政治、经济中心	俄西北地区中心城市,全俄重要的水陆交通枢纽
90	新西伯利亚	俄罗斯第三大城市	
91	叶卡捷琳堡	俄罗斯第四大城市,是俄罗斯重要的交通枢纽、工业基地和科教中心,别称"乌拉尔之都"	拥有独一无二的历史与文化遗产,是俄罗斯联邦历史最悠久的城市之一
92	下诺夫哥罗德	俄罗斯第五大城市,市中心大部分为俄罗斯文艺复兴和斯大林式建筑	下诺夫哥罗德克里姆林宫,为该市最古老的建筑,红色的塔楼林立,甚是壮观
93	萨马拉	俄罗斯第六大城市	于2007年举办欧盟的美俄峰会
94	喀山	俄罗斯第八大城市,位于伏尔加河与卡赞卡河的交汇处,为鞑靼斯坦共和国的首都及最大城市	喀山与莫斯科、圣彼得堡同为俄罗斯的三座A级历史文化城市。2009年,俄罗斯专利局宣布喀山为俄罗斯运动之都

序号	名称	特点	备注
95	鄂木斯克	俄罗斯第七大城市,拥有多个博物馆、剧院、音乐馆和教育机构	鄂木斯克,州立历史博物馆、陀思妥耶夫斯基文学博物馆、弗鲁贝尔美术馆、军事博物馆等非常值得一游
96	车里雅宾斯克	俄罗斯重要的交通枢纽城市	
97	乌法	俄罗斯巴什科尔托斯坦共和国的首府	重要的工业、经济、科学和文化中心,拥有多所大学
98	绿桥	彼得堡最早建成的铸铁桥	
99	普希金故居博物馆	俄国最伟大的诗人故居博物馆之一	
100	宫廷桥(圣彼得堡)	圣彼得堡造型最美的吊桥	
101	阿尼奇科夫桥	圣彼得堡利用率最高的桥梁	
102	蓝桥	圣彼得堡最宽的桥梁	
103	亚历山大·涅夫斯基修道院	圣彼得堡规模最大的修道院之一	
104	阿尼奇科夫宫	伊丽莎白时代最宏伟的私人住宅	
105	涅瓦大街	圣彼得堡最美丽的街道	
106	塔利茨博物馆	俄罗斯最知名的民俗博物馆之一	
107	祖国母亲在召唤	伏尔加格勒及俄罗斯最美丽的雕塑之一	
108	涅维扬斯克斜塔	俄罗斯最知名的斜塔	
109	圣迈克尔大教堂	伊热夫斯克最宏伟的大教堂之一	
110	俄罗斯国家图书馆	俄罗斯最古老的公共图书馆	
111	俄罗斯国立图书馆	欧洲最大的博物馆	
112	普希金广场	俄罗斯最具诗情画意的广场	
113	莫斯科大剧院	俄罗斯历史最悠久的剧院	

序号	名称	特点	备注
114	喀山大教堂	莫斯科最重要的教堂之一	
115	喀山大教堂(圣彼得堡)	圣彼得堡值得一看的喀山大教堂	
116	莫斯科胜利公园	俄罗斯最惬意的公园	
117	奥斯坦金诺电视塔	莫斯科最重要地标之一	
118	瓦休甘沼泽	北半球最大的沼泽区	
119	乌布苏盆地	生态系统和大陆气候的唯一集合	
120	索洛维茨基群岛的历史建筑群	索洛维茨基群岛值得一看的修道院建筑群	
121	弗拉基米尔和苏兹达尔历史遗迹	俄罗斯建筑史上最重要的建筑群之一	
122	谢尔吉圣三一大修道院	俄罗斯最著名的大修道院之一	
123	科罗缅斯克的耶稣升天教堂	俄罗斯最早修建的传统教堂之一	
124	基日岛的木结构教堂	俄罗斯保存至今的最著名的古代木教堂	
125	新圣女修道院	俄罗斯最高建筑成就的典范	
126	德尔本特城堡、古城及要塞	俄罗斯历史最悠久的小镇之一	
127	喀山克里姆林宫	俄罗斯唯一保存下来的鞑靼人重要朝圣地	
128	费拉邦多夫修道院遗址群	俄罗斯文化艺术中最杰出的历史性代表作	
129	俄罗斯国立北极南极博物馆	世界上最大的以极地探险为主题的博物馆	
130	安加尔斯克钟表博物馆	俄罗斯最著名的钟表博物馆	
131	莫斯科察里津诺公园	莫斯科最美的公园之一	
132	圣安德鲁斯圣公会教堂	莫斯科唯一的圣公会教堂	

序号	名称	特点	备注
133	莫斯科救世主大教堂	世界上最高的东正教教堂	
134	奥斯塔基诺庄园	世界上第三大木质结构建筑群	
135	圣以撒大教堂	圣彼得堡最大的教堂	
136	普托拉纳高原	中西伯利亚高原最高部分	
137	民族友谊喷泉	俄罗斯最具纪念意义的喷泉	

①圣瓦西里教堂。圣瓦西里教堂为俄罗斯东正教堂,显示了 16 世纪俄罗斯民间建筑艺术风格。整座教堂由九座塔楼巧妙地组合为一体。在高高的底座上耸立着八个色彩艳丽、形体丰满的塔楼,簇拥着中心塔。中心塔从地基到顶尖高 47.5 米,鼓形圆顶金光灿灿。棱形柱体塔身上层刻有深龛,下层是一圈高高的长圆形的窗子。八个塔楼的正门均朝向中心教堂内的回廊,因此从任何一个门进去都可遍览教堂内全貌。教堂外面四周全部有走廊和楼梯环绕。教堂内部,几乎在所有过道和各小教堂门窗边的空墙上都绘有 16—17 世纪的壁画。

②贝加尔湖。贝加尔湖是世界上最深和蓄水量最大的淡水湖,位于布里亚特共和国和伊尔库次克州境内。湖型狭长弯曲,宛如一弯新月,所以又有"月亮湖"之称。贝加尔湖湖水澄澈清冽,且稳定透明(透明度达 40.8m),为世界第二;其总蓄水量 23600 立方千米。在贝加尔湖周围,总共有大小 336 条河流注入湖中,最大的是色楞格河,而从湖中流出的则仅有安加拉河,年均流量仅为 1870 立方米每秒。贝加尔湖上风景秀美、景观奇特,湖内物种丰富,是一座集丰富自然资源于一身的宝库。湖中的动植物比世界上任何一个淡水湖里的都多,其中 1083 种还是世界上独一无二的特有品种。最令科学家感兴趣的是生物的古老性,其中有很多西伯利亚其他淡水湖已绝迹的物种。贝加尔湖就其面积而言仅居全球第九位,却是世界上最古老的湖泊之一。

③圣彼得堡胜利广场。圣彼得堡胜利广场是纪念二战中列宁格勒保

卫战的胜利以及圣彼得堡人民打破德国法西斯900天封锁的胜利而建立的。广场上有纪念碑和长明火,长明火长燃不熄,它时刻提醒着俄罗斯人民不应该忘记圣彼得堡在二战中对人类反法西斯斗争所作出的牺牲和贡献。

④冬宫。冬宫是俄罗斯圣彼得堡的标志性建筑,始建于1721年,属俄罗斯巴洛克建筑。冬宫为三层楼建筑,长约230米,宽140米,高22米,呈封闭式长方形,占地9万平方米。宫殿内部装饰华丽,许多大厅用孔雀石、碧玉、玛瑙制品装饰建成,金碧辉煌,非常有皇家气势。

冬宫建立之初到1917年罗曼诺夫王朝结束一直是俄国皇帝们的皇宫,1917年俄国皇帝尼古拉二世宣布退位,冬宫结束了它作为皇宫的历史。冬宫现为国立艾尔米塔什博物馆,博物馆于1852年对公众开放。现在的冬宫一般被称为埃尔米塔日博物馆,以古文字学研究和欧洲绘画艺术品闻名世界,馆内有从古到今世界文化的270万件艺术品,包括1.5万幅绘画、1.2万件雕塑、60万幅线条画、100多万枚硬币、奖章和纪念章以及22.4万件实用艺术品。馆内的藏品分原始文化史、古希腊罗马文化与艺术、东方民族文化与艺术、俄罗斯文化、西欧艺术史、钱币、工艺七个部分,并按地域、年代顺序陈列在350多间展厅里,展览线路加起来有30公里长,因而有世界最长艺廊之称。

⑤克里姆林宫。克里姆林宫这一世界闻名的建筑群,位于俄罗斯的莫斯科市中心。它享有"世界第八奇景"的美誉,是到俄罗斯的旅游者必到之处。

克里姆林宫整体呈不等边三角形,面积27.5万平方米,周长2千米多,始建于1156年,原为苏兹达里大公爵尤里·多尔哥鲁基的庄园的木造小城堡,随后又在城墙周围建造塔楼,几经修缮扩建,发展成了现在的模样。

在克里姆林宫周围是红场和教堂广场等一组规模宏大、设计精美巧妙的建筑群;宫内保存有俄国铸造艺术的杰作:重达40吨的"炮王"和200吨的"钟王",克里姆林宫由此成为俄罗斯备受珍视的文化遗产;此外,还有建

于公元 18 世纪的枢密院大厦，以及建于公元 19 世纪的大克里姆林宫和兵器陈列馆等。这里的每一座建筑都蕴含着俄罗斯人民无与伦比的智慧，是世界建筑史上不可多得的杰作。

⑥圣母升天大教堂。圣母升天大教堂是一座东正教教堂，位于莫斯科克里姆林宫内大教堂广场的北侧，一条窄巷将其与北面的牧首宫及十二使徒教堂分隔开。其西南面是伊凡大帝钟楼和一个狭窄的通道，隔开了多棱宫。该大教堂被视为莫斯科大公国的母堂，从 1547 年到 1896 年，俄国历代君主加冕仪式在此隆重举行。此外，俄罗斯正教会大部分牧首和莫斯科都主教都安葬于此。

圣母升天大教堂（莫斯科）最初由伊凡·卡利塔大公建造，但在 1474 年的地震中倒掉后，1479 年又由意大利著名的设计师费奥活凡特以当时弗拉基米尔的圣母升天大教堂为模本而重建。整个教堂恢宏壮观，其墙壁和屋顶上有很多圣像画和彩色浮雕壁画，据说这里的圣像图共画有 1000 个左右的圣人。12 世纪的《圣格奥尔基》像、13—14 世纪的《圣三位一体》像，还有著名的《弗拉基米尔圣母》像都保存在这里。

⑦索契。索契是俄罗斯克拉斯诺达尔边疆区的一座城市，坐落于黑海沿岸，靠近俄罗斯联邦克拉斯诺达尔边疆区与格鲁吉亚接界处，是俄罗斯最受欢迎的度假胜地。这里是 2014 年冬季奥林匹克运动会的举办地，备受世界瞩目。

索契是一座充满魅力的城市，温度变化不剧烈的气候使得该地成为俄罗斯著名的疗养胜地。翠绿的棕榈树和柏树、风景秀丽的高加索山脉、迷人的沙滩、备受欢迎的克拉斯纳亚波良纳雪山以及亚热带植物种类繁多的公园吸引着世界各地的游客。

这里还拥有发达的现代艺术和文化娱乐设施，市内拥有两座博物馆即克拉耶维切斯基博物馆和《钢铁是怎样炼成的》的作者前苏联作家尼古拉·奥斯特洛夫斯基博物馆；多个大剧院和众多俱乐部为当地的戏剧和音乐提供了完美的演出舞台，国内和世界著名艺术家们还会到此巡演。

(二)丝绸之路国际段各国文化旅游资源分布概述

中亚五国及俄罗斯拥有丰富的旅游资源,优美的自然风光,吸引着游客的眼球,而其文化旅游资源也极其丰富,历史文化、民族文化、宗教文化、博物馆文化和城市文化等,使得中亚五国及俄罗斯在世界的文化旅游中占有非常重要的位置。

1. 历史文化

(1)哈萨克斯坦

公元 6 世纪中叶至 8 世纪建立了突厥汗国。9 世纪至 12 世纪曾建奥古兹族国、哈拉汗国。11 世纪至 13 世纪契丹人和蒙古鞑靼人侵入。15 世纪末成立哈萨克汗国,分为大帐、中帐、小帐。16 世纪初基本形成哈萨克部族。18 世纪三四十年代,小帐和中帐并入俄罗斯帝国。19 世纪中叶以后,哈全境处于俄罗斯帝国统治之下。1917 年 11 月建立苏维埃政权。悠久的历史,给哈萨克斯坦留下了诸多文化旅游资源,如霍贾·艾哈迈德·亚萨维陵墓和泰姆格里考古景观岩刻。

霍贾·艾哈迈德·亚萨维陵墓位于突厥斯坦(以前称为亚瑟市),建造于帖木儿时期(1389—1405)。它是帖木儿时代建筑中的杰出代表,对伊斯兰宗教建筑的发展作出了巨大的贡献,提供了中亚地区文化和建筑技术发展的独特见证,它是帖木儿(Timurid)时期规模最大、保存最完整的建筑之一,于 2003 年被列入《世界遗产名录》。

泰姆格里考古景观岩刻置身于泰姆格里大峡谷,于 2004 年被列入《世界遗产名录》。在泰姆格里大峡谷中,拥有大面积的古代墓群,一些矮墙和地基遗址上刻有的繁复雕版画被证明是远古祭坛的遗迹,用于摆放祭品和纪念牺牲的英雄。在岩刻中,最少得到描绘的是人,而最多刻画的是动物;学者们开始认识到岩石上的图画,作为人类早期的视觉表达,是最重要的人类文字发明以前的记录,它所提供的信息是重建人类历史非常重要的资料。

（2）乌兹别克斯坦

乌兹别克斯坦有文献记载的历史达 1500 多年，公元 11—12 世纪形成乌兹别克部族。13—16 世纪受蒙古鞑靼人帖木儿王朝统治。15 世纪时建立了昔班尼王麾下的乌兹别克国。19 世纪 60—70 年代，乌兹别克部分领土并入俄罗斯帝国。1917 年 11 月建立苏维埃政权，1924 年 10 月 27 日成立乌兹别克苏维埃社会主义共和国并加入苏联。1991 年 8 月 31 日宣布独立，改国名为乌兹别克斯坦共和国。

乌兹别克斯坦是一个有深厚文化底蕴的国家。乌兹别克斯坦是著名的"丝绸之路"古国，历史上与中国通过"丝绸之路"有着悠久的联系。首都塔什干（Tashkent）是古"丝绸之路"上重要的商业枢纽之一，著名的"丝绸之路"便经过这里。中国古代的张骞、法显、玄奘都曾留下过足迹。

乌兹别克斯坦是存有大量历史文物和遗宝的国度。花剌子模、克特里亚、索格狄亚那、沙什、费尔干纳盆地、塔什干、撒马尔罕、布哈拉、希瓦、沙赫里萨布兹这些古代的国家和城镇都位于今日的乌兹别克斯坦境内，处在欧亚大陆的中心，它们作为商业大国早在古代就已闻名于世。古代和中世纪的中亚国家、中国和西方国家沿着丝绸之路建立起商业和文化联系。

（3）吉尔吉斯斯坦

吉尔吉斯斯坦历史悠久，公元前 3 世纪已有文字记载。其前身是公元 6 世纪建立的吉尔吉斯汗国。15 世纪后半叶吉尔吉斯民族基本形成。吉尔吉斯意为"草原上的游牧民"。关于其族源说法不一，早期民族史与匈奴、丁零、乌孙、塞种人等有联系，后因蒙古人进入哈萨克斯坦和中亚地区，部分突厥部落逐渐向西迁徙，往南直到帕米尔山脉后形成民族，住地西部原属洪罕汗国。

悠久的历史也为吉尔吉斯斯坦留存了诸多文化旅游资源，如位于中亚丝绸之路的重要路线的十字路口的苏莱曼圣山，在超过一个半世纪的时间里一直是旅行者的指示灯，被尊为圣山，其五座山峰和山坡散布着无数古代朝圣之地和岩石壁画的岩洞，以及两座 16 世纪建造的清真寺。

碎叶城曾是唐王朝经营西域的"安西四镇"之一，是中国历代王朝在西部地区驻军最远和军事控制最远的一座边陲城市,直到清朝签订了《伊犁条约》,该城才划给沙皇俄国。

(4)土库曼斯坦

土库曼斯坦是世界文明古国之一,对世界文化的发展作出了巨大的贡献。公元前3000年在目前土库曼斯坦国家领土上的曾有的国家包括:阿尔腾-杰佩、玛尔古什、帕提亚王国、马尔吉亚纳、乌尔根奇等国家,他们在很大程度上影响了东方的政治、经济和文化生活,协调了东方与西方及南方与北方之间的关系。

古梅尔夫是中亚地区丝绸之路沿线最古老、保存最完好的绿洲城市。梅尔夫(Merv)又称马雷(古称蒙奇、马鲁、麻里兀、马兰),是中亚土库曼斯坦马雷州的一个绿洲城市。古梅尔夫城在撒马儿罕和巴格达之间(今土库曼斯坦马雷市附近),是古代丝绸之路上的交通要道。这片宽阔的绿洲横跨了4000年的人类历史,有许多纪念性的建筑,1999年被列入《世界遗产名录》。

(5)塔吉克斯坦

塔吉克人是中亚国家一个古老的民族。塔吉克斯坦作为古中亚地区的定居中心之一,它的地理位置为其发展提供了便利条件,一面是适于游牧民族发展畜牧业的平缓山区,另一面是广袤的山谷,为这一地区最初的定居者提供了发展农业特别是发展灌溉的优势。萨拉子目古城还是中亚草原与土库曼斯坦、伊朗高原、印度河谷直至印度洋这些地区之间商贸往来与文化交流的见证。

(6)俄罗斯

俄罗斯的当代文化历史实际上就是要重建俄罗斯帝国时期的文化元素,以及重建其在苏联时期的文化继承。现在俄罗斯各地开始兴建教堂,恢复宗教传统,支持复兴各种传统的民间作坊。除此之外,在苏联时期文化的基础上还产生了独特的兼并东西方文明的新文化元素:在俄罗斯文化中不但引进了传统的西方文化成分,并且还引入了属于东方的,比如饮茶文化与东方的烹饪技术。然而同时在这个国家里也存在着对原俄罗斯文

化的造成破坏的自由主义思潮和市场经济体制——它们对传统社会、文化的破坏是毁灭性的,并且在前苏联解体后形成的一些新国家中发生了对俄罗斯文化、语言继承问题的直接冲突。

2. 民族文化

哈萨克斯坦是多民族国家,主要民族有哈萨克族(60%)、俄罗斯族(30%)、乌克兰族(3%),还有乌兹别克和鞑靼族等[①]。哈萨克一词在斯拉夫语中的解释是"游牧战神",为古突厥的一个直系分支民族。古代哈萨克人泛指今中亚一代的古代游牧部落,如塞人、乌孙、月氏等等……而这些古代游牧部落正是现代哈萨克人的祖先。哈萨克语属阿尔泰语系突厥语族克普恰克语,目前,哈文字母使用的是经改良的俄文字母。

乌兹别克斯坦是本民族的自称,它的来源与该民族的形成密切相关。公元 14 世纪前期,蒙古金帐汗国在乌兹别克汗(《元史》作"月即别"或"月祖别")统治下国力一度强盛,故该国又被称为乌兹别克汗国,其臣民也被称为"乌兹别克人"。15 世纪金帐汗国的一部分游牧民在昔班尼汗率领下,南下进入中亚农业区,与当地使用突厥语、从事农业的土著居民融合,从而形成了中亚的乌兹别克族。18 世纪 50 年代清朝统一新疆后,中亚乌兹别克人前来经商的日渐增多,其中部分人渐在新疆定居,繁衍生息,这就形成了中国的乌兹别克族。自 18 世纪以来,乌兹别克人在喀什、莎车、伊犁、奇台等建造了宏伟的清真寺。重要节日有"开斋节"、"古尔邦节"。

吉尔吉斯斯坦由 90 多个民族组成。其中,人口数目最多的是吉尔吉斯人(截至 2003 年 1 月 1 日共计 333.33 万人,占全国人口总数的 66.9%);第二大民族是乌兹别克族(70.40 万,占 14.1%),第三大民族是俄罗斯族(53.06 万,占 10.7%);人口数目较多的还有东干人、维吾尔人、塔吉克人、哈萨克人、鞑靼人、乌克兰人、土耳其人、朝鲜人、阿塞拜疆人、德意志人、车臣人、白俄罗斯人、亚美尼亚人、犹太人、摩尔多瓦人、格鲁吉亚人、土库曼人、拉脱维亚人、立陶宛人和爱沙尼亚人等。

---

① 数据来源:中国俄罗斯东欧中亚研究网. http://euroasia.cass.cn./.

　　吉尔吉斯民族具有古老悠久的历史。2000 多年前,中国秦汉时期的史书上已有关于吉尔吉斯人祖先的记载。今天的吉尔吉斯人是由生活在天山地区的一些部落和居民与曾生活在蒙古西北部、西伯利亚叶尼塞河上游古代吉尔吉斯人部落长期相互同化、融合逐渐形成的。吉尔吉斯人的最早祖先——坚昆(也叫鬲昆)人主要从事游牧业兼营狩猎。从公元前 3 世纪末至公元 6 世纪,坚昆人先后遭受匈奴、鲜卑和突厥的统治。吉尔吉斯斯坦的 90 多个民族可划分为两大类:一类是在吉尔吉斯斯坦土生土长的世居民族,另一类是外迁移民来的,如俄罗斯人、乌克兰人、白俄罗斯人、鞑靼人、东干人、维吾尔人、朝鲜人和德意志人等。其中东干人的祖先来自中国,1862—1877 年,陕西、甘肃、宁夏和青海回民起义失败后,起义军余部移居中亚。这些东干人在语言和习俗方面接近中国的回族。近 10 多年该民族人口不断增加。据官方统计,1989—2003 年,东干人人口数目由 3.69 万增至 5.58 万人,人口比重由 0.9% 增至 1.1%[①]。

　　土库曼斯坦有 100 多个民族,其中土库曼族占 77%,乌兹别克族占9.2%,俄罗斯族占 6.7%,哈萨克族占 2%,亚美尼亚族占 0.8%,此外还有阿塞拜疆族、鞑靼族等。官方语言为土库曼语,属阿尔泰语系的南支。1927 年以前,土库曼语用阿拉伯字母书写,以后采用拉丁字母,1940 年起使用西里尔字母。居民大多信奉伊斯兰教(逊尼派),俄罗斯族和亚美尼亚族信仰东正教[②]。

　　塔吉克斯坦是一个多民族国家。人口 657.8 万(据 2001 年 7 月统计结果),其中塔吉克族占 64.9%,乌兹别克族占 25%,俄罗斯族占 3.5%,此外,还有鞑靼、吉尔吉斯、乌克兰、土库曼、哈萨克、白俄罗斯、亚美尼亚等民族,合计占 6.6%。塔吉克人是塔吉克斯坦的主体民族,也是中亚地区的世居民族。塔吉克族又分为平原塔吉克和高山塔吉克。塔吉克人是中亚地区的一个古老民族,其远祖可追溯为公元前 10 世纪前后一些使用伊朗语的部落。这些部落在中亚地区的阿姆河流域、泽拉夫尚河和卡什卡达尔河

---

① 资料来源:中国俄罗斯东欧中亚研究网. http://euroasia.cass.cn/.
② 资料来源:中国俄罗斯东欧中亚研究网. http://euroasia.cass.cn/.

流域、费尔干纳盆地,与原先住在这里的居民大夏人、粟特人、帕尔坎人和塞种人结合,逐渐形成塔吉克人。乌兹别克人是塔吉克斯坦的第二大民族,主要居住在普罗列塔尔区、纳乌区、图尔孙扎杰区、沙阿尔图兹区和苏维埃等区。俄罗斯人主要居住在各大城市,如杜尚别、苦盏、努力克、加里宁纳巴德、奇卡洛夫斯克等城市。鞑靼族人主要居住在列宁纳巴德州、哈特隆州。吉尔吉斯人主要居住在列宁纳巴德州和戈尔诺-巴达赫尚自治州。德意志人主要居住在哈特隆州。土库曼人主要居住在哈特隆州。

俄罗斯是世界上民族最多的国家之一,其境内有大小民族 120 多个。俄罗斯最近一次有关民族属性的居民登记是在 1989 年,根据这次登记资料统计,俄罗斯族人占总人口的 81.5%,是绝对的多数,其他民族的人口数量相对较少,其中人数较多的依次是:鞑靼人占 3.8%,乌克兰人占 3%,楚瓦什人占 1.2% 等。

3. 博物馆文化

中亚五国和俄罗斯地区拥有丰富的人文遗迹,其中博物馆文化是其不可小觑的重要资源。在这六个国家分布着大大小小近 2000 座博物馆,仅俄罗斯就拥有超过 1700 个博物馆。数量庞大的博物馆含涵盖了包括乐器、文化、地质、民俗、历史名人故居以及艺术等类型的博物馆,其性质、规模和作用各不相同,这其中包括前文介绍过的哈萨克斯坦国家乐器博物馆,土克曼斯坦的梅尔夫历史与文化公园等。除此之外,还有乌兹别克斯坦的国家铁木尔王朝博物馆,塔吉克斯坦的国家博物馆以及体现地方人文生活的地方史志博物馆等等。

俄罗斯的博物馆年参观人数超过 7500 万。其中圣彼得堡的埃尔米塔日博物馆是世界上最大的艺术、历史文化博物馆之一。它最早是女皇叶卡捷琳娜二世 1764 年创建的私人收藏馆,1852 年开始对公众开放。这里收藏有原始人类、古代东方、古埃及、希腊罗马时期、中世纪及俄国 8 世纪至 19 世纪文化的丰富文物,在它的展厅里可以看到达·芬奇、拉斐尔、提香等人的杰作和鲁本斯、凡·戴克、伦勃朗等人的无价之作。圣彼得堡的俄国博物馆收藏着同样宝贵的俄国艺术品。它位于米哈伊洛夫宫,1898 年对公众开放。主要藏品为：古代圣像、油画、俄罗斯雕塑家和素描版画家的作品大全、装饰实用艺术作品。

莫斯科的普希金造型艺术博物馆是 1912 年在历史学家伊万·茨维塔耶夫的倡议下修建并开放的，其主要收藏为欧洲著名雕塑的模制品，后来增加了荷兰、法国和弗拉芒德等绘画流派的油画。这里的法国印象画派和后印象画派作品收藏包括世界知名画家（莫奈、雷诺阿、凡高、塞尚、高更）的作品，还有毕加索、马蒂斯的作品。同样在莫斯科的历史博物馆修建于 1872 年，是位于莫斯科红场上收藏了俄国从古到今所有时代的历史文化文物的最大收藏点。这里有俄国独一无二的钱币、奖章收藏，武器、老家具等生活用品、古代桦树皮文书、手稿和善本古籍等。展品中还有伊凡雷帝穿过的衣服、关押过普加乔夫的铁笼、拿破仑逃离莫斯科时扔下的行军床等等。

综合技术博物馆是俄国最古老的科技博物馆。该博物馆是 1872 年在第一届俄国科技展览会的基础上建成。著名学者帕维尔·亚波洛切科夫，彼得·列别捷夫等积极参与了博物馆的建设。1874—1907 年间，专门为博物馆修建了大楼，占了莫斯科市中心整整一个街区。博物馆展品反映了技术和自然科学发展的主要阶段，尤其是俄国能源、机器制造、无线电、宇航业等领域所取得的成就。

4. 宗教文化

哈萨克族自古为游牧民族，信仰伊斯兰教。哈萨克族和其他穆斯林民族一样，使用伊斯兰年历。于每年 3 月 20 左右过"纳吾鲁孜"节，即哈族的春节。节日期间，每家都做"纳吾鲁孜"饭，唱"纳吾鲁孜"歌，互相拥抱，祝贺新春。每年伊斯兰教历 9 月是斋月，在斋月里人们白天都不进食。斋月过后开始过"肉孜节"，即开斋节。"肉孜节"之后 70 天过"古尔邦节"，即伊斯兰里的新年，是大节，家家户户屠宰牲畜，纪念安拉。哈萨克族是个能歌善舞的民族，每逢节假日都搞各种文体活动，如弹唱、对唱、跳舞、猜迹、踢毽、放风筝，还举行赛马、摔跤、姑娘追、叼羊、马上角力以及射箭等各种比赛。

乌兹别克斯坦人信奉伊斯兰教,他们每年的宗教节日主要有肉孜节、古尔邦节、圣纪节,届时张灯结彩,讲经、赞扬穆罕默德的功绩,特别是清真寺里热闹非凡。

18 世纪之前,土库曼地区受伊斯兰文化影响。18 世纪沙俄侵占中亚并派俄罗斯人到中亚开垦发展,俄罗斯的文化影响渐渐渗透。但自苏联瓦解、土库曼斯坦成为独立国家之后,又由于俄罗斯在当地影响力式微和国家大力提倡伊斯兰文化,令两者此消彼长。

俄罗斯是一个宗教信仰多元化的国家,同时俄罗斯人被认为是最具宗教品格的一个民族,在俄罗斯有很多原始宗教。俄罗斯的原始宗教信仰主要是多神教。在斯拉夫族的原始宗教中蕴含着对大自然的力量的原始崇拜,比如:别龙——雷与闪电之神,达兹博格——太阳神,维列斯——生灵之神,雅歇尔——海洋之神等等。与此同时,也存在一些关于精灵的崇拜,如列西、达摩沃伊、伏叶诺伊、基基莫拉等等。在 20 世纪以前原始宗教信仰一直受到基督教会迫害。然而,这些原始宗教信仰还是受到了人们的尊敬,比如谢肉节就是一个原始宗教节日的例子。

东正教是俄罗斯最为广泛流行的宗教。正是对东正教的信仰影响了俄罗斯文化的发展。然而,东正教从来没有完全主宰过俄罗斯社会,俄罗斯社会已经容纳下了各种宗教的发展。据官方对部分俄罗斯居民调查显示:俄罗斯有大约 50% 的人口不信仰任何宗教,30%～40% 的人口是东正教徒。俄罗斯东正教会,又称"莫斯科宗主教区",是世界上规模最大的正教会团体,其最高权力属于主教公会。公会根据需要召开,由全体主教参加。在公会休会期间,则由莫斯科和全俄罗斯大牧首领导,宗座设在莫斯科。估计全俄罗斯有超过一亿信徒,实际活跃成员超过 2000 万。

俄罗斯有 1000 万～1500 万穆斯林。穆斯林在俄罗斯大都居住在伏尔加—乌拉尔一带,北高加索地区,莫斯科市,圣彼得堡市,西西伯利亚地区。在俄罗斯有超过 6000 座清真寺(1991 年仅有百余座)。

在俄罗斯佛教徒主要分布在三个地区:布里亚特共和国,图瓦共和国和卡尔梅克共和国。据俄罗斯佛教联合会的信息透露,俄罗斯信仰佛教的人数在 150 万～200 万。现今在俄罗斯有很多佛教学校,主要是日本与韩国的禅宗,一些大乘佛教的分支,以及广泛分布着的藏传佛教学校。世界上最北的佛教机构早在革命前在圣彼得堡就已存在,现在已成为俄罗斯的旅游与佛教文化中心。

5. 城市文化

（1）阿拉木图

阿拉木图位于哈萨克东南部靠近吉尔吉斯边境,为哈萨克斯坦旧都,是该国最大城市,也是该国主要的金融、科技和教育文化等中心。由于阿拉木图所在的地区出产苹果,因此名称亦解作"苹果城"。阿拉木图是欧亚文化的交汇之地,把哈萨克人的智慧和西方文明完美融合为一体,同时也是全球绿化最好的城市之一。

（2）塔什干市

塔什干市位于乌兹别克斯坦东北部,市区面积 260 平方公里,人口约 250 万,是乌兹别克斯坦政治、经济、文化和交通中心。按人口数量,塔什干是中亚最大、独联体内仅次于莫斯科、圣彼得堡和基辅的第四大城市。塔什干地处锡尔河支流奇尔奇克河谷的绿洲中心,海拔 440 米～480 米。其中 80% 是俄罗斯人和乌兹别克人,少数民族有塔塔尔、犹太和乌克兰等。

塔什干在乌兹别克语中意为"石头城",因地处山麓冲积扇一带,有巨大卵石而得名。这是一座历史悠久的古城,早在公元前 2 世纪就建有城池,公元 6 世纪就以商业、手工业著称,成为古代丝绸之路的必经之地。公元 11 世纪首见史书记载。1865 年成为一座建有城墙的城市,当时的人口约 7 万,是与俄国进行贸易的主要中心,后来并入俄罗斯帝国。1867 年成为土耳其斯坦自治共和国的行政中心。1930 年起成为乌兹别克共和国（苏联加盟共和国之一）首府,1991 年 8 月 31 日起成为独立的乌兹别克斯坦共和国的首都。

塔什干地处中亚心脏地带,骄阳之下,沙浪滚滚,故素有"荒原"之称。因此,水在这里显得尤为珍贵。相传一位美貌的公主许诺愿嫁给能引水灌溉荒原的勇士,以解当地居民缺水之难。于是一位名叫法尔哈德的勇士便

设法把一块巨石投入河中，来提高水位，引锡尔河水灌溉荒原。后来这位勇士得知公主因受骗含恨自尽，也殉情自杀了。今天，人们已从奇尔奇克河引出了一系列渠道，使塔什干市内水渠交叉纵横，基本解决了水的问题。现在，人们在塔什干附近仍可见到一块称为"法尔哈德"的巨大岩石，不过，岩旁已建起了以法尔哈德命名的水电站和水库。

塔什干有新、旧城之分，清真寺、陵墓等古迹大都集中在旧城。1966年4月26日清晨的一次强烈地震几乎将全城变为废墟，使30万人无家可归。震后城市进行了大规模重建，并在市内广场上矗立起一座特殊的纪念碑，以使人们永远铭记住这场重大的自然灾难。纪念碑是一块巨大方石，一面有裂缝，另一面刻有一钟面，指针指在5时24分，即地震突发的时刻。重建后的塔什干是一座新型的欧洲化的城市。从空中鸟瞰，它宛若浮在绿海上的花园，青葱秀丽。塔什干也是中亚唯一兴建了地铁的城市，这里地上交通发达，地下地铁环绕全城，交通十分方便。市内，街道宽阔，绿树成荫。新建的歌剧院、电视台、运动场等大型公共建筑和高层住宅，造型明快，间以花园、广场、喷水池、纪念碑等，错落分布在新旧城中。现存的古迹有15、16世纪的宗教建筑和陵墓，其中的巴拉克汗－马德拉斯（神学院）已成为中亚和哈萨克穆斯林理事会总部。市内还设有多所高等院校和科研单位，艺术宫、博物馆、公园等。工业多与棉花、纺织机械及纺织有关。

塔什干还是国际文化交流的场所，这里举办过亚非拉国际电影节、各种国际学术讨论会。每年夏秋季节，世界各地游客纷至沓来，争睹这座名城的风采。

塔什干、铁尔梅兹、撒马尔罕等城市自古以来就闻名天下。它们的联系从中国伸延到西班牙，从欧洲伸延到印度洋。今天，撒马尔罕、布哈拉、希瓦、沙赫里萨布兹等地的古迹已经列入联合国教科文组织世界人类遗产名单中。每年在撒马尔罕举办的"东方之曲"国际音乐节也被列入联合国教科文组织的国际文化活动。

（3）比什凯克市

比什凯克市是吉尔吉斯斯坦的首都，于1878年建市，坐落在吉尔吉斯山麓下的楚河河谷,是古代重镇和中亚名城。比什凯克1926年前称皮什彼克,1926年后改称伏龙芝,以纪念前苏联著名军事将领米哈依尔·瓦西里耶维奇·伏龙芝(1885—1925),他是吉尔吉斯人的骄傲。1991年2月7日,吉尔吉斯斯坦议会通过决议,将伏龙芝更名为比什凯克。比什凯克也是工业城市,现有机器制造、金属加工、食品和轻工业等行业。此外,比什凯克的科教事业也很发达,市内有科学院和门类齐全的高等院校。

比什凯克市中心的阿拉套广场是城市的主要景点之一,每年独立日等重大国家和民族节日,这里都要举行庆典活动。广场北侧是吉国家历史博物馆。广场西侧则是吉尔吉斯斯坦议会大厦。位于楚河大街和玛纳斯大街西北侧的国家音乐厅坐落在比什凯克市又一重要建筑群的中心。国家音乐厅对面矗立的宏伟的前苏联建筑是比什凯克市政厅。音乐厅后面则是吉尔吉斯斯坦国立民族大学所在地,它是吉尔吉斯斯坦的主要高等教育学府之一。

(4)奥什

奥什位于吉尔吉斯斯坦南部,在费尔干纳盆地东南端,阿克布拉河出山口附近,为吉尔吉斯斯坦第二大城市,是奥什州的首府。这座城市拥有3000多年的历史,1939年成为奥什州的行政中心。

奥什被认为是吉尔吉斯斯坦的"第二个首都",是一个充满生机的城市,因为它拥有中亚地区最大及最活跃的户外市集。杰玛集市(Jayma Bazaar)为中亚最大的集市之一,出售物品众多,从传统的手工艺品至国外进口物品,最热闹的时候便是周日的上午。历史文化博物馆为该市重要的介绍历史和文化的博物馆,收藏和展出陶瓷碎片、旧砖墙、岩石和众多填充动物标本。

(5)拉科尔

拉科尔是开启天山之旅的起点,游客可以从这里进入天山的南部和东部,是著名的徒步旅游、滑雪、山地自行车之地。这座城市因一系列的旅游景点而备受青睐,其中最具名气的为东干清真寺(Dungan Mosque),是由中国艺术家为当地的东干族建立的木制清真寺,建造于1907—1910年。

这里还有一座地区博物馆,以收藏和展出伊塞克湖岩画、塞西亚青铜艺术作品等为主。热闹非凡的周末市场则是体验当地传统生活方式的好去处。拉科尔还是一座因滑雪而知名的城市,在距离城市20分钟车程的地方是滑雪度假村,因价格便宜,设施齐全而备受喜欢,吸引着众多滑雪爱好者的到来。

（6）阿什哈巴德

阿什哈巴德是土库曼斯坦的首都,坐落于科佩特山脉北麓阿哈尔绿洲和卡拉库姆沙漠边缘,是土库曼斯坦首都,也是该国的政治、经济、文化和科学中心。

阿什哈巴德是卡拉库姆沙漠中的一个绿洲城市,市内花园、草坪和喷水池随处可见,草木繁茂,百花飘香。阿什哈巴德拥有众多的名胜古迹、公园和博物馆,是土库曼斯坦最知名的旅游城市。游客可以参观土库曼斯坦地毯博物馆、土库曼斯坦美术馆、阿什哈巴德国家历史博物馆等,此外,苏联解体后市内新建的大型建筑随处可见,富丽堂皇的总统府、中立门、地震纪念建筑群、孤儿院等建筑别具一格。

（7）马雷市

土库曼共和国马雷州首府,近阿富汗边境,梅尔夫古城在其郊外。位于卡拉昆沙漠中的一片绿洲上,出产棉花。旧称谋夫（穆尔夫、梅尔夫）。旧城附近是阿拉伯人统治时期中世纪穆斯林文化的中心。有印度和阿拉伯的传统,据说是雅利安人种的起源地。公元747年艾布·穆斯林在此举义,推翻了倭马亚帝国。马雷的经济原以棉花种植为主,后于1968年发现天然气后成为矿业重镇。马雷现为土库曼斯坦第四大城市和重要外贸口岸之一。马雷市与土耳其的伊斯坦布尔、沙特阿拉伯的吉达、中国的西安市互为友好城市。

（8）土库曼巴希

土库曼巴希是土库曼斯坦巴尔坎州的一个港口城市,位于里海的东岸克拉斯诺沃茨克湾北岸。这个港口也是土库曼斯坦最重要的港口,是重要的运输中心和炼油中心,有铁路轮渡通达对岸的阿塞拜疆巴库港,城市居民以土库曼人和阿塞拜疆人为主。土库曼巴希也是土库曼斯坦重要的旅游胜地之一。

土库曼巴希（"所有土克曼人的领袖"）1993 年前称克拉斯诺沃茨克（意思是"红色的水"），是土库曼斯坦巴尔坎州的一个港口城市，位于里海的东岸克拉斯诺沃茨克湾北岸。土库曼巴希的海拔为 27 米，根据 2004 年的人口普查显示城市有 86800 名居民，以土库曼族和阿塞拜疆族为主。

1869 年，俄国人将这个港口命名为克拉斯诺沃茨克，是城市本名克孜勒苏（土克曼语：Kyzyl－Su，意为红色的水）的俄语转译。1993 年克拉斯诺沃茨克被当时的土库曼斯坦总统萨帕尔穆拉特·阿塔耶维奇·尼亚佐夫宣布以他的个人头衔土库曼巴希（意为所有土克曼人的领袖）重新命名。

（9）俄罗斯代表城市

莫斯科：首都，位于东欧平原。全国的政治、经济、文化中心，也是全国最大的综合性交通枢纽，还是机械工业和纺织工业中心。是仅次于英国伦敦的欧洲第二大城市，已有 800 年的历史。人口约 850 万（截至 2002 年 12 月）。

圣彼得堡：全国第二大城市，被誉为"北方之都"，西北联邦区首府。地处波罗的海沿岸的综合性工业中心。拥有世界著名的艾尔米他日博物馆即"冬宫"。

符拉迪沃斯托克（海参崴）：远东第二大城市，俄东部地区经济贸易中心及远东第一港，世界知名旅游城市。

叶卡捷琳堡：全国经济第三大、人口第五大城市，乌拉尔联邦区首府。地处欧洲和亚洲的交界处。

新西伯利亚：人口第三大城市，西伯利亚联邦区的中心城市。位于西伯利亚大铁路和鄂毕河的交汇处。

下诺夫哥罗德：人口第四大城市，伏尔加沿岸联邦区首府。位于奥卡河和伏尔加河交汇处的重工业城市。

罗斯托夫：南方联邦区首府，位于顿河的入海口。

乌兰乌德、伊尔库茨克：紧靠着世界知名淡水湖——贝加尔湖的两座

城市。

摩尔曼斯克：世界上最北的城市及北冰洋沿岸终年不冻港（受北大西洋暖流的影响）。

索契：俄罗斯最大的滨海温泉疗养地和气候性疗养地，每年有 250 万国内外游客来此度假休养。

（三）丝绸之路国际段各国文化遗产旅游资源总体概述

1. 文化遗产类旅游资源

截至 2015 年 7 月，中亚五国共有 14 项世界遗产，其中哈萨克斯坦有 4 项，吉尔吉斯斯坦有 2 项，塔吉克斯坦有 2 项，土库曼斯坦有 3 项，乌兹别克斯坦有 4 项，其中 1 项为中国、哈萨克斯坦和吉尔吉斯斯坦所共有。中亚五国现存世界遗产大部分均属于丝绸之路国际段的珍贵文化遗产，包括 12 项世界文化遗产，具体情况如表 3－7 所示。

表 3－7　中亚五国及俄罗斯世界遗产数量统计

国家	数量	世界遗产名称	收录时间	遗产类型
哈萨克斯坦	4 项	霍贾·艾哈迈德·亚萨维陵墓	2003 年	世界文化遗产
		泰姆格里考古景观岩刻	2004 年	世界文化遗产
		萨尔亚尔卡-哈萨克斯坦北部的草原和湖区	2008 年	世界自然遗产
		丝绸之路：长安—天山廊道路网	2014 年，与中国和吉尔吉斯斯坦共有	世界文化遗产
吉尔吉斯斯坦	2 项	苏莱曼圣山	2009 年	世界文化遗产
		丝绸之路：长安—天山廊道路网	2014 年，与中国和哈萨克斯坦共有	世界文化遗产
塔吉克斯坦	2 项	普罗图-萨拉则城区遗址	2010 年	世界文化遗产
		塔吉克国家公园	2013 年	世界自然遗产

续表 3-7

国家	数量	世界遗产名称	收录时间	遗产类型
土库曼斯坦	3项	古梅尔夫国家历史文化公园	1999年	世界文化遗产
		昆亚乌尔根奇	2005年	世界文化遗产
		尼萨的帕提亚要塞	2007年	世界文化遗产
乌兹别克斯坦	4项	伊特察·卡拉	1990年	世界文化遗产
		布哈拉历史中心	1993年	世界文化遗产
		沙赫里萨布兹历史中心	2000年	世界文化遗产
		撒马尔罕文化交汇之地	2001年	世界文化遗产
俄罗斯	16项	圣彼得堡历史中心及其相关古迹	1990年	世界文遗产
		基日岛木结构教堂	1990年	世界文遗产
		莫斯科克里姆林宫和红场	1990年	世界文遗产
		索洛维茨基群岛的文化和历史建筑群	1992年	世界文遗产
		诺夫哥罗德及周边历史古迹	1992年	世界文遗产
		弗拉基米尔和苏兹达尔白色古迹	1992年	世界文遗产
		谢尔吉圣三一大修道院	1993年	世界文遗产
		科罗缅斯克的耶稣升天教堂	1994年	世界文遗产
		库尔斯沙嘴遗址	2000年与立陶宛共有	世界文遗产
		费拉邦多夫修道院遗址群	2000年	世界文遗产
		喀山克里姆林宫历史建筑群	2000年	世界文遗产
		德尔本特城堡、古城及要塞	2003年	世界文遗产
		新圣母修道院	2004年	
		雅罗斯拉夫尔城历史中心	2005年	世界文遗产
		斯特鲁维地理探测弧线	2005年与白俄罗斯、爱沙尼亚、芬兰、拉脱维亚、立陶宛、挪威、摩尔多瓦、瑞典、乌克兰共有	世界文遗产
		博尔格尔历史和考古遗址	2014年	世界文遗产

国家	数量	世界遗产名称	收录时间	遗产类型
俄罗斯	10 项	科米原始森林	1995 年	世界自然遗产
		勘察加火山	1996 年，2001 年扩大范围	世界自然遗产
		金山-阿尔泰山	1998 年	世界自然遗产
		西高加索山	1999 年	世界自然遗产
		贝加尔湖	1996 年	世界自然遗产
		中锡霍特山脉	2001 年	世界自然遗产
		弗兰格尔岛自然保护区	2004 年	世界自然遗产
		中斯科特阿林地区	2012 年	世界自然遗产
		乌布苏湖盆地	2003 年，与蒙古共有	世界自然遗产
		普托拉纳高原	2010 年	世界自然遗产

资料来源：世界遗产网 http://www.shijieyichan.org.cn/.

2010 年，乌兹别克斯坦、土库曼斯坦和吉尔吉斯斯坦三国提交了丝绸之路申遗预备名单。2012 年、2013 年哈萨克斯坦、塔吉克斯坦分别提交了丝绸之路申遗预备名单。乌兹别克斯坦纳入申遗预备名单有 18 处文化遗产，分别是古特米兹城、坎卡古聚落、浩罕历史中心、撒瑞亚古聚落、阿斯科特古聚落、帕普古聚落、安集延历史文化中心、瓦瑞安沙城市遗址、珀伊肯特城市遗址、瓦博肯特柱状塔、池欧-巴克墓、查士玛-阿玉布陵墓、巴克后特汀陵墓群、马利克商队客栈、米尔-萨伊德·巴克荣姆陵墓、丘萨姆·舍科城市遗址、舍科·穆克拓-瓦利城市遗址、科哈扎瑞安斯普城市遗址。吉尔吉斯斯坦纳入申遗预备名单包括 6 处文化遗产，分别是天山游牧遗迹、伊塞克南部遗址、玛纳斯奥文化环境、上翠峡谷中世纪遗址、萨菲德布兰文化景观、乌兹根及索柔巴沙遗迹。土库曼斯坦将丝绸之路线路分为 11 段，根据每段文化遗产提交申遗预备名单，涉及 29 处丝绸之路文化遗产。哈萨克斯坦提交的丝绸之路申遗预备名单纳入了 31 处文化遗产。

俄罗斯地域广阔，自然文化资源极为丰富，具有较高价值。截至 2015 年 7 月，共有 26 项世界遗产，其中文化遗产 16 项，自然遗产 10 项。其中 1

项与立陶宛共有,1项与蒙古共有,1项与白俄罗斯、爱沙尼亚、芬兰、拉脱维亚、立陶宛、挪威、摩尔多瓦、瑞典、乌克兰等9国共有,遗产数量居世界第9位。

2014年6月22日,在卡塔尔首都多哈召开的第38届世界遗产大会上,由中国、哈萨克斯坦与吉尔吉斯斯坦跨国联合申报的"丝绸之路:长安—天山廊道路网"项目列入《世界遗产名录》。该条线路全长5000公里,是古代丝绸之路中的一部分。它从西安出发,到中亚的七河地区为止,项目共涉及33个遗产点,其中中国境内有22处遗产点,包括:河南省(4处)的汉魏洛阳城遗址、隋唐洛阳城定鼎门遗址、新安汉函谷关遗址、崤函古道石壕段遗址;陕西省(7处)的汉长安城未央宫遗址、张骞墓、唐长安城大明宫遗址、大雁塔、小雁塔、兴教寺塔、彬县大佛寺石窟;甘肃省(5处)的玉门关遗址、悬泉置遗址、麦积山石窟、炳灵寺石窟、锁阳城遗址;新疆维吾尔自治区(6处)的高昌故城、交河故城、克孜尔尕哈峰燧、克孜尔石窟、苏巴什佛寺遗址、北庭故城遗址。哈萨克斯坦(8处)的开阿利克遗址、塔尔加尔遗址、阿克托贝遗址、库兰遗址、奥尔内克遗址、阿克亚塔斯遗址、科斯托比遗址、卡拉摩尔根遗址;吉尔吉斯斯坦(3处)的碎叶城(阿克·贝希姆遗址)、巴拉沙衮城(布拉纳遗址)、新城(科拉斯纳亚·瑞希卡遗址)。

2.非物质文化遗产类遗产资源

在联合国首批《世界非物质文化遗产名录》(2001年)中,全球范围共有19个首批获受保护对象,在丝绸之路沿线就包括三个,分别是:乌兹别克斯坦的博恩逊区的文化空间;中国的昆曲,俄罗斯的塞梅斯基口头文化。之后还有塔吉克斯坦和乌兹别克斯坦的沙士木卡姆音乐(2003年),吉尔吉斯斯坦的史诗弹唱阿肯艺术(2004年),以及俄罗斯的欧隆克——雅库特英雄叙事诗(2005年)。

(1)乌兹别克斯坦博恩逊区的文化空间(2001年)

博恩逊区的文化空间位于小亚细亚平原到印度的博恩逊区,这是世界上最古老的居住区之一,至今仍保留着古老的文化和宗教,如索罗亚斯德教、佛教和伊斯兰教。很多与季节和家庭有关的传统仪式仍存在着,人们

以歌曲、舞蹈和音乐庆祝节日。例如他们求雨的方式是将一个布偶放入河中吸满水,这种仪式就来自于索罗亚斯德教。留存下来的习俗还有婚礼、葬礼及治病的驱邪仪式。博恩逊的文化空间曾经在苏联时期,由于文化政策的忽视对博恩逊的传统艺术的流传有一定消极影响。为了这一文化空间的传统艺术完整地保存下来,目前已经开展的保护计划包括:地方组织正在收集、整理民俗传统,民俗学者、音乐学者和民族学者将致力于研究这些受到威胁的传统文化,音乐和歌曲会以出版物、音乐会和节日的形式再现。

(2)塔吉克斯坦和乌兹别克斯坦沙士木卡姆音乐(2003年)

沙士木卡姆音乐是沙士木卡姆这一传统文化现象,在中亚一个称为玛瓦拉纳赫尔(Mawara al-nahr)的地区,以多元文化的城市为中心,已流传了十个世纪以上。

在塔吉克斯坦和乌兹别克斯坦,木卡姆是一种复杂的古典音乐形式,它的定义简而言之,就是"根据弦乐优美的音阶创作出来的旋律和歌曲"。沙士木卡姆(塔吉克语可直译为"六个木卡姆")是多种文艺品种的综合体,包括声乐、器乐、旋律和节奏性语言、文学以及美学观念等。它可以独唱,也可以合唱,由弦乐、弓弦乐、打击乐和管乐组成的乐队伴奏。通常以器乐为先导,随后是主要部分纳斯尔(nasr声乐部分),包括两套不同的歌曲组合。

沙士木卡姆的源头可以追溯到伊斯兰以前的时期。在其整个历史长河中,随着音乐理论、诗歌、数学、伊斯兰科学和苏非派教义的演变而受到影响。木卡姆体系曾在9—10世纪盛极一时,许多音乐学校纷纷在布哈拉市(乌兹别克斯坦)应运而生。布哈拉当时是沙士木卡姆的历史和精神中心,该市的犹太社区也为这一古典音乐艺术培养出大量的表演人才。演出脚本要求乐手经过特殊训练,因为通用记谱体系只能记录沙士木卡姆的基本框架,而不能捕捉到其全部丰富华丽的艺术内涵。因此,师生间口头传承仍然是保存这一音乐及其精神价值的主要方式。

（3）吉尔吉斯斯坦的史诗弹唱阿肯艺术（2004 年）

吉尔吉斯史诗弹唱阿肯艺术是吉尔吉斯斯坦 2004 年申请世界 ICH（人类口头和非物质遗产）名录的项目。"阿肯"是对歌手的称谓。被尊为"阿肯"的人，应该是歌手中的优秀者，是能即兴咏的行吟诗人，是弹奏冬不拉的高手，是草原上受欢迎、受爱戴的民间艺术家。

阿肯弹唱有两种形式：一是阿肯怀抱冬不拉自弹自唱，这种弹唱多是演唱传统的叙事长诗和民歌；二是对唱，有两人对唱，也有多人对唱。对唱的特点是即兴创作，具有赛歌的性质，把雄辩和唱诗结合在一起，既富生活气息，又生动活泼。所唱的内容大致可分为颂歌、哀怨歌、情歌、习俗歌、诙谐歌五大类。

"阿肯"主要才华表现在即兴创作上，他们触景生情，即兴作诗，出口成章，自弹自唱，兼有诗人和歌手的才能。初生的婴儿要在歌声中迎接三次晨曦，接受人们三天三夜歌声的祝福；走完人生之路，离开人世时，人们要为之唱 40 天的挽歌，回忆死者的生平和德行。所以伟大的诗人阿拜这样说："诗歌给婴儿打开人生的大门，也陪伴死者踏上天国的途径。"在这些重大的习俗活动中，担任主角的就是阿肯。在文字还没有形成的时期，草原牧人的文化创作成果，主要依靠那些能够弹唱许多长诗及民歌的阿肯们保存、流传、总结和发展。所以阿肯应该被认为是民族文化的继承者和传播者，倍受人们的爱戴和尊敬。

吉尔吉斯史诗的独特之处，在于其跌宕起伏的故事情节和蕴含的哲学思想，它又是一部有着社会、文化和历史价值的口传百科全书。其中最著名的是有 1000 年历史的《马纳斯》三部曲，即《马纳斯》《塞米提》和《塞特克》。这部杰作之所以著名，不仅因其长度是《荷马史诗》中的《伊利亚特》和《奥德赛》的 16 倍，还因其内容丰富。它以事实和传奇相互融合的手法，把吉尔吉斯斯坦 9 世纪以来最有影响的动荡历史记载了下来。此外，尚存的还有 40 多部"较短"的史诗，《马纳斯》以单人说书为主，用一种吉尔吉斯斯坦的三弦琵琶伴奏。每一部史诗都有其独特的主题、韵律和吟唱风格。表演说唱的行吟艺人叫阿肯，经常参加讲书比赛，他们曾是极受尊重的。

他们富有表现力的动作和声调、生动的模仿,同史诗的情感丰富的内容交相辉映,深受人们喜爱。在 20 世纪 20 年代,由著名吟唱艺人萨金贝吟唱的《马纳斯》三部曲中的第一部分曾被以文字形式记录下来。在苏维埃政权时期,尽管政府禁止一些"较短"史诗的演唱,吟唱艺人们还在继续他们的表演。

(4)塞梅斯基的文化空间与口头文化(2001 年)

塞梅斯基的文化空间 2001 年被收录在《世界非物质文化遗产名录》内。塞梅斯基是俄罗斯一个古老的信徒团体,他们居住在与世隔绝的特兰斯贝卡尔地区的村子里。他们的生活方式反映了 16 至 17 世纪俄罗斯民俗文化,如传统的建筑、服饰、礼仪、音乐、典礼、箴言、谚语及宗教信仰。

他们一直根深蒂固地保留着中世纪沿袭下来的传统,并波及到了乌克兰。塞梅斯基最为人称道的是其独特的合唱乐队,这是一种产生于 17 世纪的古老的俄罗斯教会音乐。1935 年以来,数支熟练掌握这种音乐的乡村唱诗班相继建立起来。赛梅斯基的传统习俗正在面临消失的威胁。主要因为数十年来该地区的政治、社会、经济与文化的变革严重破坏着他们的生活方式。俄罗斯国家杜马正在筹备一个十年的保护计划,包括普查记录塞梅斯基传统文化,召开研讨会。同时相关的节日、古老的木结构建筑博物馆的筹建,实用艺术的普及推广都在计划之中。

(5)欧隆克——雅库特英雄叙事诗(2005 年)

欧隆克——雅库特英雄叙事诗 2005 年被收录在《世界非物质文化遗产名录》内,欧隆克(Olonkho)指的是各种雅库特人诗歌故事的文本形式。它是土耳其一蒙古民族最古老的史诗艺术形式,常见于俄联邦东北部的萨哈共和国。

这些叙事诗是雅库特人主要的诗歌形式,具有教育的功能。诗歌的长度从 10 到 15 行乃至 20000 行不等,最长的共计 50000 行。它描述雅库特人的信仰、萨满教、风土人情,并且给予阐释。它还讲述生活的道理,讲述古代勇士的传说和功绩,这些传说与萨满教的传说有极深的渊源。诗歌反映了奴隶社会瓦解的时代,对神、灵、妖魔以及各种兽类和鸟类等进行了生动的描绘。它还反映弱小民族在政治高压、恶劣的气候条件和自然环境下挣扎生存的社会经济生活方式。

每个社区都有他们自己的讲述人,这些人都掌握丰富的作品,从而使得欧隆克在流传时形成各种版本。这一传统以家庭为载体得以发展,它是人们在家中度过漫漫冬日时最佳的消遣。用歌唱的方式讲演,用快速的节奏作精炼的描述——吟诵者必须既是好演员,又是才华横溢的歌手、雄辩的大师和即兴创作的天才。

二、丝绸之路中国段旅游资源分布概述

(一)丝绸之路中国段旅游资源总体概述

中国历史文化源远流长,现存旅游资源类型多样。无论是自然旅游资源还是文化旅游资源,都具有浓厚的中国特色。作为丝绸之路中国段沿线各省(区)更是依托其浓厚的历史文化特色,地理资源优势,形成了独具一格的旅游资源。

1. 陕西省

陕西是中国旅游资源最富集的省份之一,资源品位高、存量大、种类多、文化积淀深厚,具有巨大的自然旅游资源优势,境内有以险峻著称的西岳华山,气势恢宏的黄河壶口瀑布,古朴浑厚的黄土高原,一望无际的八百里秦川,婀娜清秀的陕南秦巴山地,充满传奇色彩的骊山风景区,六月积雪的秦岭主峰——太白山等。同时,陕西作为中华民族的发祥地,先后有周、秦、汉、唐等 13 个王朝在此建都,历时 1100 余年。历史悠久,文化璀璨,形成了得天独厚的人文旅游资源。

陕西省的旅游资源主要以西安为中心,辐射周边东西南北四个方位,东线以兵马俑华清池一线为主,西线以乾陵法门寺一线为主,南线以安康汉中陕南秦巴山地地区为主,北线以延安红色革命圣地壶口瀑布为主。另有五岳之一的西岳华山,横贯中国中部的东西走向山脉——秦岭,大自然的鬼斧神工再一次孕育了神奇景观,更使陕西省旅游产业蕴藏着巨大的后发优势。

西安作为丝绸之路的起点,拥有丰富的文化遗产。2013 年丝绸之路跨国申遗中国段首批申遗名单中陕西包括 7 处,分别是汉长安城未央宫遗址、张骞墓、唐长安城大明宫遗址、大雁塔、小雁塔、兴教寺塔、彬县大佛寺石窟。此外,茂陵及霍去病墓、大唐西市遗址、草堂寺、青龙寺遗址、兴庆宫遗址、天坛门遗址、清真寺、大秦寺、法门寺、昭陵、乾陵等在 2010 年被纳入丝绸之路跨国申遗中国段的 48 项预备名单中。还有世界文化遗产秦始皇陵及兵马俑坑、西安钟楼、鼓楼、明城墙、华清宫遗址、慈恩寺、陕西历史博物馆等文化遗产,也都是丝绸之路文明的见证。

2. 甘肃省

出土于甘肃的中国旅游标志"铜奔马"和最早的邮政图标"驿使图",印证了甘肃曾经拥有的繁华与辉煌。甘肃的旅游资源十分丰富,具有沙漠戈壁、名刹古堡、草原绿洲、佛教圣地、冰川雪山、红色胜迹和民族风情等独特景观。神奇的土地、悠久的历史、灿烂的文化和众多的民族,经过多年发展形成了以兰州为中心的丝绸之路、藏回风情草原风光、黄土风情红色革命和自然生态四个方面的旅游资源分布。

丝绸之路旅游线连接了甘肃的天水、平凉、兰州、武威、张掖、酒泉、嘉峪关、敦煌等旅游城市,可以欣赏到"东方雕塑馆"麦积山石窟、华夏民族祭祀人文始祖的伏羲庙、河西走廊富饶的绿洲、"天下第一雄关"嘉峪关、"世界艺术宝库"莫高窟,以及鸣沙山、月牙泉、玉门关和雅丹国家地质公园等一批世界级的旅游资源,还可以体验戈壁沙漠、雪峰冰川等独特的自然风光。

藏回风情草原风光旅游线——被称为"九色香巴拉"天堂之地的甘南藏族自治州,可以欣赏临夏浓郁的穆斯林风情、亚洲最美的甘南玛曲草原风光、藏传佛教格鲁派六大学府之一的拉卜楞寺和唐蕃古道遗迹。

黄土风情红色革命旅游线,甘肃是陕甘宁边区的主要组成部分,红军长征的主要途经地和会师地——全国红色旅游资源大省。这里既可以参观考察红色革命圣地,也可以登临被誉为"天下道教第一山"的崆峒山,体验灵气独钟的人间仙境,观赏黄土高原梁塬地貌,体验黄土高原传统民俗风情。

自然生态旅游线——甘肃东南部的天水和陇南位于亚热带和暖温带的交汇地带,特殊的区位、湿润的气候、丰沛的降水,拥有高达 40％的森林覆盖率,素有"陇上江南"的美誉。这里峰峦叠翠,雾霭萦绕,碧潭星罗棋布,可以看到祭祀华夏始祖的伏羲庙、玉泉观、南宅子和著名的麦积山国家级风景名胜区。

3. 新疆维吾尔自治区

新疆维吾尔自治区是举世闻名的歌舞之乡、瓜果之乡、黄金玉石之邦。新疆幅员辽阔,地大物博,山川壮丽,瀚海无垠,古迹遍地,民族众多,民俗奇异。旅游资源极为丰富,全国旅游资源共有 68 种,而新疆就有 56 种,占全国旅游资源类型的 82％。

新疆被中外称为"天然博物馆"。天山、阿尔泰山、昆仑山遍布千奇百怪的冰川、冰塔林、雅丹地貌、冰山湖、高山湖、天鹅湖及 29 个各种类型的自然保护区,构成新疆奇异独特的自然旅游资源。仅天山的冰川面积达9100 多平方公里,举世著名的木扎特冰川(昭苏县境内)有 60 公里之长。有的冰川天工巧成,色彩瞬息万变,声响奇妙。著名的冰川湖天池,古称瑶池。海拔 1900 米,水深 90 米。四周环山,远处积雪皑皑,近处林木簇拥。天池气候奇妙,全年气温零上 7 个月,零下 5 个月,热不过 15℃,冷不到零下 12℃。这也促成了新疆独具特色的自然旅游资源。

新疆作为沟通中国段和中亚段的纽带,文化遗产极为丰富。新疆已发现的古城遗址有 50 多座,多是西汉至明代以前西域地方政权的治所和军事城堡。吐鲁番的高昌故城遗址、交河故城遗址、若羌县境内的楼兰故城遗址、吉木萨尔县境内的北庭故城为全国重点文物保护单位。

4. 青海省

青海省位于中国西北部、青藏高原东北部,与西藏自治区共同构成了青藏高原的主体。在这片雄踞世界屋脊的高天厚土上,大自然以其大手笔、大气魄,独具匠心地造化出以"大"为特征山川风貌,构成了壮美奇绝的自然景观和人文风貌。

被誉为"万山之祖"的昆仑山脉横空出世,横贯青海全境,由它派生出的唐古拉山、巴颜喀拉山和祁连山横亘于南北两翼,烘托出一种无与伦比的雄伟气势。这些海拔 5000 米以上的大山,雪峰耸立,冰川广布,造就出"江河之源",长江、黄河、澜沧江从这里奔腾而出,三江的乳汁哺育了中华民族和南亚中南半岛数千年的文明史,享有"母亲河"的美誉。三江源头地域辽阔,地势高拔,河流纵横,野生动植物资源十分丰富,由于大自然的造化,这里是中国湖泊最为密集的地方,更是高原野生动植树物的天堂。

青海历史悠久,民族众多,文化灿烂,早在二三万年前的旧石器时代,就有人类繁衍生息。马家窑文化、齐家文化、卡约文化以及乐都柳湾彩陶遗址、喇家遗址、吐蕃墓葬群等的出现与发掘,见证着青海自古就有多民族生存以及多民族文化的交融并存。遍布于青海各地的数千座藏传佛教的寺院和伊斯兰教清真寺是各民族文化和智慧的结晶。藏族说唱艺术《格萨尔》、河湟民歌"花儿"、热贡艺术、玉树藏族歌舞以及昆仑神话驰名中外。举世闻名的唐蕃古道、丝绸之路,东西方文明的碰撞形成了独特的高原文化、多元的民族文化、博大精深的宗教文化。青藏铁路是世界上海拔最高、线路最长的铁路,是人类铁路建设史上前所未有的奇迹,铁路沿线拥有的一大批地貌景观、水体景观、生物景观、人文景观,构成了一条旅游资源荟萃带。

5. 宁夏回族自治区

宁夏回族自治区地处中国西北部,是中华文明的发祥地之一。黄河岸边的灵武市"水洞沟遗址"发掘表明,在三万年前的旧石器时代就有人类在此生息。古老的黄河穿越宁夏的中北部地区,在宁夏境内总流程 397 公里,流经 12 个市县。黄河宁夏段水面宽阔,水势平缓,风光秀美,稻香鱼肥。1000 年前唐代诗人就有"贺兰山下果园成,塞北江南旧有名"的赞美诗句。

宁夏有类型多样的自然景观,美丽的塞上江南,举世闻名的沙坡头治沙奇迹,罕见的沙湖奇观,黄土高坡上的一块绿岛——六盘山,更具有独特的历史环境和民族风情,浓郁的回乡风情,神秘的西夏王国,奇特的贺兰山岩画,有中国长城博物馆之称的历代长城,中国电影从这里走向世界的西部影视城,丝路道上须弥山石窟,灵武市水洞沟遗址等,构成了宁夏丰富多彩而又富有鲜明特色的文化旅游资源。

6.河南省

中国是世界四大文明古国之一,河南省则是中国古代文明的主要发祥地。河南位于中国的中原腹地,长期作为全国的政治、经济、文化中心,自古就有"得中原者得天下"之说。夏商的遗址、战国的青铜器、两汉的石刻、三国的古战场、北魏的禅林、隋唐的石窟、北宋的古城、明清的祠庙,漫漫的历史长河留下了数以百万计的文物,使历代王朝的文化精髓凝炼、积淀下来,最著名的人文景观是洛阳龙门石窟、嵩山少林寺和开封宋城,都在不同程度上见证了这块中原腹地的历史变迁。

河南不仅有悠久的历史,更有迷人的自然风光。河南地处黄河流域,是远古人类繁衍生息的地方。在河南广阔的土地上,点缀着嵩山、云台山、白云山、伏牛山、鸡公山、石人山、太行山大峡谷等名山大川,绽放着洛阳牡丹和开封菊花等奇花异草,千百年来,吸引着一代又一代中国人前来旅游观光。

(二)丝绸之路中国段文化遗产旅游资源分布概述

丝绸之路沿线虽然拥有丰富多样的文化遗产,然而大部分文化遗产的旅游开发尚处于较低层次水平,真正具有世界影响力的旅游资源单体并不多见。因此,在保护好文化遗产的前提下,深挖丝绸之路沿线文化遗产内涵,提升资源单体开发、经营、管理和服务水平是当务之急。另外,对于这样一条跨国、跨洲的廊道型文化线路,其统一品牌形象的塑造也至关重要。中国与中亚五国、俄罗斯在丝绸之路旅游合作方面应加强合作,从一开始就应注重"丝绸之路旅游带"这一整体品牌的塑造、培养与完善,逐步提升"丝绸之路旅游带"的品牌整体竞争力。

1.丝绸之路中国段文化遗产旅游资源总体概述

丝绸之路本质上是一条承载着历史文化的线路,丝绸之路沿线旅游资源的核心是文化旅游资源。丝绸之路又是全世界和全人类的世界遗产,因此丝绸之路沿线遗产的主体应是文化遗产。不管是自然遗产还是文化遗

产,遗产也属于旅游资源。根据文化遗产资源的性质和特点,文化遗产资源可以分为物质文化遗产与非物质文化遗产。物质文化遗产是具有历史、艺术和科学价值的文物;非物质文化遗产是指各种以非物质形态存在的与群众生活密切相关、世代传承的传统文化表现形式。

丝绸之路跨国联合申遗中国段资源点即是丝绸之路沿线的文化遗产,应包括丝绸之路中国段现有的世界文化遗产、丝绸之路跨国联合申遗资源点、未进入申遗预备名单的其他丝绸之路遗迹。根据最终确定的丝绸之路申遗点名单,中国段中西部三省中陕西省、甘肃省、新疆维吾尔自治区是丝绸之路遗产分布所在的核心省份。而宁夏回族自治区和青海省的丝绸之路文化遗产点虽然没有被纳入最终名单,但是其在 2010 年丝绸之路跨国申遗中国段的 48 处资源点预备名单中占有一席之地,也是丝绸之路沿线文化遗产的重要省份,同时河南省也是丝绸之路沿线文化遗产不可缺失的一环。西部地区地域广阔,矿产资源丰富,历史文化积淀深厚,少数民族文化多样,形成了数量众多、质量较高且不同层次体系的文化遗产资源。

表 3-8　丝绸之路中国段文化遗产资源类型及分布情况

丝绸之路文化遗产资源类型	省(区)	代表文化遗产
古城遗址类	陕西省	天坛门遗址
	甘肃省	敦煌古城、锁阳城遗址、河苍城遗址、骆驼城遗址、临夏桑科古城、夏河八角城
	新疆维吾尔自治区	高昌故城、交河故城、北庭故城、楼兰故城、尼雅遗址、阿巴和加麻札、石头城遗址、苏贝希古城、乌拉泊古城、米兰古城、唐王城
	宁夏回族自治区和青海省	开成遗址、固原城、西海郡故城、伏俊城遗址、卫县古遗址、丹阳古城、金巴台古城、塌城
	河南省	隋唐洛阳城定鼎门遗址

丝绸之路文化 遗产资源类型	省（区）	代表文化遗产
皇家宫殿 遗址类	陕西省	汉长安城未央宫遗址、唐长安城大明宫遗址、兴庆宫遗址、华清宫遗址、曲江池遗址、大唐芙蓉园遗址等
	新疆维吾尔 自治区	普克沁王府遗址
	河南省	汉魏洛阳城遗址
寺庙类	陕西省	草堂寺、青龙寺遗址、西安清真寺、法门寺、大秦寺、大兴善寺、大荐佛寺、大慈恩寺、草堂寺、钟楼、鼓楼等
	甘肃省	张掖大佛寺、拉梢寺、金塔寺
	新疆维吾尔 自治区	苏巴什佛寺遗址
	河南省	白马寺、巩义石窟寺
	宁夏回族自治区 和青海省	西夏皇家寺院古遗址、关东清真寺、塔尔寺、瞿昙寺、文成公主庙
塔类	陕西省	大雁塔、小雁塔、兴教寺塔等
	新疆维吾尔 自治区	苏公塔
宗教石窟 艺术类	陕西省	彬县大佛寺石窟、碑林博物馆
	甘肃省	敦煌莫高窟、麦积山石窟、炳灵寺石窟、水帘洞石窟群、榆林窟、酒泉文殊山石窟
	新疆维吾尔 自治区	克孜尔石窟、龟兹石窟群、柏孜克里克石窟、吐峪沟石窟、千佛洞
	宁夏回族自治区 和青海省	须弥山石窟
	河南省	龙门石窟、巩义瓷遗址

丝绸之路文化遗产资源类型	省(区)	代表文化遗产
陵墓类	陕西省	茂陵及霍去病墓、昭陵、乾陵、张骞墓、秦始皇陵及兵马俑坑、茂陵、汉宣帝杜陵、秦二世陵
	甘肃省	骆驼城墓群、果园—新城墓群、酒泉丁家闸壁画墓、酒泉唐代模印砖墓、嘉峪关魏晋壁画墓、天水汉将军李广墓等
	新疆维吾尔自治区	阿斯塔那古墓、哈密王陵、香妃墓、魏晋壁画墓
	宁夏回族自治区和青海省	固原北朝及隋唐墓地、热水墓群、乐都柳湾墓地、海西唐代吐蕃墓葬群、西宁汪家庄汉墓
军事遗址类	陕西省	西安明城墙、大散关、金锁关、潼关
	甘肃省	嘉峪关、玉门关遗址、悬泉置遗址、阳关
	新疆维吾尔自治区	克孜尔尕哈烽燧、铁门关
	宁夏回族自治区和青海省	日月山
	河南省	隋唐洛阳城定鼎门遗址、新安汉函谷关遗址、崤函古道石壕段遗址、汉唐两京故道

资料来源:丝绸之路中国段各省(区)旅游局网站。

2. 丝绸之路中国段文化遗产旅游资源概况

(1)陕西省

陕西西安是丝绸之路的起点。在 2013 年 3 月份确定的丝绸之路跨国申遗中国段最终名单中,陕西省的汉长安城未央宫遗址、张骞墓、唐长安城大明宫遗址、大雁塔、小雁塔、兴教寺塔、彬县大佛寺石窟位于其中。除此之外陕西省的茂陵及霍去病墓、草堂寺、大唐西市遗址、兴庆宫遗址、青龙寺遗址、天坛门遗址、西安清真寺、法门寺、大秦寺、昭陵、乾陵等也在 2010 年被纳入到丝绸之路跨国申遗中国段的 48 项预备名单资源点。世界遗产秦始皇陵及兵马俑坑也是重要的文化遗产。西安市钟楼、鼓楼、华清宫遗址、西安明城墙、大兴善寺、大荐佛寺、大慈恩寺、草堂寺、大唐芙蓉园遗址、陕西历史博物馆、茂陵、汉宣帝杜陵、秦二世陵、碑林博物馆、曲江池遗址、大散关、金锁关、潼关等也是丝绸之路文明的见证,都属于丝绸之路文化遗产范围。

①物质文化遗产。秦始皇陵及兵马俑坑,是中国历史上第一个皇帝嬴政(前259—前210年)的陵墓,位于中国西部陕西省临潼区城东5公里处的骊山北麓。秦始皇陵建于公元前246—公元前208年,历时39年,是中国历史上第一个规模庞大,设计完善的帝王陵寝。秦始皇陵筑有内外两重夯土城垣,象征着都城的皇城和宫城。秦始皇陵是世界上规模最大、结构最奇特、内涵最丰富的帝王陵墓之一。秦始皇陵兵马俑是可以和埃及金字塔和古希腊雕塑相媲美的世界人类文化的宝贵财富,它们充分表现了2000多年前中国古代汉族劳动人民巧夺天工的艺术才能,是中华民族的骄傲和宝贵财富。法国前总统希拉克对它的"世界第八奇迹"的赞誉,使秦始皇陵为更多的世人所知。世界文化遗产的桂冠,为秦始皇陵更增光彩。

华清池,亦名华清宫,位于陕西省西安市临潼区骊山北麓,西距西安30公里,南依骊山,北临渭水,是以温泉汤池著称的中国古代离宫,周、秦、汉、隋、唐历代统治者,都视这块风水宝地为他们游宴享乐的行宫别苑,或砌石起宇,兴建骊山汤,或周筑罗城,大兴温泉宫。白居易、杜牧等诗人在诗作中均有提及。历史文献及考古发掘的资料证明,华清池具有6000年温泉利用史和3000年的皇家园林建筑史。2007年5月8日,华清池景区被批准为国家5A级旅游景区。

大雁塔又名大慈恩寺塔,位于中国陕西省西安市南郊大慈恩寺内。因坐落在慈恩寺西院内,大雁塔原称慈恩寺西院浮屠(浮屠即塔的意思),是中国唐朝佛教建筑艺术杰作。大雁塔被视为古都西安的象征,为全国重点文物保护单位。唐代永徽三年(公元652年),为保存玄奘法师由天竺经丝绸之路带回长安的经卷佛像而建,塔身七层,通高64.5米。塔体呈方形锥体,由仿木结构形成开间,由下而上按比例递减。塔内有木梯可盘登而上。每层的四面各有一个拱券门洞,可以凭栏远眺。整个建筑气魄宏大,造型简洁稳重,比例协调适度,格调庄严古朴,是保存比较完好的楼阁式塔,在塔内可俯视西安古城。大雁塔是西安市的标志性建筑和著名古迹,是古城

西安的象征。因此,西安市徽中央所绘制的便是这座著名古塔。

法门寺,位于炎帝故里、青铜器之乡——宝鸡市,2004 年被联合国教科文组织评为"世界第九大奇迹",地处陕西省宝鸡市扶风县法门镇。始建于东汉末年恒灵年间,至今约有 1700 多年历史,有"关中塔庙始祖"之称,周魏以前称作"阿育王寺",隋文帝时改称"成实道场",唐高祖时改名"法门寺"。法门寺被誉为皇家寺庙,因安置释迦牟尼佛指骨舍利而成为举国仰望的佛教圣地。法门寺佛塔被誉为"护国真身宝塔"。宝鸡法门寺地宫出土了释迦牟尼佛指骨舍利、铜浮屠、八重宝函、银花双轮十二环锡杖等佛教至高宝物,法门寺珍宝馆拥有出土于法门寺地宫的两千多件大唐国宝重器,为世界寺庙之最。

乾陵,位于陕西省咸阳市乾县梁山的唐朝墓葬,该陵为唐高宗李治(649 年—683 年在位)与武则天(690 年—705 年在位)的合葬墓,建成于唐光宅元年(684 年),神龙二年(706 年)加盖,采用依山为陵的建造方式。乾陵最著名的就是它气势磅礴的陵园规划,以及地表上大量的唐代石刻。除主墓外,乾陵还有十七个小型陪葬墓,葬有其他皇室成员与功臣。乾陵是唐十八陵中主墓保存最完好的一个,截至 2013 年仅开掘了五个陪葬墓,从中出土了大量的文物。

陕西历史博物馆,位于西安大雁塔的西北侧,是中国第一座大型现代化国家级博物馆,它的建成标志着中国博物馆事业迈入了新的发展里程。这座馆舍为"中央殿堂、四隅崇楼"的唐风建筑群,主次井然有序,高低错落有致,气势雄浑庄重,融民族传统、地方特色和时代精神于一体。馆区占地65000 平方米。建筑面积 55600 平方米,文物库区面积 8000 平方米,展厅面积 11000 平方米。馆藏文物多达 370000 余件,上起远古人类初始阶段使用的简单石器,下至 1840 年前社会生活中的各类器物,时间跨度长达一百多万年。文物不仅数量多、种类全,而且品位高、价值广,其中的商周青铜器精美绝伦,历代陶俑千姿百态,汉唐金银器独步全国,唐墓壁画举世无双。可谓琳琅满目、精品荟萃。

天坛门遗址,唐天坛,始建于隋朝,位于长安南,为隋唐皇帝祭天的场所,也称圜丘。天坛据文献记载,唐圜丘初建于隋,唐代沿用了近 300 年,比北京天坛早一千多年,是全国保留下来的唯一一处早于清代的圜丘遗址。"天子祭天"的礼仪源于西周,而专门建坛应是由西汉开始的,从文献上看,汉代"为坛开八通之鬼道",圜丘为八陛,北周"十有二陛,每等十有二节",可见北周的圜丘已变为12陛,隋唐圜丘12陛的制式应是继承了北周的传统。在中国历史上,祀天礼仪对维护皇权统治,增加民族凝聚力,维系国泰民安起了不可替代的作用。

汉长安城未央宫遗址,位于西安市汉长安城遗址西南部的西安门里,又称西宫,刘邦称帝后七年(前200年)始建。未央宫在西汉以后是新莽、西晋、前赵、前秦、后秦、西魏、北周等七个朝代的理政之地,唐代也被划归为禁苑的一部分,使用时间达360多年。汉长安城未央宫遗址也是国家文物局公布的"丝绸之路:长安—天山廊道路网"22处申遗点之一。

②非物质文化遗产。秦腔,发源于陕西、甘肃一代,流行于陕西、甘肃、宁夏、青海、新疆等地,因用"梆子"击节,故也称"陕西梆子",又因陕西地处古函谷关以西,古称"西秦"而有"西秦腔"之称。当地也叫"梆子""桄桄""乱弹戏""中路秦腔""西安乱弹""大戏"等。关于秦腔的起源,众说不一,大体有形成于秦、形成于唐、形成于明的说法。明万历年间(1573—1620)抄本《钵中莲》传奇第十四出曾用"西秦腔二犯"唱调,是关于秦腔最早的记载。该剧是江南无名氏之作,证明已经传到江南,江南远离陕西,传播需要时间,这证明秦腔明中叶当已形成。秦腔的唱腔,宽音大嗓,直起直落,既有浑厚深沉、悲壮高昂、慷慨激越的风格,同时又兼有缠绵悱恻、细腻柔和、轻快活泼的特点,凄切委婉、优美动听,为广大人民群众所喜爱,是最具陕西地方特色的非物质文化遗产。

安塞腰鼓,是黄河流域文化的组成部分,它在长期流传过程中形成了刚劲激昂、剽悍豪放,气势磅礴、浑厚庄重,铿锵有力、威猛刚烈,舞姿优美、流畅飘逸等特点,这是安塞腰鼓艺术性的高度概括和集中反映。能劲,表现了陕北人夺取胜利和丰收后的喜悦心情。狠劲,表现了黄土高原男子汉感情充沛,性格开朗,胸怀坦荡,毫不掩饰。蛮劲,表现了陕北人朴实无华,忠实憨厚;无拘无束,自在乐为;热爱生活,渴望自由;情趣高昂,潇洒不凡,个性直爽,粗犷泼辣。猛劲,安塞腰鼓保留了古战场上那种不畏强敌,勇往

直前,征服和压倒一切的英雄气概以及不怕牺牲的忘我精神和献身精神。虎劲,是黄河流域中华民族精神风貌的再现。牛劲,是陕北人个性特点的综合反映。

陕西宝鸡地区,人们习称西府,是陕西社火脸谱艺术具有代表性的地区之一。特别是陇县和宝鸡县的社火脸谱,流传历史久远,脸谱造型奇特,色彩质朴明快,纹饰严格讲究,谱样多而齐全,代表了西府社火脸谱的最高水准。社火起源于原始社会的文面、文身、巫术、祭祀、宗教,古代的角抵、驱傩、祭社活动。社火脸谱的纹饰证明,五六千年前彩陶上的原始符号,在脸谱上被完整地继承了下来。社火常被人们叫着"看戏",即"哑剧"。社火脸谱以色彩辩识人物的忠、奸、善、恶,宝鸡社火脸谱,更以它悠久的历史、神秘、深厚的文化内涵,声势浩大的场面,受到了学术界的广泛关注,成为陕西春节民俗活动的最亮点,并成为第一批国家级非物质文化遗产保护项目。

(2)甘肃省

丝绸之路沿线在甘肃省主要包括武威、敦煌、张掖、酒泉等城市。甘肃省在最终确定的丝绸之路跨国申遗名单中有5处文物点,分别是玉门关遗址、悬泉置遗址、麦积山石窟、炳灵寺石窟以及锁阳城遗址。另外水帘洞石窟群、河苍城遗址、骆驼城遗址及墓群、果园—新城墓群、张掖大佛寺、马蹄寺石窟群(金塔寺、千佛洞)、榆林窟等虽然没有被纳入最终的申遗名单,但是在2012年是丝绸之路跨国申遗中国段的48项预备名单的一个重要组成部分。临夏桑科古城、夏河八角城、敦煌古城、拉梢寺、金塔寺、阳关、酒泉丁家闸壁画墓、酒泉唐代模印砖墓、嘉峪关魏晋壁画墓、天水汉将军李广墓等等也是丝绸之路文化遗产的闪亮明珠。

①物质文化遗产。敦煌莫高窟,又称"千佛洞",位于甘肃省,是闻名世界的"丝绸之路"的交通枢纽,人类历史上的四大文明体系:中国、印度、伊斯兰和欧美文化体系都戏剧性地在这里交流与融汇。莫高窟开凿于公元366年,是佛教从西域传入内地后的产物,其续建和重建前后绵延了千余年。莫高窟洞窟开凿在南北长约1700米,高约15～30米的崖石上,现存洞窟735个,这些洞窟按分布自然形成南北两区,南区长约1000米,北区

长约 700 米,有壁画 4～5 万平方米,彩塑近 2500 身,唐宋木构窟檐 5 座。莫高窟的精华是彩塑和壁画,彩塑表现的主要题材内容是佛、菩萨、力士、天王等佛教尊像,大的佛像高达 30 多米,小的只有十几厘米。石窟内容的主题是佛教,但是它同时反映了中国古代的政治、经济、军事、文化、艺术、宗教、民俗等各方面社会生活,是一部反映中国古代社会的历史全书。莫高窟地处气候干燥的西北沙漠,衰落后人迹罕至,所以彩塑和壁画得以完好保存,使我们可以了解占据中国古代艺术主流的佛教艺术的辉煌,一睹别处已消失的佛教艺术鼎盛时期的辉煌杰作。这也是莫高窟在艺术史上占据重要地位的原因,莫高窟是中华文化艺术史上的瑰宝,也是东西方文化交融的结晶。

炳灵寺石窟,"炳灵",是藏语"十万佛"的音译,意译相当于汉语的"千佛山""万佛洞"。炳灵寺石窟内的北魏造像,从内容的丰富、形式的多样和造像技巧的纯熟诸方面,都大大地超越了前代。在造像内容上,除了十六国时期通常出现的近似圆雕的佛、菩萨等形象外,又出现了前所未有的表现佛传或佛本生故事的大面积的浮雕。这些浮雕作品,一方面丰富了佛教雕刻艺术的内容,另一方面装饰了窟龛的壁面,使北魏时期的窟龛更加庄严辉煌,艺术风格也由十六国时期的粗犷奔放转为细致入微。炳灵寺入口处悬崖旁边仁立着峻峭的姊妹峰,周围有鸳鸯洞、药水泉等胜境,山清水秀,峰险石奇。

玉门关遗址,位于甘肃省敦煌市城西北 80 公里的戈壁滩上,一名小方盘城,是长城西端重要关口。相传著名的"和田玉"经此输入中原,因而得名。它是古代"丝绸之路"北路必经的关隘。现存的城垣完整,总体呈方形,东西长 24 米,南北宽 26.4 米,残垣高 9.7 米,全为黄胶土筑成,面积 633 平方米,西墙、北墙各开一门,城北坡下有东西大车道,是历史上中原和西域诸国来往及邮驿之路。北望长城,犹如龙游瀚海。俯仰关外,大地苍茫,人迹罕至,故唐代诗人王之涣有"春风不度玉门关"之句。现存玉门关是汉代玉门关,这里出土了许多有价值的文物,如毛笔、砚台、织锦、狩猎工具等。国内第四块西汉纸就是在这里出土发现的。它早于蔡伦造纸 100 多年。还出土有汉代粮食、汉简等。汉简内容丰富,有诏书、奏记、檄文、律

令、药方等。这些文物为研究汉代的军事、经济、文化、生活提供了珍贵的史料。

嘉峪关，位于甘肃嘉峪关市向西5公里处，是明长城西端的第一重关，也是古代"丝绸之路"的交通要冲。是明代万里长城西端起点，始建于明洪武五年（公元1372年），先后经过168年的修建，成为万里长城沿线最为壮观的关城。嘉峪关关城1961年（辛丑年）被国务院公布为第一批全国重点文物保护单位，1997年被公布为首批全国爱国主义教育示范基地。

拉卜楞寺，位于甘肃省甘南藏族自治州夏河县，藏语全称为"噶丹夏珠达尔吉扎西益苏奇具琅"，意思为具喜讲修兴吉祥右旋寺。简称扎西奇寺，一般称为拉卜楞寺。拉卜楞寺是藏语"拉章"的变音，意思为活佛大师的府邸。是藏传佛教格鲁派六大寺院之一，被世界誉为"世界藏学府"。鼎盛时期，僧侣达到4000余人，1980年对外开放旅游。拉卜楞寺在历史上号称有108属寺（其实要远大于此数），是甘南地区的政教中心，拉卜楞寺保留有全国最好的藏传佛教教学体系。1982年，被列入全国重点文物保护单位。整个寺庙现存最古老也是唯一的第一世嘉木样活佛时期所建的佛殿，是位于大经堂旁的下续部学院的佛殿。

②非物质文化遗产。花儿，是流行于甘肃、青海、宁夏等广大地区的一种山歌，是当地人民的口头文学形式之一。花儿结构分两段，前段比兴、后段是歌唱的主题内容。曲调具有浓郁的抒情性，演唱时用临夏方言，有浓郁的地方气息。"花儿"唱词和曲调分"河州花儿"和"莲花山花儿"两大类。自联合国教科文组织2001年公布首批"人类口头和非物质遗产代表作名录"至2007年底，中国已经有昆曲艺术、古琴艺术、新疆维吾尔木卡姆艺术和蒙古族长调民歌相继入选。

羊皮筏子俗称"排子"，是一种古老的水运工具。它由十几个气鼓鼓的山羊皮"浑脱"组成。筏子有大有小，最大的羊皮筏子由600多只羊皮袋扎成，小皮筏系用10多个羊皮袋扎成，适于短途运输，主要用于由郊区往市区送运瓜果蔬菜，渡送两岸行人等。羊皮筏子已有300多年历史，在兰州黄河用于运输，现在已成兰州黄河上乘坐旅游观光的一大亮点，也是兰州民俗文化的遗产。

（3）新疆维吾尔自治区

新疆维吾尔自治区是丝绸之路沿线中国段和中亚段的桥梁，有着不可替代的重要地位。在最终的丝绸之路跨国申遗中国段中，新疆维吾尔自治区的高昌故城、交河故城、克孜尔尕哈烽燧、克孜尔石窟、苏巴什佛寺遗址、北庭故城等申遗资源点被列入其中。楼兰故城、尼雅遗址、莫尔寺遗址、龟兹石窟群、阿巴和加麻札、石头城遗址、柏孜克里克石窟、吐峪沟石窟等也是 2012 年丝绸之路跨国申遗中国段的申遗名单资源点。苏贝希古城、乌拉泊古城、米兰古城、唐王城、普克沁王府遗址、苏公塔、阿斯塔娜古墓、哈密王陵、香妃墓、魏晋壁画墓、铁门关等旅游资源和丝绸之路文化遗产密不可分。

①物质文化遗产。交河故城，位于新疆维吾尔自治区吐鲁番市西郊约十二公里的亚尔乃孜沟西河床之间的一个呈柳叶型的河心洲上。《汉书·西域传》记载："车师前国，王治交河，河水分流绕城下，故号交河。"交河故城是古代西域三十六国之一的车师前国的都城，现存遗址均属唐代时期建筑群落，是目前全国现存面积最大的、保存最完整的生土建筑遗址。交河故城是世界上唯一的生土建筑城市，也是中国保存两千多年最完整的都市遗迹，唐西域最高军政机构安西都护府最早就设在这里。

高昌故城维吾尔语称亦都护城，即"王城"之意，曾是高昌王国的都城，位于吐鲁番市东面 40 多公里的三堡乡。高昌故城规模宏大，十分壮观。总面积 200 万平方米，是古代西域留存至今最大的故城遗址。1961 年高昌故城被列为国家重点文物保护单位。

艾提尕尔清真寺，位于新疆维吾尔自治区喀什市的艾提尕尔广场西侧，占地 25.22 亩，它不仅是新疆规模最大的清真寺，也是全国规模最大的清真寺之一，更是中亚最有影响力的三大清真寺之一。艾提尕尔清真寺始建于 1442 年，是全疆乃至全国最大的一座伊斯兰教礼拜寺，在国内外宗教界均具有一定影响，为自治区重点文物保护单位。这是一个有着浓郁民族风格和宗教色彩的伊斯兰教古建筑群，坐西朝东。南北长 140 米，东西宽 120 米，占地总面积为 1.68 万平方米，分为"正殿""外殿""教经堂""院落""拱拜孜""宣礼塔""大门"等七部分。

新疆天山，位于中亚腹地，横亘中国新疆的中部，远离海洋并被广阔沙漠所包围，展现了世界上最具代表性的温带干旱区山地综合自然景观，具有景观和生物生态演化过程的完整性，于 2013 年成为世界自然遗产。新疆天山由东西走向的褶皱断块山组成，山间有陷落盆地，如哈密盆地、吐鲁番盆地，西部有伊犁谷地，最适合骑马旅游。天山属于比较年轻的山系，形成距今约二三百万年前。距今约 1200—200 万年前，天山在其演化中发生较为突出的变化，东西向分布，条状隆起，形成今天的规模。在 2013 年召开的第 37 届世界遗产大会上，新疆天山被正式列入世界遗产的自然遗产名录，列入范围包括阿克苏的托木尔、伊犁哈萨克自治州的喀拉峻－库尔德宁、巴音郭楞蒙古自治州的巴音布鲁克和昌吉回族自治州的博格达四个区域，总面积 5759 平方公里。被列入世界自然遗产的区域是天山最具代表性的区域，集中展现了天山独特的地质地貌、植被类型、生态系统、生物多样性和自然景观，突出体现了天山的价值。

阿斯塔那古墓，位于吐鲁番市南约 40 公里火焰山之阿斯塔那（汉名三堡）与哈拉和卓（汉名二堡）之间，因此而得名。现已发掘 400 余座，占地面积 10000 多亩。据考证，墓葬的年代从西晋初年到唐代中叶，几百年的扩展，形成了浩大的墓葬群。从发掘情况看，出土了大量的丝绸、陶器、漆器、木器、泥俑、墓志和文书等。

坎儿井，坎儿，意为井穴，为荒漠地区一特殊灌溉系统，普遍存在于中国新疆吐鲁番地区。坎儿井与万里长城、京杭大运河并称为中国古代三大工程。吐鲁番的坎儿井总数近千条，全长约 5000 公里。坎儿井的结构，大体上是由竖井、地下渠道、地面渠道和"涝坝"（小型蓄水池）四部分组成，吐鲁番盆地北部的博格达山和西部的喀拉乌成山，春夏时节有大量积雪和雨水流下山谷，潜入戈壁滩下。人们利用山的坡度，巧妙地创造了坎儿井，引地下潜流灌溉农田。坎儿井不因炎热、狂风而使水分大量蒸发，因而流量稳定，保证了自流灌溉。坎儿井，早在《史记》中便有记载，时称"井渠"。吐鲁番现存的坎儿井，多为清代以来陆续修建。

②非物质文化遗产。沙疗，是埋沙疗法的简称，是目前国际健身治病潮流新疗法，是维吾尔民族的文化遗产，是维吾尔传统医疗方法之一，是世

界传统民族医学重要组成部分。吐鲁番维吾尔人民利用田沙医治风湿类疾病历史悠久,地域色彩和民族色彩浓郁。这里有世界上最好的沙疗资源,是中国唯一著名的沙疗圣地。作为草原上的御医——巴音·汗祖先,开始试着将草原上的洒沙捧回蒙古包,铺在火炕上,把刚刚出生的婴儿放置其上。试用百年后,流传草原,使孩子生存率达到百分九十左右。据史书上记载"沙疗"在当地曾被人们广称为"沙埋",是将病体部位埋入沙中,利用阳光、干热、压力、磁力的综合作用治疗疾病的一种民间治疗方法。

巴拉曼,维吾尔族、乌孜别克族双簧气鸣乐器。民间又称皮皮、毕毕、巴拉曼皮皮。汉文史籍中曾译作巴拉满。它还有芦笛、芦管之称。流行于新疆维吾尔自治区各地,尤以南疆和田、麦盖提、莎车,东疆鄯善、吐鲁番等地最为盛行。巴拉曼是古代的筚篥,早在西汉时期就已流传在西域龟兹(今新疆库车、拜城一带),在公元3世纪开凿的库车库木吐拉千佛洞中的壁画上,就绘有吹奏巴拉曼的图像。东晋末年,巴拉曼由"丝绸之路"随龟兹乐东传中原。后经世代流传,清代成为宫廷乐器之一。

(4)宁夏回族自治区

①物质文化遗产。西夏陵,又称西夏王陵、西夏帝陵,是西夏历代帝王陵墓所在地,有"东方金字塔"之称。坐落在银川市西郊贺兰山东麓,距市区大约35公里,营建年代约自11世纪初至13世纪初。它是中国现存规模最大、地面遗迹保存最为完整的帝王陵园之一,是中国最大的西夏文化遗址,也是宁夏最重要的一处历史遗产和最具神秘色彩的文化景观。西夏王陵受到佛教建筑的影响,使汉族文化、佛教文化、党项族文化有机结合,构成了中国陵园建筑中别具一格的形式。在中国119处国家重点风景名胜区中,西夏王陵是唯一的以单一的帝王陵墓构成的景区。它承接鲜卑拓跋氏从北魏平城到党项西夏的拓跋氏历史,被世人誉为"神秘的奇迹""东方金字塔"。

②非物质文化遗产。泥塑,即用粘土塑制成各种形象的一种古老常见的民间手工艺。是中国一种古老常见的汉族民间艺术。它以泥土为原料,以手工捏制成形。或素或彩,以人物、动物为主。在民间俗称"彩塑""泥玩"。发源于宝鸡市凤翔县,流行于陕西、天津、江苏、河南等地。2006年入

选中国非物质文化遗产。中国泥塑艺术可上溯到距今四千至一万年前的新石器时期。史前文化地下考古就有多处发现。浙江河姆渡文化遗址出土的陶猪、陶羊时间约为六千至七千年前左右；河南新郑裴李岗文化遗址出土的古陶井及泥猪、泥羊头时间约为七千年前。可以确认是人类早期手工捏制的艺术品。民间艺人用天然的或廉价的材料，能够作出精美小巧的工艺品，博得民众的喜受。

剪纸，是一朵瑰丽的回族民间艺术之花，它以旺盛的生命力深深扎根于回族民间艺术土壤之中。在西北回族聚居区，回族妇女的剪纸内容丰富，生活气息浓厚，无论在窗户上、墙壁上、顶棚上，还是箱柜上，随处可见她们的作品。回族妇女的剪纸反映出回族独特的审美意识。"五谷丰登""农家乐""瑞雪兆丰年""吉（鸡）庆有余（鱼）"等作品，既不是传统观念的自然的模仿，也不是现代观念自然形态的夸张变形，而充分表现了回族的生活情趣和朴素、大方、自然的审美观念。

回族医药，是中国传统医学与阿拉伯－伊斯兰医学"东西合璧"的产物。回回药方以叙方为主，方论结合，回回药方与传统中药并用。据统计《回回药方》残卷常用药259种，明显属于海药，其中注明中文名称沿用阿拉伯药名的有61种。"回回药方"有它自己独特的思想体系而且内容广泛，涉及临床多科，同时，在治疗方法上也较丰富，对有些疾病采用内外并治。因此，回回药方反映了中国回医药对疾病认识在理论上已较成熟，这种理论既保存有阿拉伯医学的特征，也有中国传统医学的成分。

（5）青海省

①物质文化遗产。塔尔寺是中国著名的喇嘛寺院，是喇嘛教黄教创始人宗喀巴诞生地，亦是西北地区佛教活动的中心。该寺规模宏伟，最盛时有殿堂八百多间，是中国著名的六大喇嘛寺之一（其余五寺为西藏的色拉寺、哲蚌寺、扎什伦布寺、甘丹寺和甘肃的拉卜楞寺），在全国和东南亚一带享有盛名。塔尔寺至今已有400多年历史。塔尔寺依山势起伏，是由大金瓦寺、小金瓦寺、大经堂、大厨房、九间殿、大拉浪、如意宝塔、太平塔、菩提塔、过门塔等许多宫殿、经堂、佛塔寺组成的一个气势宏伟，藏汉艺术风格相结合的古建筑群。

②非物质文化遗产。"锅庄",藏族的民间舞蹈。在节日或农闲时跳,男女围成圆圈,自右而左,边歌边舞。锅庄舞,早期与西藏奴隶社会和盟誓活动有关,后来逐步演变成为歌舞结合,载歌载舞的圆圈歌舞形式了。《清史稿·乐志》音译为"郭庄",近代有称"歌庄",唯《卫藏通志》说它是围着支锅石桩而舞的意思。《西藏舞蹈概说》载:以前的康定一带,有一种商业性组织叫"锅庄"这类商行收购土产,代办转运设有客钱,沿途过往的藏族商贾常携骡宿帮居其中。晚上,他们往往在院内旷地垒石支锅熬茶抓糌粑,茶余饭后不时围着火塘歌唱跳舞,以驱一天的劳累与疲乏,保持旺盛的精力,适应恶劣环境。

酥油花,是雕塑艺术的一种特殊形式。相传酥油花起源于西藏。公元641年,文成公主进藏和藏王松赞干布完婚时,带去释迦牟尼佛像一尊,在大昭寺内供奉。这尊佛像原来没有冠冕,宗喀巴学佛成功以后,在佛像头上献了莲花形的"护法牌子",身上献了"披肩",还供奉了一束"酥油花",这就是酥油花的来历。塔尔寺是宗喀巴的诞生地,不久酥油花就传到这里,并在塔尔寺得到弘扬和发展,在明万历年间这种油塑技艺传到塔尔寺后,在当地艺人们长期精心研制下达到了很高的艺术造诣。

热贡艺术,是藏传佛教艺术的重要组成部分和颇具广泛影响的流派,因13世纪发祥于青海省黄南藏族自治州同仁县隆务河畔的热贡(藏语"金色谷地")而得名,并随着隆务寺的兴盛而发展。该艺术流派在热贡地区的吾屯、年都乎、郭玛日、尕沙日等藏族、土族聚居村,数百年来村中男子十有八九都传承着从宗教寺院传入到民间的佛教绘塑艺术,其从艺人员之众多,群体技艺之精湛,叹为观止,故同仁有"藏画之乡"的美誉。热贡艺术主要指唐卡、壁画、堆绣、雕塑等绘画造型艺术。热贡艺术以藏传佛教中的佛本生故事,藏族历史人物和神话、传说、史诗等为主要内容,同时也包括一些世俗化的内容。热贡艺术凭借其独特的审美观念、独有的原材料和独有的传承习惯在藏传佛教、民间美术、建筑艺术方面具有重要的历史价值和艺术价值。热贡艺术凭借其精美的设计、艳丽的色彩和精细的线条,于2006年5月20日,该遗产经国务院批准列入第一批国家级非物质文化遗产名录。

（6）河南省

河南省洛阳是东汉时丝绸之路的起点，也是丝绸之路的另一起点。汉魏洛阳城遗址、隋唐洛阳城定鼎门遗址、新安汉函谷关遗址、崤函古道石壕段遗址是世界文化遗产"丝绸之路：长安—天山廊道路网"中的遗产点。另外河南省的巩义石窟寺、巩义瓷遗址、白马寺、汉唐两京故道也曾纳入到48处申遗名单资源点之中。伊阙关、虎牢关关隘也是丝绸之路的文化遗产。

①物质文化遗产。龙门石窟，位于中国中部河南省洛阳市，龙门的石窟和佛龛展现了中国北魏晚期至唐代（493—907）期间最具规模和最为优秀的造型艺术。这些详实描述佛教中宗教题材的艺术作品，代表了中国石刻艺术的最高峰。此地地处交通要冲，山清水秀，气候宜人，是文人墨客的观游胜地，又因为龙门石窟所在的岩体石质优良，宜于雕刻，所以古人选择此处开凿石窟。龙门石窟南北长约1公里，现存石窟1300多个、窟龛2345个、题记和碑刻3600余品、佛塔50余座、佛像97000余尊，其中以宾阳中洞、奉先寺和古阳洞最具有代表性。龙门石窟还保留有大量的宗教、美术、书法、音乐、服饰、医药、建筑和中外交通等方面的实物史料，因此，它又是一座大型的石刻艺术博物馆。

殷墟，是中国商代晚期的都城遗址，横跨安阳洹河南北两岸，现存有宫殿宗庙区、王陵区和众多族邑聚落遗址、家族墓地群、甲骨窖穴、铸铜遗址、制玉作坊、制骨作坊等众多遗迹，是中国历史上第一个有文献可考、并为甲骨文和考古发掘所证实的古代都城遗址，距今已有3300年的历史。殷墟是中国目前已知最早的完整的王陵墓葬群，王陵大墓多为"亚""中""甲"字形大墓，这些大墓墓室宏大，形制壮阔。殷墟王陵的埋葬制度、分布格局、随葬方式、祭祀礼仪等，集中反映了商代晚期的社会组织、阶级状况、等级制度、亲属关系，代表了中国古代早期王陵建设的最高水平，并为以后中国历代王朝所效仿，逐渐形成中国独具特色的陵寝制度。王陵遗址东西长约450米，南北宽约250米，总面积约180亩。从20世纪30年代至今，在这里相继发现了13座王陵大墓、2000多座陪葬墓、祭祀坑与车马坑，出土了数量众多、制作精美的青铜器、玉器、石器、陶器等，被学术界公认为殷商时期的王陵所在，是中国古代文化艺术宝库中璀璨的明珠。

洛阳白马寺,位于河南省洛阳老城以东12公里处,创建于东汉永平十一年(68年),为中国第一古刹,世界著名伽蓝,是佛教传入中国后兴建的第一座寺院,有中国佛教的"祖庭"和"释源"之称。现存的遗址古迹为元、明、清时所留。寺内保存了大量元代夹纻干漆造像如三世佛、二天将、十八罗汉等。白马寺保存的古代碑刻40余方。其中,最具历史价值的有:宋崇宁二年刻石、金"重修释迦舍利塔记"碑、元"龙川和尚遗嘱记"刻石、元"洛京白马寺祖庭记"碑、明"重修古刹白马禅寺记"碑等。1961年,白马寺被中华人民共和国国务院公布为第一批全国重点文物保护单位之一。1983年,白马寺被国务院确定为汉族地区佛教全国重点寺院。2001年1月,白马寺被国家旅游局评为首批4A景区。

太昊陵,即"三皇之首"太昊伏羲氏的陵庙,位于河南省淮阳县羲皇故都风景名胜区,毗邻风景秀丽的万亩龙湖。国家4A级旅游景区,全国重点文物保护单位,中国十八大名陵之一,因太昊伏羲氏位居三皇之首,其陵墓被誉为天下第一陵。太昊伏羲陵占地875亩,规模宏大,肃穆庄严。始建于春秋,增制于盛唐,完善于明清,岁经3000年,历代帝王52次御祭。传说是"人祖"伏羲氏即太昊定都和长眠的地方,历来被称为"天下第一皇朝祖圣地"。

②非物质文化遗产。豫剧,发源于中国河南省,是中国五大戏曲剧种之一,也是在中国具有广泛影响力的戏曲剧种。豫剧是在河南梆子的基础上不断继承、改革和创新发展起来的。中华人民共和国成立后因河南简称"豫",故称豫剧。豫剧以唱腔铿锵大气、抑扬有度、行腔酣畅、吐字清晰、韵味醇美、生动活泼、有血有肉、善于表达人物内心情感著称,凭借其高度的艺术性而广受各界人士欢迎。因其音乐伴奏用枣木梆子打拍,故早期得名河南梆子。豫剧是在继承河南梆子的基础上,通过不断改革和创新发展起来的。2006年,豫剧被列入第一批国家级非物质文化遗产名录。

淮阳太昊伏羲陵祭祀,伏羲是中华民族文明创始人,他的开天明道之功,奠定了几千年中华文明昌盛的根基。为了纪念和彰显伏羲的功绩,后人修建了伏羲庙,并进行一年一度的祭祀活动。每年农历二月二日至三月三日,都要在河南省淮阳县的太昊陵举办朝祖进香祭典。祭典活动举行期

间,也举行庙会,历时月余,不过最热闹的还是二月初十至二月二十的 11 天,二月十四至二月十六日的 3 天,可说是祭典的最高峰,逛会的人群摩肩接踵,万头攒动,每天可达 20 余万人。中国第一部诗歌总集《诗经·陈风》里就有描述。自明代朱元璋于洪武四年亲制祝文致祭以来,到清末的宣统皇帝,御祭达 51 次。朝祖会期间,海内外华夏子孙,每天谒祖朝圣者达 20 多万,所以,太昊陵庙被誉为"中国的耶路撒冷"。2006 年 5 月 20 日,该民俗经国务院批准列入第一批国家级非物质文化遗产名录。

朱仙镇木版年画,是历史悠久的汉族民间艺术形式,朱仙镇木版年画与天津杨柳青、山东潍坊、江苏桃花坞年画并称中国四大年画。年画作为中国独有的一朵艺术奇葩,是中国古老的民间艺术精华。朱仙镇木版年画距今已有 800 多年的历史,诞生于唐,兴于宋,鼎盛于明,历史悠久,源远流长,被誉为中国木版年画之鼻祖。朱仙镇的木版年画,不但具有极高的艺术收藏价值,而且极具观赏价值。2006 年 5 月 20 日,该遗产经国务院批准列入第一批国家级非物质文化遗产名录。

第四章 丝绸之路经济带文化遗产保护现状

一、中国文化遗产保护现状概述

中国文化遗产保护已经取得了显著成效,但是仍然面临着一些问题,需要逐步强化保护措施,弘扬民族优良传统文化。中国已经确定了文化遗产标志,文化遗产日及文化遗产歌曲。国务院于 2005 发布了《关于加强文化遗产保护工作的通知》,逐步强化文化遗产保护工作。规定从 2006 年起,每年 6 月的第二个星期六为中国的"文化遗产日"[①],有助于加强公众的文化遗产保护意识。

中国历史文化源远流长,文化遗产类型丰富多样。文化遗产划分为物质文化遗产和非物质文化遗产。物质文化遗产是指具有历史、艺术和科学价值的文物,包括古墓葬、古遗址、古建筑、石窟寺、壁画、石刻,近现代重要史迹和代表性建筑等不可移动文物,历史上不同时代的重要实物、文献、手稿、艺术品等可移动文物;还包括在建筑式样、分布均匀或者环境景观结合方面具有突出普遍价值的历史文化名城(街区、村镇)。非物质文化遗产是指各种以非物质形态存在并且和群众生活密切关联,世代传承的传统文化表现形式,包括传统表演艺术、传统手工艺技能、口头传统、民俗活动与礼仪节庆,自然界与宇宙的民间传统实践及知识[②],与上述传统文化表现形式

---

① 2013 年中国文化遗产日[EB/OL]. http://www.lvmama.com/info/chinalife/2013－0605－166631.html.

② 文化遗产保护[EB/OL]. http://baike.baidu.com/view/3294502.html.

相关的文化空间。

根据保护对象和保护方法的不同,将历史文化遗产保护体系划分为三个层次,包括文物古迹、传统风貌历史街区和历史文化名城[①]。作为文物保护单位应该注意保护文物古迹的历史环境,完整体现其文化价值。历史文化街区不仅应该保存历史的真实性和风貌的完整性,而且需要通过适当的改善更新,能够适应现代生活的需要。历史文化名城应该保护历史地段和文物古迹,延续其传统格局及特色风貌。

备受关注的世界文化遗产,由于其具有极高的品味和价值,对国内外旅游者具有强烈的吸引力。从 1985 年加入《保护世界文化与自然遗产公约》缔约国以来,中国一直积极申报世界遗产。截至 2015 年 7 月,中国经联合国教科文组织审核列入《世界遗产名录》的世界遗产共计 48 项(包括自然遗产 10 项,文化遗产 34 项,双重遗产 4 项),遗产总数仅次于意大利,居世界第二位。2014 年 6 月,"中国大运河"和"丝绸之路:长安—天山廊道路网"项目通过评审列入《世界遗产名录》。近年来,许多地区看到旅游业所带动的经济效益和社会效益,各地努力开发具有特色的文化遗产,开发资源的旅游功能,提高其品牌价值。原真性和完整性较好的文化遗产所在地,当地政府投入大量的人财物力,积极申报世界文化遗产,然而有些地方也存在"重申报、轻管理"的现象。

旅游开发和文化遗产保护的关系主要体现在两个方面:一是可以增加经济收益,提高知名度,为文化遗产保护提供资金保障。二是以经济利益为驱动的短视开发行为,对文化遗产造成破坏性开发,从而影响其可持续发展。例如,2003 年 6 月,云南"三江并流"顺利列入《世界遗产名录》,然而时隔一年,由于旅游开发过热和建设大型水电站等原因,遭到世界遗产委员会的警告和重新评估。此外,丽江古城、武陵源、曲阜三孔、泰山、武当山等世界遗产,也曾受到联合国专家的警告和质询。2014 年 1 月,云南香格里拉独克宗古城发生严重火灾,损失十分惨重,多个民居、客栈、店铺被毁。还有丽江古城、贵州报京侗寨等一些旅游热点古城(寨),随后也接连发生

---

① 文化遗产划分层次[EB/OL]. http://zhidao.baidu.com/question/210971620.html.

火灾事故,可以说造成多起火灾事故的主要原因在于当地急功近利的旅游开发。古城开发的过度商业化问题也引起了相关管理部门的重视,例如,2014 年,国家文物局就对丽江古城的商业化倾向提出警告,并且要求严控周边新建项目①。有些地方政府管理中过于重视经济效益,不仅不能有效保护文化遗产,而且可能会激化与当地居民和商户之间的矛盾。比如,2014 年 5 月,云南大理再次提出征收古城维护费,并于同年 7 月 1 日开始实施《大理市大理古城保护管理办法》,办法中明确规定"依法征收和管理古城维护费"作为古城保护管理局的主要职责之一,收费对象是商户。

为了有效保护文化遗产资源,中国制定了一系列相关法律法规。具体来说,2002 年对《文化保护法》重新修订,2003 年颁布实施了《文物保护法实施条例》。2004 年国务院转发相关部门《关于加强我国世界文化遗产保护管理工作的意见》的通知,2005 年国务院发布了《关于加强我国非物质文化遗产保护工作的意见》,2006 年《世界文化遗产保护管理办法》公布实施,2006 年《国家级非物质文化遗产保护与管理暂行办法》发布施行,2011 年 6月起《中华人民共和国非物质文化遗产法》颁布施行,具体规定了非物质文化遗产的调查、代表性目录、传播传承以及法律责任等方面的内容②。此外,不同地区结合自身实际颁布了多部地方性法规,比如《甘肃敦煌莫高窟保护条例》《四川省世界遗产保护条例》《宁夏回族自治区非物质文化遗产保护条例》《新疆维吾尔自治区非物质文化遗产保护条例》《河南省非物质文化遗产保护条例》《陕西省非物质文化遗产条例》等。

近年来,中国政府、社会和学术团体、非物质文化遗产项目传承人等方面为推进非物质文化遗产保护工作作出极大努力,逐步形成具有中国特色的非物质文化遗产保护制度。

2002 年,中国民间文艺家协会开始实施国家重点文化建设项目"中国民间文化遗产抢救工程"。2003 年,文化部与财政部联合国家民委、中国文联启动了中国民族民间文化保护工程,标志着中国非物质文化遗产保护工

---

① 国内文化遗产保护仍存隐患[EB/OL]. http://culture. people. com. cn/n/2014/0709. html.
② 中国非物质文化遗产网[EB/OL]. http://www. ihchina. cn/main. jsp.

作进入全面的、整体性的保护阶段。2006 年 2 月 12 日"中国非物质文化遗产保护成果展"在中国国家博物馆举办,系统全面地总结和展示了中国非物质文化遗产保护工作所取得的成绩,宣传了非物质文化遗产保护工作紧迫性和重要意义,以加强公众对非物质文化遗产保护的意识。2009 年 10 月,《中国民族民间文艺集成志书》的 298 部省卷本已经全部出版,抢救并保存了大批珍贵的文化艺术资料,其范围涵盖民间文学、民间舞蹈、民间音乐、戏曲和曲艺这 5 个艺术门类,目的在于对中国的民族民间文艺资源进行全面地普查、整理、保存和研究工作。中国已经基本建立国家、省、市、县四级非物质文化遗产代表作名录体系。截至 2009 年底,全国非物质文化遗产普查工作基本完成,经过普查工作,各省(市、区)基本摸清了各地区、各民族非物质文化遗产资源的数量、种类、分布情况和存在状况,抢救保护了一批非物质文化遗产的重要资料与珍贵实物。

二、丝绸之路中国段物质文化遗产保护现状

陕西省作为文物资源大省,在物质文化遗产的恢复、保护、研究方面做出了许多实质性工作。2004 年为了推动档案文物保护的科学研究、技术开发与推广应用,陕西省文物局、档案局与陕西师范大学合作,建设成立陕西历史文化遗产保护科学研究中心。中心开展的具体工作包括:在文物保护方面进行对风化褪色的文物彩绘、古代壁画和建筑彩画的恢复保护;文物彩绘古代壁画的无污染无损去尘;古代字画的高效揭取、去污恢复、抢救保护;古建筑琉璃制品保护和色泽恢复;古代陶器油漆彩绘增塑和加贴;纸制文物抢救保护和修复①;黄土遗址的防风化保护;风化褪色的文物彩绘、古代壁画、建筑彩画的抢救保护。丝绸之路申遗工作 2006 年启动以来,陕西省政府给予高度重视。2013 年 3 月,与国家文物局签署了《关于保护丝绸之路遗产的联合协定》,并将申遗文本提交给联合国教科文组织世界遗产委员会。根据世界文化遗产的规范标准和要求,陕西文物局组织省文化遗

---

① 陕西建立历史文化遗产保护科学研究中心［EB/OL］. http://news. xinhuanet. com/news-center. html.

产研究院编制完成了各申遗点的规划及保护方案。具体完成了汉长安城未央宫前殿遗址保护工程、椒房殿遗址保护展示工程、中央官署遗址、少府遗址、城墙遗址等 40 多项保护展示工程;完成了唐长安城大明宫丹凤门遗址、大福殿遗址、三清殿遗址、太液池遗址等 30 多项保护展示工程;完成了彬县大佛寺石窟、小雁塔及张骞墓的本体保护、加固维修、陈列展示工程①;并且指导宗教部门完成了大雁塔、兴教寺塔的环境整治、本体保护、陈列展示等方面工作。2014 年 6 月"丝绸之路:长安—天山廊道路网"申遗成功,使陕西省世界文化遗产地分布从 1 处增加至 8 处,改变了长期以来世界文化遗产较少的局面。

甘肃省在"十一五"期间文化遗产保护逐步规范化,具体开展了第三次文物普查、丝绸之路申遗、长城资源调查和重点文物保护工作,加强和提高了文物保护工作的水平。"十一五"期间,甘肃通过文物普查工作,共登记各类不可移动文物 17000 余处,其中新发现 6000 余处,尤其是马家塬遗址的考古发掘,曾被评为 2007 年全国十大考古新发现之一。它位于甘肃张家川县境内,遗址墓葬共掘出金、银、铜、陶等殉葬器物超过 500 件,绿松石、玛瑙、玻璃等文物 800 多件②。

在文物保护工作方面,大地湾史前遗址博物馆主体工程已经完成,敦煌莫高窟保护利用工程有序开展。以敦煌莫高窟、嘉峪关为代表,在世界文化遗产地保护管理方面已经积累了一定的经验。2014 年,甘肃省少数民族特色村寨和古镇保护工作进展顺利,包括 87 个少数民族特色村寨列入国家保护与发展试点村项目库③。同时,华夏文明传承创新区的建设,积极恢复少数民族历史文化风貌,获得当地少数民族的支持。2014 年 6 月,甘肃省境内的麦积山石窟、炳灵寺石窟、悬泉置遗址、锁阳城遗址和玉门关遗址等 5 处遗产地成为世界文化遗产,跃居全国世界文化遗产大省行列。今

---

① "丝路"申遗成功陕西文化遗产将迎来世界目光[EB/OL]. http://news.china.com.cn.

② 甘肃文化遗产保护步入规范化轨道[EB/OL]. http://www.chinanews.com/cul/2010/12-29/2753022.shtml.

③ 甘肃少数民族文化遗产保护[EB/OL]. http://www.szdaily.com.cn/n/2015/0109/c328-5598001.html.

后将进一步履行世界文化遗产保护管理责任,培育挖掘世界文化遗产地的品牌价值。

新疆维吾尔自治区已经形成政府主导、学术支持、社会参与的少数民族文化遗产保护格局,各民族优秀文化遗产得到保护和发扬。一直以来,政府有组织有步骤地对各少数民族文化遗产进行搜集、整理、翻译和出版,并且保护了少数民族的珍贵文化和历史文化遗产,使各民族优秀文化遗产得到继承和发展。2012 年浙江省文物局、新疆维吾尔自治区文物局、浙江大学和塔里木大学共同签订了《新疆文化遗产保护与研究战略合作框架协议》①,依托浙江大学科技成果和塔里木大学工作基础,进行遗址和民俗等遗产资源调查,进行文物资源数字化采集、遗址环境监测,培养新疆文物系统、塔里木大学的文化遗产保护研究人员,建设文化遗产保护和数字化技术等方面的研究平台,规划建设新疆文化遗产保护数据资源库,文化遗产数字化公共服务平台和专题资源库。2013 年,新疆维吾尔自治区文物局在自治区文物保护中心设立"新疆维吾尔自治区世界文化遗产监测中心",主要负责新疆世界文化遗产监测、保护的技术咨询和指导工作。2014 年 6月,高昌故城、交河故城、北庭故城等 6 处文化遗产地成为世界文化遗产。

青海省根据每年 6 月举办的"文化遗产日"活动,宣传文化遗产在经济社会发展中发挥的重要作用,宣传其在文化遗产保护工作中取得的成绩,提高了公众的文化遗产保护意识。2014 年 5 月,青海省政府组织召开了青海喇家国家考古遗址公园建设工作会议,会上介绍了该考古遗址公园申报情况和下一阶段的工作内容,对《喇家国家考古遗址公园建设行动方案》进行了说明②。该遗址是迄今发现的中国唯一一处大型灾难遗址,以青铜时代早期齐家文化为主,兼有马家窑文化、辛店文化内涵的聚落遗址,保留了4000 年前大地震、黄河大洪水等多重灾难遗迹,被认为是非常珍贵的史前灾难遗址。它在 2013 年列入国家文物局公布的第二批国家考古遗址公园立项名单之中,成为该省首个获批立项的考古遗址公园。

---

① 浙江新疆牵手保护、研究新疆文化遗产[EB/OL]. http://www.iyaxin.com.
② 青海喇家国家考古遗址公园建设实施[EB/OL]. http://news.xinmin.cn/domestic/2014/05/07/24244695.html.

宁夏回族自治区通过对沙湖、沙坡头等知名度较高景区的进一步宣传和推广,旅游业得到了快速发展。近年来,宁夏文化遗产保护主要包括对西夏王陵陵园遗址、水洞沟遗址博物馆、自治区博物馆的规划、建设和保护工作。西夏王陵陵园遗址作为了解西夏历史、探寻西夏文化的重要历史遗址,对陵园遗址整体环境保护已经奠定良好的基础,对文化内涵发掘和软件服务等方面将实现进一步的提升。2011 年西夏王陵申报世界文化遗产,并建设国家考古遗址公园,其管理处积极推动各项工作,力争在 2015 年能够成功申报为世界文化遗产。2011 年,国家文物局与自治区政府签订了《关于合作加强宁夏文化遗产保护工作的框架协议》①,国家文物局将继续对宁夏文化遗产保护工作提供支持。

河南省在文化遗产保护方面,近年来建立了初步的文物保护法规体系。根据国务院关于建设中原经济区的指导意见,提出建立华夏历史文明传承创新区,将逐步建设“世界遗产保护研究基地”。2012 年,首届世界文化遗产保护与传承论坛在洛阳龙门石窟举行②,国内外专家分享和总结了世界文化遗产保护的经验和教训,探讨文化遗产的保护、研究、利用等方面问题。2014 年河南省参与“中国大运河”和“丝绸之路:长安—天山廊道路网”两个项目的申遗,成为国内唯一同时成功申报两项世界文化遗产的省份。

三、丝绸之路中国段非物质文化遗产保护现状

陕西省非物质文化遗产类型丰富多样,文化积淀深厚。自 20 世纪 50 年代,就进行了一些对省内民间文化的抢救、搜集和保护研究工作。经过多年的不懈努力,1980 年以后,编写出版了《中国民族民间文艺集成志·陕西卷》,使得许多濒临消亡的地方优秀民间艺术得以保存。为了便于开展非物质文化遗产保护工作,制定了一系列相关法律法规。2006 年,《陕西省非物质文化遗产代表作申报评定暂行办法》发布,随后陕西省文化厅印发

---

① 国家文物局表示将一如既往支持宁夏文化遗产事业[EB/OL]. http://culture.people.com. cn/GB/15081238.html.

② 河南举办首届世界文化遗产保护与传承论坛[EB/OL]. http://news.xinhuanet.com.

《陕西省非物质文化遗产普查工作实施方案》,同年,"陕西省非物质文化遗产保护中心"正式挂牌成立。2006年,24个项目列入首批国家级非物质文化遗产保护目录。2007年,陕西省人民政府将145个项目列入省级第一批非物质文化遗产名录。2014年5月1日起,《陕西省非物质文化遗产条例》颁布实施,将进一步推进名录体系、传承人命名、遗产普查和重点项目保护等方面工作。目前,陕西省拥有国家级非遗项目62项、省级项目453项、市级项目1127项、县级项目2292项,西安鼓乐等项目被列入联合国教科文组织"人类非物质文化遗产代表作名录"①。

甘肃省历史文化底蕴深厚,拥有丰富多样的非物质文化遗产。2004年,开始启动非物质文化遗产保护工作。2005年,各类普查人员开展了非物质文化遗产普查工作,调查走访民间艺人和传承人,整理出16大类4133项非物质文化遗产项目。2006年发布《甘肃省政府关于进一步加强文化遗产保护工作的意见》,为非物质文化遗产保护工作提供指导。截至2011年,甘肃列入国家级非遗项目61项,省级名录264项,市级名录811项,县级名录2422项,"花儿"被列入联合国"人类非物质文化遗产代表作名录"②。2014年6月14日,甘肃省文化遗产日活动主题是"非遗保护与城镇化同行",展示了国家级、省级传统技艺类非遗项目,展现了国家级传统音乐、曲艺类非遗项目。2014年12月,国家文化部公布了第四批国家级非物质文化遗产代表性项目名录,甘肃承靖古建筑修复技艺列入国家级非物质文化遗产代表性项目名录,天水市张家川花儿、天水丝毯织造技艺、定西通渭影子腔、承靖生铁铸造技艺等6项入选扩展项目名录。

新疆维吾尔自治区非物质文化遗产绚丽多姿,农耕文化与草原游牧文化相互交融,形成了丰富独特的文化形态。非物质文化遗产启动至今,取得了一定的成绩。2003年,"新疆非物质文化研究中心"成立,承担非物质文化遗产抢救、保护工作,随后,该中心召开了关于非物质文化遗产保护传承方面的国内学术研讨会。2010年,3个项目入选"人类非物质文化遗产

---

① 陕西省非物质文化遗产条例实施[EB/OL]. http://www.snwh.gov.cn.
② 甘肃已有61项非物质文化遗产项目列入国家名录[EB/OL]. http://news.xinhuanet.com.

代表作名录",成为全国拥有世界级非遗项目最多的地区。截至 2012 年，新疆拥有非遗项目数量共计 3784 项。其中国家级非遗项目达到 70 项、自治区级 185 项、地级 535 项、县级 2480 项。此外，国家级代表性传承人 47 名，自治区级代表性传承人 360 名。已经初步形成国家级、自治区级及地、县四级"非遗"名录体系。

青海省作为中华文明的发祥地之一，留存许多弥足珍贵的非物质文化遗产。青海省政府确立了省际非物质文化遗产保护工作联席会议制度，解决保护工作中的存在的问题，指导非物质文化遗产保护工作。青海省文化行政管理部门成立了"非物质文化遗产名录评审委员会"，公布了《青海省非物质文化遗产名录评审工作规则（试行）》，制定了《青海省省级非物质文化遗产代表作申报评定暂行办法》，为省级项目和国家级推荐项目的评审工作提供指导。批准成立了省非物质文化遗产保护中心，建成开放了青海省民俗博物馆。全省已有国家级非物质文化遗产项目 64 项、省级项目 86 项；国家级非遗项目代表性传承人 40 位、省级代表性传承人 159 位；热贡艺术被列入联合国"人类非物质文化遗产代表作名录"，同时也是格萨尔、花儿、藏戏等项目的保护省份之一。通过开展非遗普查工作，进行项目和传承人登记记录，形成了以《青海花儿大典》《青海省首批国家级非物质文化遗产名录丛书》等代表性的主要研究成果。青海省政府依托每年的文化遗产日活动，举办国际唐卡艺术和文化遗产博览会，进行非物质文化遗产的宣传和展示，积极提高青海的知名度和影响力。2014 年 12 月，国务院公布了第四批国家级非物质文化遗产代表性项目名录和扩展项目名录，青海省共有 9 个项目入选，目前该省入选国家级非物质文化遗产代表性项目名录的已达 73 项①。

宁夏回族自治区拥有的非物质文化遗产类型多样，且分布较为广泛。2005 年，宁夏非物质文化保护工作全面展开，自治区成立了非物质文化遗产保护中心。同年，自治区政府发布了《宁夏回族自治区非物质文化遗产

---

① 甘肃九个项目入选国家级非遗［EB/OL］. http://www. qhwh. gov. cn/2015/01/05/010146792. shtml.

保护工程实施方案》，开始实施非物质文化遗产保护工程。2006年，自治区政府施行了《宁夏回族自治区非物质文化遗产保护条例》，为非遗的保护工作提供了法律保障。2007年，自治区政府公布了《自治区非物质文化遗产代表作申报评定办法》，初步建立了地方一级的名录申报体系。为了保护一批珍贵的非遗项目，自治区设立了回族山花儿、回族器乐、社火等50个非物质文化遗产保护传承点。同时，还对各传承点给予一定的资金补助。例如，2012年，宁夏支持回族山花儿、回族乐器传承点的发展经费约63万元。目前，宁夏拥有十大类100多个非遗项目[①]。其中，被列入国家级非遗名录包括回族山花儿、回族器乐、回族服饰、贺兰砚传统雕刻技艺等10项；拥有自治区级非遗传承人87名，其中国家级传承人9名。2014年12月，国务院公布了第四批国家级非物质文化遗产代表性项目名录，宁夏小曲、固原砖雕等8个项目入选。

河南省作为文化资源大省，非物质文化遗产极为丰富。2013年9月，颁布通过了《河南省非物质文化遗产保护条例》，明确了非物质文化遗产的调查、代表性项目名录、传承和传播等方面的权利和义务。2007年，河南省政府公布了第一批省级非物质文化遗产名录共计148项入选，其中包括梁山伯与祝英台传说、木兰传说等。2009年，河南省政府公布了第二批省级非遗名录共计154项，第一批省级非遗名录扩展项目共计28项。同时，各地市也公布了市级非遗名录。已经公布的两批1175项国家级非遗项目，河南有65项入选，包括第一批入选项目22项，扩展项目11项，第二批入选项目32项。2014年12月，国务院公布了第四批国家级非物质文化遗产代表性项目名录和扩展项目名录，河南省入选18项。截至目前，河南省共有国家级非物质文化遗产项目79项[②]，涵盖传统音乐、传统舞蹈、民间文学、传统戏曲等九大类别，具有典型的中原传统文化特色。

---

① 宁夏非遗保护传承点已达50个[EB/OL]. http://www.nxfwz.com/a/xinwendongtai/2013/0722/136.html.

② 河南新增18个国家级非遗[EB/OL]. http://hen.chinadaily.com.cn/n/2014-12-08/NEWS69464.html.

四、丝绸之路国际段文化遗产保护现状

(一)中亚五国文化遗产保护现状

中亚五国经济发展水平具有差异,对文化遗产保护的政策和措施也不相同。2014年,第38届世界遗产大会通过了中国、哈萨克斯坦和吉尔吉斯斯坦三国联合申报的"丝绸之路:长安—天山廊道路网",该项目成功列入《世界遗产名录》,以此为契机将会推动世界遗产地的保护和开发,为乌兹别克斯坦、塔吉克斯坦、土库曼斯坦三国承担的丝绸之路申遗项目奠定良好的基础,促进中亚各国对文化遗产保护的重视。

近年来,哈萨克斯坦文化领域处于快速发展时期,一方面通过制定相关法律规范管理行为,正式颁布了《保护和利用历史文化遗产法》,根据时代发展要求修订了新版《文化法》。另一方面,该国不断加大对文化领域的投入力度。2000年确定为文化促进年,2001年哈萨克斯坦文化发展预算是88.56亿坚戈(约合6000万美元),而2010年达到了582.82亿坚戈(约合3.5亿美元)。2004年,纳扎尔巴耶夫总统提出了将文化遗产国家战略作为文化部的工作重点,至2009年进入该战略实施的第二阶段。文化工作者除了进行传统的搜集、研究及修复工作,还应该让历史文化遗产在当代社会生活中得到体现。文化部组织了49项考古研究和12项应用科学研究,对26处历史文化遗迹进行修复①。另外,文化部筹划修建了民族文化中心和"阿里·法拉比"陵墓,在阿拉木图州、东哈州分别设立了"伊塞克"和"别列尔"历史文化保护区。"霍贾·艾哈迈德·亚萨维墓"和泰姆格里考古景观岩刻已被列入《世界遗产名录》,2014年丝绸之路合作申遗成功后,该国境内有8处遗迹入选。文化部通过制定计划,恢复古"丝绸之路"主路上的一些历史文化遗迹。

吉尔吉斯斯坦通过对丝绸之路申遗工作的重视和长期准备,2014年丝

---

① 哈萨克斯坦文化现状与未来战略[EB/OL]. http://www.gmw.cn/content/2010-07/06/content_1170716.htm.

绸之路合作申遗成功后,该国境内 3 处遗迹列入《世界遗产名录》。分别是中世纪古遗迹阿克·贝希姆遗址、布拉纳遗址和科拉斯纳亚·瑞希卡遗址。该国文化部计划按照国际文化遗产保护要求,制定具体管理办法,进行防控和修复工作。主要由当地政府来进行保护工作,所需资金来源于政府和国际基金等方面的资助。该国比较重视文化遗产的保护和维修工作,积极与周边国家展开交流合作。文化部副部长别克契那里耶夫提出,吉中两国在上海合作组织框架内,应该深入进行文化交流,加强两国在旅游领域的合作。目前,该国正在计划对阿克·贝希姆遗址(又称为碎叶城)和布拉纳遗址进行保护和维修①。2014 年 5 月,"丝绸之路经济带世界文化遗产保护专题论坛"在西安举行②,来自中国、哈萨克斯坦、吉尔吉斯斯坦、国际古迹遗址理事会等丝绸之路方面的研究人员,共同探讨丝绸之路文化遗产保护问题。

乌兹别克斯坦较早认识到旅游业在国民经济中具有重要的地位,将旅游业作为支柱产业扶持其发展。发展旅游业过程中利用丝绸之路品牌进行宣传,取得了较好的效果。在文化遗产保护方面,进行了一些具体工作。该国独立后为了更好地保护文化遗产,不少地方建成了民族风俗建筑区和民族风俗露天博物馆。对撒马尔罕、希瓦、布哈拉、费尔干纳盆地、铁尔梅兹、沙赫里萨布兹等地的大型历史建筑群已经进行了大量的修复、保护和改善工作。该国至少拥有 60 多个博物馆,但是博物馆的性质、规模和作用有所不同。1996 年,国家铁木尔王朝博物馆在塔什干对外开放,其规模最大的博物馆都位于中亚古老城市中的 3 个文化保护区之内。2014 年初,撒马尔罕州与中国陕西省在该州首府撒马尔罕市签署建立友好省州关系备忘录,积极促进双方在经济、贸易、文化、旅游以及历史古迹保护和研究等方面共同合作③。截至 2014 年,乌兹别克斯坦的世界文化遗产共计 4 项。

---

① 探访吉尔吉斯斯坦新晋世界遗产[EB/OL]. http://culture. ifeng. com/a/20140629/40940545_0. shtml.

② 丝绸之路经济带世界文化遗产保护专题论坛举行[EB/OL]. http://news. xinhuanet. com.

③ 丝绸之路上的文化熔炉——撒马尔罕市[EB/OL]. http://xjklmy. com/news/news. asp?id=871007.

　　塔吉克斯坦由于受专业人员、支持资金制约,虽然登记在册的超过2000个历史文化古迹,但近15年来有超过100多个历史文化古迹遭到破坏。该国在苏联时期每个地区都会有专人保护历史文化遗迹,在保护历史文化遗产方面发挥了很大的作用,现在的地区领导对其管辖范围内的历史遗迹的重视程度不足①。然而有些地方对所管辖区的文化遗迹保护采取了一些措施,比如,伊斯法里政府建立保护文化遗迹的工作人员编制,而在伊斯塔拉夫的文化遗迹管理都交至市文化处负责。该国相关法律规定,国家政府监管下的历史古迹以及具有历史或文化价值的文件和物品,如果遭到破坏和毁灭,将会受到严厉的惩罚。目前,该国负责文化遗产保护的工作人员人数严重不足,直接影响到保护工作的效率和质量。2010年,普罗图—萨拉则城区遗址成为世界文化遗产。2014年5月14日,文化部副部长、国家文物局局长励小捷在北京会见了来访的塔吉克斯坦文化部部长尚希金·奥鲁姆别科夫一行。双方就中塔两国间文化遗产领域的交流与合作等事项发表了意见。中塔两国希望今后在丝绸之路沿线文物保护、申报世界遗产和遗产地管理等方面进行深入的交流合作,做好丝绸之路文化遗产保护工作②。

　　土库曼斯坦近年来比较重视旅游业的发展,1994年国家旅游公司成立,2006年,总统签发设立旅游和体育发展基金的命令,鼓励旅游业发展,同时该国积极宣传旅游资源,打造旅游品牌。为了更好地开展文化遗产保护工作,努力增强与其他国家的交流。2013年9月,在土库曼斯坦总统府,中土两国举行了签字仪式。在习近平主席和土库曼斯坦总统见证下,西安市委书记魏民洲和土库曼斯坦马雷市市长纳扎罗夫共同签署了《中国西安市与土库曼斯坦马雷市建立友好交流与合作关系协议书》,明确将在经贸、

---

　　①　塔吉克斯坦历史遗产正在面临消失危险[EB/OL]. http://euroasia. cass. cn/news/401247. htm.
　　②　文化部副部长会见塔吉克斯坦文化部部长[EB/OL]. http://www. gov. cn/xinwen/2014-05/16. htm.

旅游、文化、科技、教育、体育等方面开展交流①,特别是在经贸、文化、丝绸之路遗址保护等方面尽快取得成效。马雷市作为该国第四大城市和重要的外贸口岸之一,历史上曾经是古丝绸之路上重要的绿洲城市,现在留存的梅尔古城为世界文化遗产。截至 2014 年,土库曼斯坦拥有 3 项世界文化遗产。

(二)俄罗斯文化遗产保护现状

俄罗斯历来对文化遗产保护较为重视,从完善法规体系、明确管理职责、调动民间组织、多元融资体系等方面,采取许多有效措施来保障文化遗产保护工作。俄罗斯已经制定了文化遗产保护相关法规,对历史文化保护的标准、范围、政府和公民责任、经费来源等方面问题作出规定。比如,颁布的《土地法》中明确了历史景观保护、保护区管理以及土地保护制度等方面的严格规范。俄罗斯还建立了职责明确的管理机构,形成了从中央到地方不同层级的政府管理体系,为文化遗产保护的管理和服务工作提供保障。同时,俄罗斯积极调动民间组织的力量,促进历史文化的保护。以《欧洲理事会 2001 年协约宣言》为框架,很多咨询机构和社会团体参与到历史文化遗产的保护之中,比如俄罗斯历史和文化遗产促进中心就是典型代表。该国还建立了多元化的融资体系,为历史文化保护提供充足的资金。资金主要来源:一是政府财政收入的拨款;二是吸引民间资本投资;三是积极寻求国际社会的资助。《俄罗斯联邦文化基本法》中明确规定,联邦预算的 2%、区域预算 6%均用于文化事业,其中 70%用于文化遗产保护。除此之外,地方还可以从多种渠道筹集资金。

2001 年,俄罗斯文化部推出"俄罗斯文化"联邦计划,其目的在于保护文化遗产,尽量减少政府干预,鼓励公民保护行为,强化对外交流与合作。计划大致分为三个阶段:第一阶段(2001—2005 年)基本遏制了文化衰落,国家财政支持加强,避免一批文化遗产流失。第二阶段(2006—2010 年)通

---

① 西安与土库曼斯坦签署协议[EB/OL]. http://news. cnwest. com/content/2013－09/08/content_10011062. htm.

过多样性文化活动的举办,弘扬俄罗斯传统文化,促进其文化遗产保护。

第三阶段(2011—2018 年)。2002 年,颁布实施了《俄罗斯联邦文化遗产法》,这是俄罗斯在国家文件中首次使用"文化遗产"的表述。2012 年,普京签署了《俄罗斯联邦文化遗产法》修正案,增加了受保护的传统村落数量,将更多文化遗产纳入到法律保障的范围内。2013 年,签署《俄罗斯联邦行政违法法典》修正案,规定破坏文化遗产的行为最高罚金为 6000 万卢布①,为更好地保护文化遗产不受破坏提供了法律支持。

俄罗斯文化遗产保护资金主要来源于各级政府,其文化遗产达 14 万处之多,国家预算不可能满足各方需求,近年来也积极借助私有资本修缮破败古迹,甚至不惜将文化遗产转为私有。2012 年,莫斯科大胆尝试通过了"一卢布租赁计划",规定对莫斯科破败古建筑、庄园实行廉价租赁,若承租人在缔约之日起 7 年内对古迹进行维修,就可以每平方米 1 卢布的租价获得最长为 49 年的租赁期②。此外,俄文化与大众传媒部联合"恢复俄罗斯庄园"国家基金会设立了"国家文化遗产奖",莫斯科也设定了历史和文化遗产日等,这些措施都有助于增进人们对文化遗产的了解,帮助人们树立保护和活化的意识。

俄罗斯不仅在保护物质文化遗产方面具有悠久的传统、完备的法制体系以及自觉的公众意识,近年来对非物质文化遗产的保护也极为重视。俄罗斯先后颁布了一系列相关的法律规范,将非物质文化遗产保护工作与文化发展规划、文化安全战略规划相结合。2006 年通过了《俄罗斯 2015 年前发展文化、大众传媒基本方针》,认为非遗保护必须解决增加资金投入、完善法律法规、吸引青少年传承这三大问题。2008 年俄罗斯文化部实施《2009—2015 年保护和开发俄罗斯非物质文化遗产纲要》,目的在于保护和开发不同类型的非物质文化遗产。2009 年确定了《保护俄罗斯联邦民族非物质文化遗产 2009—2013 总纲领》,很多联邦主体制定了非遗保护法律和规划,形成了非遗保护体系。

---

① 普京:古迹保护不力最多可罚 6000 万卢布[N].中国文化报,2013—05—28.
② 俄罗斯,创新模式谋平衡[N].人民日报,2013—10—29.

第五章 丝绸之路经济带文化遗产保护的问题与对策

一、文化遗产保护的主要问题

新近成功申遗的"丝绸之路:长安—天山廊道路网"线路跨度近 5000 公里,沿线包括中心城镇遗迹、商贸城市、交通遗迹、宗教遗迹和关联遗迹等 5 类代表性遗迹共 33 处,申报遗产区总面积达 42680 公顷,成为世界上第一个以联合申报的形式成功列入《世界遗产名录》的丝绸之路项目,也是中国拥有的第一个跨国联合申报世界遗产的项目。线状文化遗产是近年来国际上新兴的文化遗产保护领域,主要是指在拥有特殊文化资源集合的线形或带状区域内的物质和非物质文化遗产族群。丝绸之路大型跨国文化线路中包含了丰富的遗产类型,主要文化遗产资源类型可分为古城遗址类、皇家宫殿遗址类、寺庙类、塔类、宗教石窟艺术类、陵墓类、军事遗址类等。文化遗产作为国家和民族的文化命脉,作为人类社会可持续发展的特殊资源,必须得到妥善保护。文化遗产保护是指针对文化遗产价值的调查、评估、认定、研究、展示、利用和传承,对文化遗产本体的保存、保全和修复,以及对文化遗产相关环境的控制与治理等。由于对遗产的价值、性质、功能和传承性缺乏认识,实行中,单从局部利益出发,极易导致遗产的人工化、商业化和城市化,严重损害遗产价值。丝绸之路经济带文化遗产保护的主要问题简要分析如下。

(一)对文化遗产价值认知水平低

1985 年,中国加入了《世界遗产公约》,1987 年成功申请了首批包括长城、故宫、秦始皇陵及兵马俑等在内的六处世界文化遗产,由此中国开始融入国际文化遗产保护体系,文物保护思想也开始向文化遗产保护思想转变。国家"十二五"发展规划提出要"拓展文化遗产传承利用途径",《文物博物馆事业发展"十二五"规划》进一步强调要更加注重"文化遗产保护理念的转变"和"文化遗产保护模式和利用途径的创新"。由于缺乏资金、保护观念还未深入人心等原因,对遗产的价值、性质、功能和传承性缺乏认识,特别是不能深刻认识文化遗产的文化价值。

文化遗产旅游对一个国家和地区的政治经济文化带动作用日趋增强。大部分游客都参加过文化遗产旅游活动,这种文化消费行为,与价值认知密不可分。

遗产具有多方面多层次的价值,然而在实际利用中则过多偏重于旅游开发,对遗产保护技术层面的问题虽然已经有广泛的讨论和共识,但在实践中依然让位于各种开发。面对遗产地保护和利用的矛盾,国内外诸多学者探讨了遗产资源保护与利用的关系。多元化的相关利益主体、多样化的利益需求、多方式的利益实现途径,构成了一个实际运行中错综复杂的利益网络。文化遗产保护缺位、保护不力的现象普遍存在。世界遗产地和一些保护区可能会因游人增加和旅游发展而不断给当地造成一些压力。同时对这些地方的综合利用,也可能会对当地居民或者居住在周边的人们造成一些不利影响。在许多地方,遗产地当地居民参与其中提出意见的机会却非常少,甚至根本没有咨询居民关于对其赖以为生的居住环境进行改变的意见。

国际学者认为,在中国人们更多地将世界遗产看作是一种旅游发展和市场营销的品牌,因而快速的旅游发展对脆弱的遗产资源施加了不断增长的压力。杨文顺(2013)认为伴随着大规模的现代化建设和城市化进程,中国一些民族地区许多历史文物遭到破坏,许多传统民居和历史街区逐渐消失,文化空间被整体异化;受经济利益的驱动,对民族文化遗产的破坏性开发尤为突出;重开发,轻保护,重经济价值,而轻人文价值;许多重要的少数民族非物质文化遗产后继乏人,面临失传。具体而言,在民族文化遗产管理领域集中存在着"保护意识淡薄,重申报、轻管理的现象比较普遍;管理

体制不顺,多头管理,管理层次总体偏低;保护与管理法制不健全,存在有法不依和无法可依的情况;保护管理经费严重不足"等问题。以上这些问题的存在其根本原因在于对文化遗产的价值没有正确的认识,不清楚"保护什么,利用什么",因而也就无法处理好保护与利用、长远与近期、整体与局部的关系。

(二)文化遗产保护与经济发展的矛盾

人类在融入现代生活的过程中与自身的文化传统产生断裂的现象时有发生。目前世界上多数国家都是以遗产旅游的方式进行开发和利用。世界遗产是人类共同的资产与财富,在经济学上属于"公共资产"或"公共产品",由于对文化遗产价值认同度较低,保护文化遗产的重要性没有得到应有的重视,以致在暂时未找到文化遗产保护与经济发展的协调之道时,以发展经济为名破坏传统文化遗产,因而在开发及利用过程中极易产生"公地悲剧"。两种常见的表现形式有:一些世界遗产地因过度商业化或城镇化开发而出现对遗产资源实体的一种外在破坏;一些遗产资源的文化内涵因遗产品牌遭商业利益的驱使而滥用所致的不同程度的损毁。

在过去的几十年里,受经济和社会因素的深刻影响,中国的文化遗产遭受了较大的破坏:在国家大规模的现代化建设和城市化进程中,尤其是无约束的建筑热和房地产投机活动,使许多重要的历史文物遭受了严重的破坏;受经济利益的驱动,文物盗掘、盗窃和走私活动屡禁不止;在文物古迹的开发利用过程中,尤其是旅游业发展中的不当开发和过度利用,对文物本体及环境造成了较大的破坏;环境污染对文物的威胁愈来愈严重等。实际中,遗产的人工化、商业化和城市化现象普遍存在。文化遗产事业还没有得到全社会的充分认知,大量经过千辛万苦挖掘整理出来的文化遗产更像是标本一样被安静地放进了博物馆里呵护和珍藏,她们远远未能发挥出应有的对当代社会发展的重要启迪和指引作用。

撒马尔罕是乌兹别克斯坦第二大城。1868年起,俄国人开始统治乌兹别克斯坦的撒马尔罕并促进了其近代化的发展,城市经济不仅得到复苏,而且铁路、学校、工厂、医院等基础设施的建设带动了整个城市的重新快速发展。新的城区建设在古城的西侧,遵循统一的总体规划,以放射格网式的道路体系为骨架。同时,这一时期的建设也对撒马尔罕古城造成了部分破坏,例如拆毁了帖木儿古城的城墙和城门以及一些纪念碑等。梁学成(2008)等研究指出中国陕西秦始皇陵及兵马俑品牌被滥用的状况已相当严重和混乱,不仅对秦兵马俑的品牌形成一种冲击和威胁,也容易在一定程度上让人们对其丰富的文化内涵产生误读。注重保护世界文化遗产的品牌内涵,其实质就是对世界遗产资源的一种深层次保护和开发,它把世界遗产的文化价值与品牌价值有机结合在了一起。

(三)文化遗产保护与利用的矛盾

旅游资源是人类独一无二的、具有不可再生性、不可替代性的稀有公共资源,不仅是当地居民或政府的,更应该是全人类共同拥有和继承的。旅游资源的公共物品性质使得旅游资源开发具有负外部性和强烈的责任规避与搭便车现象,导致了资源利用无度以及公共秩序混沌失序。因此,对于旅游资源,特别是遗产旅游资源的保护和保存应该是第一位的,且开发利用应该是可持续的。随着旅游业的迅速发展,有限的遗产资源面临着旅游市场迅速扩张的巨大压力,而盲目粗放式的开发利用造成的"公地悲剧"给遗产资源环境带来严重的破坏。世界遗产委员会明确规定原真性是检验世界文化遗产的一条重要原则。而区域经济的发展、旅游的商业化对文化遗产的原真性也有着较大的负面作用,非原真性被很多学者认为是起源于商业化进程;遗产旅游可能导致文化的标准化和本土现象的全球化。

陈勇(2005)指出在发展遗产旅游的过程中,文化事件和吸引物的原真性常常被刻意展示和扭曲以迎合"客人"和"主人"的需求。李树民等(2014)认为巨大的经济价值常常威胁到文化遗产的存在、文化遗产中的文化价值以及文化的多样性;文化遗产的开发常常造成文化遗产资源的不可逆转的破坏、环境污染和过度拥挤等负外部效应。有这样一种"申遗"成功后的普遍现象:一旦某地的项目被列入世界遗产,其品牌效应便迅速放大,成为旅游业的"金字招牌","申遗"的意义很大程度上被放大为对GDP的贡献率,并被遗产所在地政府津津乐道,而进行有效的遗产保护却被抛在

脑后。"丝绸之路:长安—天山廊道路网"申遗成功之后我们需要怎样面对世界遗产的保护和利用问题,这是值得深思的。

(四)文化遗产保护行业的相对封闭性

很长时间里,在一些地方,文化遗产的保护只是少数从事文化遗产专职工作的行政人员和研究人员的"专利":在考古发掘现场,往往仅有少数几个工作人员在围绳和彩条布内进行专业操作,而住在遗址周围的百姓很少有人意识到这与他们之间有着什么样的紧密关系;当许多旅游景点为疏导如织的人流而费尽心机时,众多博物馆在忍受着门可罗雀的寂寞;在一些文物库房,许多珍贵的丝织品、木质文物自出土之后一直浸泡于刺鼻的化学液体之中,而难与世人谋面……这种现象至少说明许多文化遗产与世人是隔绝的,许多人与文化遗产是有隔膜的。文化遗产具有专业性,考古学家等专业人士责无旁贷,经由他们的介绍和宣传文化遗产才能为普通民众所亲近、感知和热爱。文化遗产的价值和内涵又是需要挖掘、整理和重构才能为世人所认识的,也只有文化遗产价值得以彰显,保护才真正有效,文明传承才得以为继。

当前世界文化遗产事业面临着城市化浪潮的巨大挑战和文化遗产事业加速发展的重要机遇。社会公众对文化的需求越来越强烈,对文化遗产的认知及渴望更是超过以往。在此背景之下,我们应该充分认识到文化遗产行业开放性、融合性的时代特点,将文化遗产保护看作是整个社会文化环境保护的一部分,创造一个全体社会公众关注文化遗产保护的氛围。动员社会公众自觉投入文化遗产保护领域、了解文化遗产保护的各项政策、关注文化遗产行业的动态,是各国加强文化遗产保护工作的必要举措,也只有相信群众、依靠群众,才可以保障社会公众参与、监督文物保护这项文化权利得以实现。寻找一个更有效的平台以争取更多资源、吸引更多民众参与文化遗产保护与宣传,是我们必须面对和解决的问题。当公众的文化需求被有效满足的时候,公众才有可能实现由文化传统的分享者到文化传统的自觉者、传承者的身份转变,全社会范围内文化遗产的保护和国家文化的传承才拥有了最坚实的力量和基础。

(五)保护经费投入的极端匮乏和保护人才的极度短缺

目前众多遗产所在地人民政府往往过度关注世界遗产带来的知名度和经济效益,动用远远超出当地经济发展现实实力所可以负担的资金进行申遗,而对遗产景观大量日常性的基础维护工作重视不够,投入不足。然而,相对于"申遗"期间的巨大开支,"申遗"后保护和维护费用的严重短缺已成普遍现象。单霁翔认为中国文化遗产保护经费投入是极端匮乏的,保护人才是极度短缺,与经费问题相比,专业人员的匮乏更令人担心。中国文物学会世界遗产研究委员会秘书长丹青指出中国遗址保护费用稀缺现象比较严重,项目账面上的保护费用许多实际也用于他处;资金配备体制不健全、层层盘剥分流、商业盈利意识大于保护意识是导致这种状况的主要因素。以中国陕西兵马俑博物馆为例,维护费用年均仅几百万元,作为中国首个成功申遗的著名世界遗产,兵马俑博物馆每年的保护经费应该说是捉襟见肘,不能够满足正常保护和管理的开支需要。受到中亚各国的经济发展水平所限,丝绸之路经济带沿线的各国文化遗产保护的专项经费也是比较匮乏的,"丝绸之路:长安—天山廊道路网"的申遗成功应该发挥其提升遗产价值、增强社会保护意识的作用,对旅游合作起促进作用,在此基础之上为文化遗产的保护和管理工作打开一个新局面。

以中国为例,文化遗产保护事业的人才队伍面临和存在着一些突出的问题。主要表现为:当前70%以上的省级文物行政部门管理层级不规范,75%的市、县级政府未设立文物行政管理机构;大多数省级文物行政部门编制异常紧缺,连最基本的日常工作都难以为继;省级文物行政部门人员编制严重不足,与法律赋予的繁重而艰巨的行政职责极不对等。截至2013年,全国文化遗产行业11万人的队伍中,学历层次整体偏低、专业技术力量不足、专业知识更新缓慢、队伍的素质和能力亟待提高,现有专业人才队伍存在较大的缺口。

(六)各国文化遗产保护面临的一些具体问题

总体而言,丝绸之路经济带文化遗产保护与开发活动对于传统文化的

传承、旅游的发展等领域起到了显著的促进作用,但是在当前的保护利用工作中仍然存在一些具体问题。比如遗址保护与城市建设的冲突、保护观念和手段的急功近利、理论研究落后于保护利用实践、文化宣传方面力度不够、文化展示比较单一、群众参与互动项目匮乏等。

丝绸之路沿线是世界上少有的古代城址集中分布区域,尤以中国西北地区分布最为集中。其中比较著名的古城遗址有敦煌古城、西海郡故城和交河故城等。近年来由于城市化的快速发展,古城遗址不可避免地与城市建设发生冲突,面临着在布局、功能上的协调困境,同时遗址本身也存在着如何保护与利用的问题。中亚最古老的城市之一乌兹别克斯坦的撒马尔罕古城曾经遭受部分破坏,例如拆毁了帖木儿古城的城墙和城门以及一些纪念碑等。客观而论,由于国力和社会发展水平的限制,撒马尔罕古城的保护与规划尚处于起步阶段,从当地建筑师、规划师所做的部分工作看来,历史保护规划中的一些观念、意识和技术手段也不免显得较为片面和追求急功近利。历史城镇往往是不同元素混杂的复合体[①]。由于撒马尔罕的历史区域与世界文化的综合和交流有密切关系,专家认为过去在古城的整体保护中,仅仅考虑遗迹部分是不够的,以后还要考虑到此历史区域的整体性。不可挽回的是,主要遗址周围的几个区域,包括 Registan 广场、Bibi-Khanum 清真寺和 Gur-Emir(帖木儿墓)周边的传统风貌区,很大程度上已经消失。因此,古城保护的总体规划除了要关注建筑遗产外,还应该致力于现存居住区的整体保护,以及整合和复兴已经被破坏的周围区域。

丝绸之路沿线很多城市在古代是整个国家或区域的政治、经济中心,因此皇家宫殿遗址广有分布。如陕西省的汉长安城未央宫遗址、唐长安城大明宫遗址等,河南省的汉魏洛阳城遗址。这些遗址由于大都位于现代城市的中心或边缘地带,面临着保护与发展的困境。丝绸之路沿线分布有大量的儒、佛、道等宗教的活动场所,有些至今仍有香火,如西安兴教寺;有些仅存遗址,如新疆苏巴什佛寺遗址。然而,目前中国宗教活动场所的旅游

---

① 1976 年 UNESCO 关于历史性的区域(第 3 段)中的陈述:"每一历史区域和其周围的环境应该被看作是一个密切的整体,对于这个整体的平衡来说,人类行为、建筑、空间组织和环境的融合十分重要。"

开发模式相对单一,主要停留在参观层面,游客的参与性差,体验不足。丝路沿线的陵墓类文化遗产,大多由于管理单位体制束缚、缺乏保护资金、保护手段有限等原因,陵墓类遗产旅游多是以博物馆的方式展示,抑或是尚未对游客开放。这种静态展示方式对展现陵墓遗产的丰富文化内涵往往不够深入,导致旅游者遗产旅游体验不足。

最初佛教是沿着丝绸之路传到中国的,因此丝绸之路沿线也成为中国石窟艺术最丰富的地区,比较著名的如丝绸之路起点的中国洛阳龙门石窟,陕西彬县的大佛寺、子长钟山石窟,甘肃境内的莫高窟、麦积山石窟,新疆境内的克孜尔石窟等。这些石窟大都存在一定程度的旅游开发,有些石窟开发相对成熟,如世界文化遗产敦煌莫高窟和洛阳龙门石窟,但大多数石窟旅游开发层次浅,没有深入挖掘佛教文化和石窟艺术文化、完善景区解说系统,同时普遍存在石窟艺术遭受破坏的情况。随着龙门石窟景区旅游业的迅猛发展,过度的商业化开发使得龙门石窟遗产资源正在遭受着前所未有的破坏。在商品经济的冲击下,龙门石窟景区正面临着旅游业超载和错位开发的严重威胁。景区保护与开发关系的不协调是景区在发展过程中存在的最突出矛盾。

丝绸之路沿线也同样存在和反映文化遗产理论研究落后于保护利用的实践的问题和现象。再以中国洛阳龙门石窟景区为例,景区管理者"重开发,轻保护",没有以可持续发展理念为指导思想,在开发利用的过程中,一方面过多地采取了"人工化"和"商业化"的手段改造景区,从而破坏了景区的原风貌;另一方面来自自然界正常天气变化如风吹日晒、雨淋霜打,以及天灾如洪水等,也对龙门石窟石像岩质带来了影响,对龙门石窟整体景观造成了一定程度的破坏。就文物保护而言,中国于20世纪60年代就已将龙门石窟列为重点文物保护单位,开始了对其初步的保护与维修工作。但直至80年代才开始引进学习世界遗产保护开发理论,对国内重要文化遗产进行了新的研究和保护。总体来讲,如何对中国世界遗产进行科学保护与开发的理论体系正在建设中,目前显得不甚完善,因而龙门石窟文化遗产在保护开发的过程中,缺少一些理论指导,在开发过程中出现了一些对石窟的利用优先于保护的现象。

信息传媒和外来文化的冲击,非物质文化遗产保护迫在眉睫,保护和发展非物质文化遗产已成为必然的文化诉求。伴随着经济全球化,以及西方的文化观、价值观的冲击,加上民族文化遗产由于自身传播方式的脆弱和法律、政策、群众意识的保护不足,丝绸之路沿线非物质文化遗产保护令人堪忧。专家认为"丝绸之路:长安—天山廊道路网"中国段是历史上西北丝绸之路沿线区,今天这里多元的文化内涵,蕴涵民族精神家园的非物质文化遗产正在受到猛烈冲击。由于自然条件、宗教信仰、历史变迁等因素的影响,勤劳智慧的西北各族人民创造的具有鲜明地域色彩和民族特色的民间艺术正在迅速流失、濒临绝迹,不少民间技艺正在消亡、大量民间器物已经流失,缺乏非物质文化遗产的教育及人才的培养体系,传承渠道不畅;无形的风俗习惯、社交礼仪、曲艺服饰、传统工艺等非物质文化遗产,更是没有认识到它的深层价值;西北丝绸之路沿线口传文学自然流失,掌握一定传统艺术技能的民间艺人已为数不多,后继乏人;传统戏剧表演艺术正在逐渐消失等等。

由于旅游资源禀赋、国家或地区经济发展水平以及旅游业的产业地位不同,丝绸之路沿线国家和地区文化遗产旅游发展水平迥异。不均衡性为合作带来不少挑战的同时,也带来了更多的机遇。各国对旅游业的重视程度不一,表现在政府政策及发展方略上呈现差异;各国各地区旅游业发展的阶段不同,表现为旅游业在地区经济或者国民经济中所占权重的不同;旅游业发展的模式各异,表现为是重速度还是重质量或者粗放式还是内涵式发展途径;旅游业发展的绩效也存在差异,表现为对经济社会文化的综合影响力有别,或者相互间的内在关系不同。由此,整个经济带内的国家和地区需要在合作观念、认识、思路、框架和做法上统一协调,整体保护;整合资源,共享保护技术和方法。

二、文化遗产保护的对策建议

丝绸之路经济带沿线各个国家由于社会经济发展水平和城市建设的情况不同,保护的重点也不一样,但保护好城市历史文化遗产的目标和原则应该是基本一致的。此外,丝绸之路的国际部分应具有线路的多选性;

由于涉及国家和地区较多,还要加强政策协调,共营国际区域合作好环境;考虑到丝绸之路沿线地区多为草原与荒漠,生态环境薄弱,在发展文化遗产的旅游过程中同样要强调生态保护,以促进丝绸之路经济带旅游可持续发展。

(一)提高文化遗产价值认知水平

"遗产"包含两种最基本的维度,即遗产的客观存在和人们对遗产的主观认知。人类在认知上的复杂性、多样性和差异性不仅贯彻在遗产运动、遗产体系和遗产学等历史事件和研究领域,也呈现在各种认知遗产的不同向度(站在特定立场对遗产的透视)以及不同的向度所出现的不同维度(对遗产认知所形成的范围)的"工具"价值。文化遗产具有多样化价值构成及表现方式,各组成要素处于价值体系的不同层次,具有差别化的功能及作用。文化遗产价值体系具有包括类型的多样性、要素的有机性、系统的层次性、发展的阶段性、主体的差异性及利用的公平性等在内的多重特点。人类所持有与表现的对遗产总的看法和行为方式具有一定的文化意义和社会意义,并且建立在一定遗产价值认知基础之上的遗产价值观,反映了人类对待遗产的根本态度,影响着人类对遗产的行为表现,决定了遗产保护和利用的最终走向。文化遗产的遗产价值认知和阐释应该是保护、利用与传承的关键因素,而对于文化遗产价值体系基本特点的深入研究则有助于做好有关遗产保护与传承的相关工作。

文化遗产是静态的历史见证物,向社会传递丰富的历史文化信息,具备与生俱来的历史价值、科学价值和艺术价值。遗产是构成文明和国家(民族)文化的一大基本要素,文明发展过程中的历史遗存荟萃人类创造的物质文明,蕴含人类积淀的精神遗产,凝聚深厚丰富的文化内涵,文化遗产具有深刻的文化性。

文化遗产本体价值与民族、民众的物质生活息息相关,而与精神生活密不可分的认知价值——文化价值居于价值体系的核心地位,发挥文化遗产最主要和最重大的功能。文化价值是一种具有抽象意义的综合价值,作为价值的最终指向物,它既是所有价值的一种综合,更是所有价值的一种

超越。文化价值是指某一较长时段期间所形成的能够起到为族群共同理想而达成的对具有普遍约束力的规则,意味着身份象征、民族自信心及文化认同等,它具备的可供个体、群体吸取精神营养的源泉功能,其根本性的价值在于籍此促使人们对现在、对未来产生富有智慧性的思考和启迪。文化遗产的文化价值位居价值体系的核心地位。

文化遗产从更深层次的意义上看,还直接体现一个国家(民族)的成就、价值和信仰,在形成国家(民族)共同的身份认同感和归属感进程中发挥着重要的作用。在当今强调国家文化竞争力的国际背景下,世界各国都愈发重视文化软实力即一国对于他国的与硬权利相别的同化力或吸引力。如何面向传统文化寻求软实力的彰显和提升,这当中,文化遗产必然肩负着弘扬国家(民族)文化、增强国家(民族)认同感的历史任务。

(二)注重转变文化遗产保护理念

世界遗产的开发利用必须制定出合理的规划,按照可持续发展的理念,在满足当代人游览和科学利用需要的同时,一定要尽最大努力把世界遗产保护好,满足子孙后代对世界遗产游览和科学利用的需要。世界遗产既是珍贵的资源,又是稀缺的资源,所以必须坚持"可持续旅游发展"对其加以保护开发。世界遗产的保护开发是一个长期的过程,在这个过程中必须始终坚持"保护第一,开发第二"的原则。《丝绸之路旅游区总体规划》的制定应本着"资源互享、客源互送、线路互推、政策互惠、信息互通、节庆互动、交通互联、争议互商"的原则,努力构建丝绸之路国际旅游区的经济利益共同体。丝绸之路沿线国家和地区也可以在统一规划原则的指导下,各地区分别编制国家和地区旅游规划。目前丝绸之路中国段 22 处申遗点均编制了管理规划并已公布实施,国家文物局与丝绸之路沿线省区政府也签订了《关于保护丝绸之路遗产的联合协定》。协调统一的管理规划制定,互惠互利的联合协定的签署,有利于区域范围内文化遗产的整体保护和利用。

申遗成功之后的工作重点是保护好这些遗产、发挥它最大的价值。预防性保护的观念和措施首先需要面对各个资源点的扑面而来的建设压力和旅游压力。此次中国申报的 22 个遗产点是准备充分、价值突出的遗产点，但有一些也是很有价值的遗产点，因为保护管理工作等原因，没有来得及申报，对于这些遗产点的保护管理工作也不能懈怠。文化遗产保护界要求对遗址本体及周围环境能够"以充分完备的原真性传承下去"。各国对遗址保护都极为重视，对于遗址的保护已从单体层面的保护发展到整体环境层面的保护，区域层面上展开的遗址公园保护形式被推广。原真性就像是一个变量，反映出不同时空中人们对它的理解和诠释，具有一种与时俱进的理论品格。可以预期，对这一概念的讨论和阐释，对中国文化和遗产旅游研究极具理论和实践意义，也给丝绸之路经济带整体文化遗产的保护研究找到了切实可行的基本策略。历史保护与原真性的讨论事实上是现代人诠释自然界存在价值的一种方式，改造的程度就是这种诠释的实践过程。遗址保护要体现遗产的原真性和可读性。以遗址公园的规划设计为例，必须从文物保护的可还原性原则出发，使一切与遗址相关的公园设施具有可还原性，同时还应发掘遗址自身文化，还原历史信息，通过高文化内涵、高科技水平、高趣味性参与项目的设计，实现遗址的保护与利用。陕西汉长安城未央宫前殿遗址公园规划设计基本上体现和实践了这样的思路。

遗产旅游需要处理好工具理性和价值理性的关系。根据马克思·韦伯的理论，所谓工具理性即"通过对外界事物的情况和其他人的举止的期待，并利用这种期待作为'条件'或者作为'手段'，以期实现自己合乎理性所争取和考虑的作为成果的目的"。体现在遗产旅游中就是人们将遗产作为经济发展工具来实现一定的经济目的。与工具理性相对应的是价值理性，价值理性是人类对价值和价值追求的一种自觉意识，是在理性认知基础上对价值及价值追求的自觉理解和把握，是人们从"非自我利益的理性"的角度出发，追求一种终极的价值目标。当前，工具理性主导下的遗产旅游开发将大量自然和文化遗产置于经济权益的控制之下。众多遗产正遭受破坏，甚至濒临消逝。遗产旅游开发的思路应该以工具理性和价值理性均衡为基础。

(三)协调文化遗产保护和利用的关系

国内外文化遗产景区的发展经验表明:没有景区资源的合理保护,就没有景区的长远发展;没有景区资源的合理保护,即使取得的成果也会丧失掉。中国河南龙门石窟景区正处在一个关键的发展阶段,景区资源开发与保护的矛盾比较突出,景区可持续发展的基础还很薄弱。龙门石窟应该借鉴国内外遗产保护开发的成功案例,进行可持续开发,协调龙门石窟遗产资源保护与旅游业可持续发展的关系。只有保护好龙门石窟景区的资源,科学制定出景区长远的发展规划,才能妥善应对和处理各种新情况新问题,牢牢掌握住景区发展的主动权。

刘欢(2011)由文化遗产的定义与内涵入手,分析文化遗产与社会、文化、经济的关系,并提出平衡各要素之间的作用力是维持社会高速、平稳、健康发展的关键。顾江(2009)在《文化遗产经济学》一书中,在文化遗产价值评价的基础上,把探索文化遗产可持续发展的有效途径作为研究重点。认为,只有人们能够正确地对待保护和发展的关系,认识到二者是相辅相成、相互促进的关系,才能真正在行动中,不被短期的利益冲昏头脑,处理好短期利益与长远利益的关系,协调好相关的各方利益主体的关系,随着制度、法律、观念等方面的不断完善,实现真正意义上的文化遗产保护与区域经济和谐发展。从整体层面来把握文化遗产保护的原则,要求树立整体保护开发理念,遵循分级别重点保护、分阶段长期保护的总体指导原则,并要因时而异,适时作出必要的调整,上至法律权威的制定,下至全民意识的普及。譬如,保护第一位原则、适当控制游客量原则、规划先行且法律化原则、古建筑修缮原则和广泛宣传和全民共识原则等。

依托文化遗产资源适度进行旅游开发、商贸开发、地域文化产业的开发来吸引各方投资,让文化遗产事业的发展成为涉及多学科共同参与的综合性行为,借助各种高新技术手段,保护为先,有限利用,呈现出多样综合、各界人士广泛参与的趋势。创造一个全体社会公众关注文化遗产保护的氛围,是彰显政府对文化遗产保护的主导作用和决心,促进建立国家保护为主、动员全社会共同参与的文物保护新体制的重要举措。文化遗产保护不仅仅是某一专业机构或政府部门的事务,而是整个社会文化环境保护的一部分;文化遗产的保护工程不是专属于某个机构或部门的事,而是一项利国利民的公益事业,它需要公众和社会各界力量共同推进、积极参与才能最终达到保护的目的;文化遗产行业也不应是一个封闭的行业,应该广泛动员社会公众自觉投入文化遗产保护领域、了解文化遗产保护的各项政策、关注文化遗产行业的动态,这既是加强文物工作的客观需要,也是保障社会公众参与、监督文物保护这项文化权利实现的重要举措。

从遗产保护和利用的制度设计上,应该让遗产摆脱经营管理部门的遮掩,置于大众的视野之下,建设公共监督平台,将遗产置于全社会的监督之下,充分发挥广大人民群众的作用。同时,形成第三方监督机构,可以面向全社会招纳志愿者,充分发挥第三部门和志愿者的作用,最终形成遗产的社会保护体系。公众参与首先要有制度上的保证,其次要规范整个参与过程,如参与范围和方式的限定等,最终促成公众参与在保护领域中的程序化和制度化。因此,要逐步形成开放的公众参与机制,多方协调利益共享。

(四)形成文化产业联动发展体系

罗哲文(2008)提出遗产保护不考虑经济效益是不行的。离开经济效益,保护工作难以完善。赵梦(2010)指出保护不能孤立、片面地进行,只有经济的发展,综合考虑各个利益相关方,才能让保护活动更加高效。单向的静态保护已不具完整意义上的价值,离开经济和社会效益的文化遗产保护工作是缺乏可行性的。需要构建文化保护、土地建设、文化建设间的互动体系,形成动态的自上而下一条龙产业联动发展体系。

文化遗产保护成果惠及全体人民是保护文化遗产的根本目的、合理利用好文化遗产则是"最积极、最有效、最有利于文化遗产可持续发展的保护和传承方式"。丝绸之路经济带沿线各国要在保护、传承和利用文化遗产的同时,充分发挥文化遗产的社会功能,特别是发挥出联动效应,最终实现以文化遗产为灵魂的文物旅游与现代城市建设间的协调互动,共同走上可持续发展之路。

《西安宣言》中强调的环境还包括与自然环境间的相互作用;过去或现

在的社会和精神活动、习俗、传统认知及其他形式的无形文化遗产,它们创造并形成了环境空间以及当前动态的文化、社会、经济背景。这对当下文化遗产保护利用的有利借鉴是"大环境联系互动"策略:无形文化遗产影响有形动态环境空间,联系是普遍存在的。有形文化遗产是无形文化遗产的外化和反映,而且,人对文化遗产的理解是与社会、自然、文化整个大环境相关联的。若将文化遗产从生活中割裂开来,将其封存保护则达不到发展的效果反被淘汰,为同步适应城市建设的客观需求,要适度挖掘文化遗产的现实价值,以便其在当今城市生活中继续发挥作用。这是探寻继承和延续传统文化、地域文化的途径之一,合理地利用是为了更好地保护,也是实现文化遗产保护可持续发展的必然选择。

(五)加强区域之间合理分工与相互协作

世界文化遗产保护的方向是要建立全面的文化遗产保护体系,在完整的格局中展现个体。也就是将历史上各国在经济、政治、文化方面进行交流和交往活动的场所重新勾连,犹如一条绳索,串联起过往,体现出人类文明的进程。此外,在集体探寻历史的过程中,增进各个国家的情感交流,同时生动呈现各国文化共存共荣的整个过程。丝绸之路经济带文化遗产类型多样,内涵丰富,表现出不同的资源特点和发展阶段特征。新丝绸之路,一头连着繁荣的东亚经济圈,另一头系着发达的欧洲经济圈,但在中国—中亚地区之间形成了一个经济凹陷带。在这条凹陷带里,虽然有丰富的矿产资源、能源资源、土地资源和人力资源以及古丝绸之路沿线众多的历史文物、古迹、壮丽自然风光和多民族文化构成的宝贵的旅游资源,但经济发展水平却与两端的经济圈落差巨大,不仅人均 GDP 相差悬殊,而且贫困人口比例远高于欧亚大陆的平均水平。因此,为了更好地发展丝绸之路文化遗产旅游,沿线各个国家和地区应秉着资源共享、市场共享、信息共享、利益共享和风险共担原则,在规划制定、品牌建设、产品开发、基础设施建设和线路设计等方面进行深度合作。

丝路沿线所散布的大量文化遗产形成了丝路旅游的核心竞争力,有效地保护文化遗产是遗产旅游的基础和前提。文化遗产保护是遗产旅游开发的重要路径,所以要形成丝路沿线文化遗产保护的合作机制,形成丝路文化遗产保护各国执行的宪章和条例。丝路跨国联合申遗也是一种对文化遗产合作保护的模式,丝路沿线国家要将丝绸之路申遗工作落到实处,并积极筹备申遗成功后扩展申遗的工作。中国与中亚五国、俄罗斯在丝绸之路旅游合作方面应加强合作,从一开始就应注重"丝绸之路旅游带"这一整体品牌的塑造、培养与完善,逐步提升"丝绸之路旅游带"的品牌整体竞争力。中国首先要在国内形成合作的氛围和环境,建设相互合作的机制和纽带,形成开展丝绸之路国际合作的区域合力。

丝绸之路经济带旅游合作具备战略环境基础、历史渊源基础和资源互补基础,其中,中国和中亚五国以及俄罗斯之间的国家战略合作利益的存在是其战略环境基础,丝绸之路经济带各国之间深厚的历史渊源和贸易往来是其历史渊源基础,沉淀在丝绸之路沿线各国的宝贵的文化遗产资源形成了其合作的资源基础。总体来看旅游发展基础还很薄弱,所以当前首当其冲需要解决的问题是通过中国和中亚五国的通关便利来促进旅游业的起步和发展。可以考虑成立丝绸之路经济带旅游合作组织,该组织可由丝绸之路沿线各国及各地区相关领导、主管部门、专家学者、旅游商等多方组成,就旅游区域合作中的重大问题和重大政策进行协商,保证丝绸之路经济带旅游合作的顺利开展。

(六)形成"政府主导,社会参与"的非物质文化遗产保护合力

中国自开展非物质文化遗产保护以来,"政府主导"一直是最为强大的力量,对开创非物质文化遗产保护事业起到了决定性作用。2013年非物质文化遗产保护"政府主导"逐步向保障性作用转化,如政策完善修订、加大财政专项投入。2013年,中央财政投入非物质文化遗产保护经费共计7013万元。其中文化部本级组织管理费金额为3875万元,比上年度减少了3.2%。对地方转移支付资金金额为66298万元,比上一年度增长了6.29%。"政府主导,社会参与"的非物质文化遗产保护合力在2013年得到了一定程度的调适,并日趋合理。"政府主导、社会参与,明确职责、形成合力;长远规划、分步实施,点面结合、讲求实效"是中国非物质文化遗产保

护的工作原则。非物质文化遗产在根本上是民众生活的一部分,非遗的传承与展演必须遵照民众的固有方式与传统。非遗保护的主体应该是以社区民众和传承人为主的社会各方,其中政府部门是起组织、推动作用的关键力量。

以保护非物质文化遗产为核心的,对历史文化积淀丰厚、存续状态良好,具有重要价值和鲜明特色的文化形态进行整体性保护的文化生态保护区建设工作,对促进非物质文化遗产保护、建构人与自然和人与社会和谐发展关系具有重要意义。非物质文化遗产保护的整体观是全球范围发展的新趋势,整体观更加强调非物质文化遗产存续的生态文化视角,注重文化遗产与自然生态、活用价值的开发和利用,也更加强调各利益相关方在非遗保护方面的作用。整体观的理论关注则要求从文化本身的结构出发,从非物质文化遗产构成的文化特质、文化模式等层面出发,系统地分析文化整体存续的逻辑,并在此基础上探讨非物质文化遗产与其他相关因素的关联,将非遗保护的整体观转换为更加有效的文化保护与发展政策。

数字化保护是非物质文化遗产的重要保护方式,中国今后的非物质文化遗产保护应特别关注中央财政资金投入使用项目的考核和评估机制的建立和完善,继续做好在保护非物质文化遗产方面的法制建设,争取全面地、持续地把非物质文化遗产的保护工作提高到一个新的水平。非物质文化遗产保护和利用的成功经验也需要及时总结和推广,带动整个丝绸之路经济带沿线的文化遗产保护工作。

(七)依托科技,提高文化遗产保护绩效

观念和技术的变革还不断创造着文化遗产价值新的、多样化的阐释角度,内容和重点以及传播方式,途径和效果。在全球化和信息化的时代,社会和文化本身经历着巨大的变革,文化遗产所隐含的价值与意义需要寻求与当代社会发展相契合的理论支点,获得新的认知和解释,通过对于价值新的认同与建构,使其在当代获得更为普遍的社会参与和价值认同。而其中已无法再用传统的方式得以全面和深刻展现的内容,则不可避免地需要寻求新的载体及表达方式来有效释放和传递。传播是文化生产和消费的

中间环节,以科技为支撑,强化文化的传播力,使文化产品转化成为现实的精神财富,提高文化遗产的保护绩效。

文化遗产保护科学技术包括人文社会科学、自然科学、工程与技术科学等一切与文化遗产保护相关的科学技术。文化遗产保护科学技术除了要探讨文化遗产保护中共性的规律、理论和方法外,主要是综合和专门地将一切有利于文化遗产保护的现代科学技术,以及已认知的传统技艺,使用于从认知到合理利用全过程的一切文化遗产保护领域。近年来,世界各国都对本民族的文化遗产保护给予高度重视,无论是在人力和物力投入方面,还是在资金的注入方面都较过去有了显著提高。

当前,文化遗产保护已经上升到中国国家文化战略的高度。比如在不可移动文物保护方面,秦始皇兵马俑彩绘保护研究、敦煌石窟和壁画保护修复等项目中,科学技术都发挥了突出的作用。我们需要及时总结经验并且加以推广普及,促进文化遗产保护的科学技术含量不断提高。此外,在继承与创新的基础上,要以新的理念推动文化遗产保护科学技术创新体系建设。例如特别是在中国大型古代遗址保护中,需要进一步探索将考古、规划、环境、地质、化学、物理等多种科学技术进行综合运用的问题。丝绸之路经济带沿线各国都需要加大对文化遗产保护事业经费的投入,加强专业人才队伍的建设,加强保护基础设施的建设,探索文化遗产保护模式和利用途径的创新,以科技为支撑从而提高文化遗产保护绩效。

第三篇

丝绸之路经济带旅游合作发展研究

第六章 中国、俄罗斯及中亚旅游业发展现状

一、中国旅游业发展现状

2013 年中国国内旅游规模 32.6 亿人次,出境旅游人数 9.81 千万人次,出境旅游花费 1382.98 亿美元,全年入境旅游 12907.8 万人次,入境旅游花费 564.01 亿美元(见表 6-1)。2014 年国内旅游规模达 36.3 亿人次,同比增长 11.3%,2014 年中国国内旅游总消费 26276.1 亿元,同比增长 15.72%,成为全球最大的国内旅游市场国。2014 年中国出境旅游继续保持高速增长态势,出境旅游规模 1.14 亿人次,同比增长 16%,出境旅游花费 1400 亿美元,同比增长 12%,中国作为世界第一大出境旅游客源市场与第一大出境旅游消费国的地位进一步巩固。2014 年中国全年入境旅游规模 12849.83 万人次,同比下降 0.45%,其中外国人增长 0.27%,香港同胞下降 0.98%,澳门同胞下降 0.48%,台湾同胞增长 3.94%。全年"国际旅游收入"569.13 亿美元,同比增长 9.08%,表明整体入境市场在人数上略降,但在外汇收入上大增,为 2011 年以来所未有。

《2014 中国旅游业发展报告》分析,中国各省域中,旅游综合竞争力排在第一梯队的依次为广东、北京、浙江、江苏、上海、山东、四川、辽宁、安徽和湖南;全国副省级城市中,旅游综合竞争力前十名的城市依次为广州、深圳、杭州、成都、武汉、青岛、南京、厦门、宁波和西安。旅游业为促进中国居民就业、吸引投资、GDP 增长作出了重要贡献。2013 年,中国旅游业提供了 0.64 亿个工作岗位,对就业增长的贡献度居世界第一;全年旅游业吸引了 1170 亿美元的投资,仅次于美国的 1457 亿美元,位列世界第二;旅游业

直接或间接创造的 GDP 为 8501 亿美元,对 GDP 增长的贡献度排名世界第二,仅次于美国,远高于亚太地区和世界平均水平。《2014 中国旅游业发展报告》认为当前中国旅游业呈现五大典型特征:第一,出境、国内、入境三大旅游市场分别呈"两增、一减"的趋势——出境、国内旅游增长有所放缓,入境旅游持续下降;第二,大资本进军旅游业,旅游投资主体多元化,其中民间资本占 57%,成为旅游投资的主力;第三,泛旅游现象日趋显著,旅游行为自主化、多样化,旅游空间日趋泛化且产业融合进一步增强;第四,《旅游法》的实施使旅游管理走向法制化;第五,在线旅游发展迅猛,在线旅游市场交易规模达到 2204.6 亿元,较 2008 年翻了近 5 倍。在线旅游预订使用率持续上升,发展潜力巨大。①

在旅游新政方面,制度红利集中释放。2014 年 8 月 9 日,国务院正式发布《关于促进旅游业改革发展的若干意见》(简称 31 号文件),这是继 2009 年《关于加快发展旅游业的意见》(简称 41 号文件)和 2013 年的《国民旅游休闲纲要》《中华人民共和国旅游法》之后,国家出台的又一个促进旅游发展的纲领性文件。此后,国务院旅游工作部际联席会议制度得以建立。此外,文化、体育等领域也陆续出台政策,为旅游业和相关产业的融合发展营造了良好的制度环境。在简政放权方面,治理体系也不断探索创新。一方面,简政放权成为旅游行政管理的主要方向。到 2014 年,国家旅游局只保留了 3 项行政审批事项。在政府职能转变和旅游业发展对旅游部门要求越来越高的背景下,行政审批事项的取消和下放并不意味着旅游部门无所作为,而是要求旅游部门适应新的形势,转变工作思路,创新工作方式。另一方面,随着 9 个全国性旅游综合改革试点地区各项工作的推进,旅游公共治理体系也在进一步探索创新。②

2015 年 1 月 8 日,"美丽中国——2015 丝绸之路旅游年"在陕西西安大明宫国家遗址公园启动。国家旅游局将 2015 年确定为"美丽中国——

---

① 《2014 中国旅游业发展报告》[EB/OL]. http://news.sina.com.cn/o/2014-12-19/051931302941.shtml.

② 《大视野下,中国旅游以变求发展》[EB/OL]. http://cppcc.people.com.cn/n/2015/0130/c34948-26479575.html.

丝绸之路旅游年",具有特殊而重要的意义。举办"丝绸之路旅游年"活动是旅游行业贯彻落实习近平主席提出的"一带一路"战略构想的重要举措,是推动国内丝绸之路沿线地区旅游一体化发展的重要机遇,是深化丝绸之路沿线国家旅游合作的重要途径,是做好入境市场旅游宣传推广的重要手段。

表6-1 2009—2013年中国旅游业概况

编号	项目	单位	2009 年	2010 年	2011 年	2012 年	2013 年
1. 入境旅游							
1.1	总计	千人	126476	133762	135423	132405	129078
1.2	其中:过夜	千人	50875	55664	57581	57725	55686
1.3	一日游	千人	…	…	…	…	…
按客源地划分							
1.5	总计	千人	126476	133762	135423	132405	129078
1.6	非洲	千人	340	391	424	440	461
1.7	美洲	千人	2491	2995	3201	3179	3124
1.8	东亚、太平洋	千人	117589	122889	123828	120802	117744
1.9	欧洲	千人	5132	6366	6772	6770	6422
1.1	中东	千人	207	247	239	264	269
1.11	南亚	千人	714	871	957	948	1055
1.12	其他未分类	千人	2	2	2	2	2
按目的划分							
1.14	总计	千人	21938	26127	27111	27191	26290
1.15	个人	千人	16701	19930	20785	20911	20096
1.18	商务、专业	千人	5237	6197	6326	6280	6194

编号	项目	单位	2009 年	2010 年	2011 年	2012 年	2013 年
按交通工具划分							
1.19	总计	千人	126476	133762	135423	132405	129078
1.2	飞机	千人	16301	20014	20911	21421	20744
1.21	水路	千人	4672	5039	5082	4793	4644
1.22	陆路	千人	105503	108709	109430	106191	103690
住宿							
1.32	住宿过夜	千人	215661	264123	294757	330080	243761
花费							
1.33	花费总计	百万美元	42632	50154	53313	54937	56401
1.34	旅游	百万美元	39675	45814	48464	50028	51664
1.35	客运花费	百万美元	2957	4340	4849	4909	4737
2.国内旅游							
2.1	总计	千人	1902000	2103000	2641000	2597000	3262000
3.出境旅游							
3.1	总计	千人	…	…	…	…	…
3.2	过夜	千人	47656	57386	70250	83183	98185
3.3	一日游	千人	…	…	…	…	…
花费							
3.4	花费总计	百万美元	47108	59840	79010	109898	138298
3.5	旅游	百万美元	43702	54880	72585	101977	128576
3.6	客运花费	百万美元	3406	4960	6425	7921	9722
6.旅游宏观指标							
6.2	接待能力	%	1.45	1.59	1.97	1.93	2.39
6.3	入境旅游花费/GDP	%	0.8	0.8	0.7	0.7	0.6
6.4	出境旅游花费/GDP	%	0.9	1.0	1.1	1.3	1.5
6.5	旅游平衡表	%	−0.1	−0.2	−0.4	−0.6	−0.9

数据来源:世界旅游组织网站 http://www2.unwto.org.

二、俄罗斯旅游业发展现状

俄罗斯旅游资源十分丰富,有数千处名胜古迹、30多个国家级自然公园、近2000个博物馆、79个自然保护区。俄罗斯的旅游资源按地理位置可分为西南、中央、南部和北部四大旅游地带。西南旅游带包括黑海沿岸区、里海沿岸区、北高加索区和高加索山区等三个旅游区,是俄罗斯重要的疗养保健、体育观光旅游区。中央旅游带包括中央区、西北区、伏尔加河沿岸区和乌拉尔区等四个旅游区,是以莫斯科和圣彼得堡为中心、以领略民族文化和风情为主的综合性旅游区,是了解俄罗斯历史文化的绝佳线路。南部旅游带包括鄂毕—叶尼塞区、贝加尔湖沿岸区和远东区等三个旅游区,其旅游资源多属未经开发的自然景观。北部旅游带包括诺里尔斯克、马加丹、彼得罗巴甫洛夫斯克等部分东西伯利亚和远东地区的休假旅游中心和疗养区。近年来,俄罗斯政府非常重视发展狩猎旅游,仅堪察加边疆区就建立了21个狩猎场、53个狩猎屋。

俄罗斯非常重视对文物和历史建筑的保护。据统计,目前俄罗斯有各类博物馆2229个,大体分艺术馆、历史与考古博物馆、地方志博物馆、自然科学馆、科技馆及综合馆等几类,主要集中在俄罗斯西部。较为著名的有与巴黎卢浮宫、伦敦大英博物馆和纽约大都会艺术博物馆并称世界四大博物馆的艾尔米塔什博物馆,莫斯科最古老的国家历史博物馆,反映苏军保卫祖国光荣历史的军事博物馆,展示世界民族文化的艺术博物馆以及名人故乡和纪念地等。此外,还有一些博物馆型城市,如苏兹达尔在仅有的9平方公里的土地上就建有200多个12—19世纪的宗教和历史建筑。俄罗斯传统的教堂建筑具有斯拉夫式教堂艺术风格,是拜占庭式教堂艺术与罗马教堂艺术、古罗斯神庙建筑艺术相结合的产物,仅有记载的古罗斯时期建造的东正教教堂就有四百多座,而具有俄罗斯特点的教堂则数以万计。旅游作为俄罗斯的新兴产业,近年来显示出巨大的活力和发展前景。2012年3月,时任俄罗斯总统梅德韦杰夫曾指出,俄罗斯有能力使游客流量翻番,将当时列世界第59位的游客流量名次大幅提前,每年接收至少7000万国内外游客,努力将旅游业收入提升至世界水平即占国内生产总值的

10.4％左右。为此,俄罗斯采取了一系列政策措施,大力发展本国旅游产业。正在实施的"2011 年至 2018 年发展国内旅游和入境旅游"联邦计划,目标是"到 2016 年接待 4000 万人次外国游客,同时国内旅游达到 5000 万人次"。

自 2000 年以来,出国旅游的俄罗斯人增加了 35％,而且还在持续增加。俄罗斯人已经成为许多国家外来游客的主体,如埃及和希腊等。拉丁美洲和非洲的俄罗斯游客也越来越多。2013 年俄罗斯人因公、因私和旅行出境 5410 万次,同比增长 13.1％,其中去独联体以外国家占 71.3％,去独联体国家占 28.7％。受私人邀请出境占 58.8％,旅游占 33.8％。俄罗斯人旅游光顾最多的国家依次为:土耳其 307.8 万人次,埃及 190 万人次,希腊 117 万人次,中国 106.7 万人次,泰国 103.5 万人次,西班牙 101.2 万人次,芬兰 90.47 万人次,德国 83.09 万人次,意大利 72.58 万人次,阿联酋 65.34 万人次。俄罗斯旅游经营者协会援引欧洲旅游委员会数据称,俄赴欧旅游者数量位列第三位。50％赴欧旅游者来自 8 个国家。其中,英国、德国和俄罗斯分列第一、二、三位,美国位于第七位。2013 年俄罗斯旅游市场表现出良好的发展态势,其增长达到 13％。

外国赴俄罗斯游客依然以莫斯科、圣彼得堡以及伏尔加河沿岸等城市为中心,80％是到莫斯科和圣彼得堡,20％去其他地区。近 5 年来俄罗斯外国游客数量增长较快。俄罗斯的旅游业发展潜力巨大,2013 年来俄罗斯旅游的人数约为 3079 万人次,其中来自欧洲的游客最多,为 2722 万人次,第二位是来自东亚和太平洋地区的游客,共计 193 万人次,其次分别是美洲(49.4 万人次)和南亚(13.8 万人次)地区的游客(如表 6-2 所示)。

表 6-2　2009—2013 年俄罗斯旅游业概况

编号	项目	单位	2009 年	2010 年	2011 年	2012 年	2013 年
1.入境旅游							
1.1	总计	千人	21339	22281	24932	28177	30792
1.2	其中:过夜	千人	…	…	…	…	…
1.3	一日游	千人	1247	1196	1269	1351	1486

编号	项目	单位	2009 年	2010 年	2011 年	2012 年	2013 年
按客源地划分							
1.5	总计	千人	21339	22281	24933	28177	30792
1.6	非洲	千人	35	37	40	40	56
1.7	美洲	千人	469	421	439	444	494
1.8	东亚、太平洋	千人	1295	1358	1548	1904	1938
1.9	欧洲	千人	18791	19569	21896	24741	27229
1.1	中东	千人	38	41	42	51	59
1.11	南亚	千人	93	89	99	123	138
1.12	其他未分类	千人	618	766	869	874	879
按目的划分							
1.14	总计	千人	21339	22281	24932	28177	30792
1.15	个人	千人	17459	17849	19457	21976	24975
1.18	商务、专业	千人	3880	4432	5475	6201	5817
按交通工具划分							
1.19	总计	千人	21338	22281	24932	28176	30792
1.2	飞机	千人	4787	5590	6383	7537	8045
1.21	水路	千人	1247	1196	1269	1351	1487
1.22	陆路	千人	15304	15495	17280	19288	21260
住宿							
1.32	住宿过夜	千人	9346	……	……	……	……
花费							
1.33	花费总计	百万美元	12369	13239	16961	17876	20198
1.34	旅游	百万美元	9366	8830	11328	10759	11988
1.35	客运花费	百万美元	3003	4409	5633	7117	8210

编号	项目	单位	2009 年	2010 年	2011 年	2012 年	2013 年
2.国内旅游							
住宿							
2.22	住宿过夜	千人	12369	13239	16961	17876	20198
3.出境旅游							
3.1	总计	千人	…	…	…	…	…
3.2	过夜	千人	34276	39323	43726	47813	54069
3.3	一日游	千人	…	…	…	…	…
花费							
3.4	花费总计	百万美元	23785	30169	37343	48096	59504
3.5	旅游	百万美元	21019	26693	32902	42798	53453
3.6	客运花费	百万美元	2766	3476	4441	5298	6051
6.旅游宏观指标							
6.2	接待能力	%	0.15	0.16	0.17	0.20	0.22
6.3	入境旅游花费/GDP	%	1.0	0.9	0.9	0.9	1.0
6.4	出境旅游花费/GDP	%	1.9	2.0	1.9	2.4	2.8
6.5	旅游平衡表	%	−0.9	−1.1	−1.0	−1.5	−1.8

数据来源:世界旅游组织网站 http://www2.unwto.org.

三、中亚旅游业发展现状

(一)哈萨克斯坦旅游业发展现状

哈萨克斯坦位于欧亚大陆中部,独特的自然条件和历史发展进程给该国造就了极其丰富的旅游资源。目前,哈萨克斯坦的旅游业以自然景观旅游为主。哈萨克斯坦幅员辽阔,南起定居农耕区和草原游牧区的分界线,北至哈萨克大草原和西伯利亚原始森林的交接带,拥有非常丰富的自然旅游资源。哈萨克斯坦东部地区阿尔泰山区、南部地区的恰伦峡谷、哈西部地区的卡拉吉耶洼地、北部地区博罗沃耶以及中部地区巴尔喀什湖都是富有盛名的旅游景观。在人文旅游方面,哈萨克斯坦拥有深厚的文化底蕴。东西方文明在此地的碰撞创造了众多的文化景观。哈萨克斯坦有两处古代遗迹被列入了世界文化遗产,即霍贾·艾哈迈德·亚萨维陵墓和泰姆格里考古景观岩刻。2014 年中国与哈萨克斯坦、吉尔吉斯斯坦联合申报的"丝绸之路:长安—天山廊道路网"获准列入《世界遗产名录》。最终确定的申遗名单中,哈萨克斯坦有科斯托比遗址、阿克托贝遗址、库兰遗址、开阿利克遗址、塔尔加尔遗址、奥尔内克遗址、阿克亚塔斯遗址、卡拉摩尔根遗址共 8 项文化遗产。

2011—2013 年哈萨克斯坦出国旅游的人数为 2720 万人,其中 2011 年 802 万人,较 2010 年(602 万人)增长了 33%;2012 年 906 万人,较 2011 年增长了 13%;2013 年 1010 万人,较 2012 年增长了 12%。前来哈萨克斯坦的游客当中,来自于独联体国家的人最多,其中乌兹别克斯坦人 240 万,俄罗斯人 170 万,吉尔吉斯斯坦人 130 万。在来自非独联体国家的人当中,中国人 20.5 万,土耳其人 9.2 万,德国人 7.54 万。2011—2013 年到访哈萨克斯坦的外国人的数量为 1868 万人,其中 2011 年 568 万人,较 2010 年(409 万人)增长了 39%;2012 年 616 万人,较 2011 年增长了 8.4%;2013 年 684 万人,较 2012 年增长了 11%(如表 6-3 所示)。① 两三年前哈萨克斯坦游客兴趣主要集中在沙滩游,最近休闲康乐游数量呈增长趋势。尽管较难获得马尔代夫、西班牙、法国等国旅游签证,但是前往这些国家的哈萨克斯坦游客年均增长 28%~30%。自助游在哈萨克斯坦还未盛行,主要是年轻人选择自助游,占游客数量 10%~15%,主要预订途径是互联网。哈萨克斯坦游客中 70% 是以家庭为单位,30% 为单独出行和浪漫游,人均旅游开销 1500~2000 美元。哈萨克斯坦口碑较好的旅行社包括:Санат、

---

① 哈国人最热衷出国游目的地是吉尔吉斯俄罗斯和中国[EB/OL]. http://www.xjass.com/zy/ontent/214-07/15/ontent_329404.htm.

Complete Service、BVT Kazakhstan、фараб、travel system、turan Asia、Otan Travel 和丝绸之路等。哈萨克斯坦工业与新技术部 2014 年 5 月预计,到 2020 年哈萨克斯坦旅游收入将达 102 亿美元。其中,哈萨克斯坦旅游行业发展的第一阶段(2015—2016)旅游收入将达 46 亿美元;第二阶段(2017—2018)旅游收入将达 76 亿美元;第三阶段(2019—2020)旅游收入将达 102 亿美元。2012 年,哈萨克斯坦旅游收入 1517 亿坚戈(1 美元＝182.02 坚戈)。住宿的旅游人员将从 2013 年的 800 万增长至 2020 年的 3374 万;宾馆入住率将从 2013 年的 24.6% 增长至 2020 年的 45%;旅游从业人员将从 2012 年的 12.9 万增长至 2020 年的 23.4 万。游客将主要前往阿拉木图(占吸引游客总量的 23.8%)、哈萨克斯坦西部地区(22%)、阿斯塔纳(17%)、哈萨克斯坦东部地区(11.9%)和南部地区(8.63%)。①

阿斯塔纳世博会将于 2017 年 6 月 7 日到 9 月 7 日在哈萨克斯坦举行,对于哈萨克斯坦来说,举办世博会所产生的政治及宣传效果将是不可估量的,展会期间预计将有 300～500 万人来哈萨克斯坦旅游,经济效益也是非常可观的。世博会的召开,将进一步提升哈萨克斯坦旅游业的国际竞争力。中国具有成功举办上海世博会的经验,中国作为友好国家将积极支持阿斯塔纳 2017 年世博会的筹备和举办工作。为了让阿斯塔纳世博会参观人数达到 500 万,哈萨克斯坦总统纳扎尔巴耶夫宣布 2017 年为哈萨克斯坦中国旅游年。

表 6－3　2009—2013 年哈萨克斯坦旅游业概况

编号	项目	单位	2009 年	2010 年	2011 年	2012 年	2013 年
1. 入境旅游							
1.1	总计	千人	3774	4097	5685	6163	6841
1.2	其中:过夜	千人	2944	3196	4434	4807	4926
1.3	一日游	千人	830	901	1251	1356	1915

① 资料来源:中华人民共和国驻哈萨克斯坦共和国大使馆经济商务参赞处网站[EB/OL].http://kz.mofcom.gov.cn.

续表 6 - 3

编号	项目	单位	2009 年	2010 年	2011 年	2012 年	2013 年
按客源地划分							
1.5	总计	千人	3774	4097	5685	6163	6841
1.6	非洲	千人	3	3	2	12	2
1.7	美洲	千人	27	28	29	34	30
1.8	东亚、太平洋	千人	170	149	178	200	249
1.9	欧洲	千人	3540	3875	5436	5874	6523
1.1	中东	千人	5	5	5	5	4
1.11	南亚	千人	22	21	23	25	22
1.12	其他未分类	千人	7	16	12	13	11
按目的划分							
1.14	总计	千人	3774	4097	5685	6163	6841
1.15	个人	千人	2679	2909	4036	4376	4857
1.18	商务、专业	千人	1095	1188	1649	1787	1984
按交通工具划分							
1.19	总计	千人	3774	4097	5685	6163	6841
1.2	飞机	千人	521	565	785	850	944
1.21	水路	千人	4	4	6	6	7
1.22	陆路	千人	3249	3528	4894	5307	5890
按组织方式划分							
1.26	总计	千人	3774	4097	5685	6163	6841
1.27	其中:包价旅游	千人	31	40	36	30	23
1.28	其他	千人	3743	4057	5649	6133	6818

编号	项目	单位	2009 年	2010 年	2011 年	2012 年	2013 年
住宿							
1.32	住宿过夜	千人	513	594	584	519	586
花费							
1.33	花费总计	百万美元	1185	1236	1524	1572	1717
1.34	旅游	百万美元	963	1005	1209	1347	1460
1.35	客运花费	百万美元	222	231	315	225	257
2.国内旅游							
2.1	总计	千人	4056	4474	5328	6222	6504
2.2	其中:过夜	千人	1339	1441	1716	2324	5610
2.3	一日游	千人	2717	3033	3612	3898	894
按目的划分							
2.4	总计	千人	4056	4474	5328	6222	6504
2.5	个人	千人	3699	4156	4950	5780	5562
2.8	商务、专业	千人	357	318	378	442	942
按交通工具							
2.9	总计	千人	4056	4474	5328	622	6504
2.1	飞机	千人	203	353	421	492	361
2.11	水路	千人	49	…	…	…	…
2.12	陆路	千人	3804	4121	4907	5730	6143
按组织方式划分							
2.16	总计	千人	4056	4474	5328	6222	6504
2.17	其中:包价旅游	千人	132	172	203	202	463
2.18	其他	千人	3924	4302	5125	6020	6041

续表 6 - 3

编号	项目	单位	2009 年	2010 年	2011 年	2012 年	2013 年
住宿							
2.22	住宿过夜	千人	1773	1946	2209	2448	2573
3.出境旅游							
3.1	总计	千人	5423	6019	8020	9066	10144
3.2	过夜	千人	5309	5893	7852	8875	9931
3.3	一日游	千人	114	126	168	190	213
花费							
3.4	花费总计	百万美元	1319	1489	1831	2022	2033
3.5	旅游	百万美元	1132	1273	1611	1685	1729
3.6	客运花费	百万美元	187	216	220	337	304
6.旅游宏观指标							
6.2	接待能力	%	0.27	0.29	0.38	0.44	0.64
6.3	入境旅游花费/GDP	%	1.1	0.9	0.8	0.8	……
6.4	出境旅游花费/GDP	%	1.2	1.0	1.0	1.0	……
6.5	旅游平衡表	%	−0.1	−0.1	−0.2	−0.2	……

数据来源:世界旅游组织网站 http://www2.unwto.org.

(二)乌兹别克斯坦旅游业发展现状

乌兹别克斯坦具有丰富的旅游资源,撒马尔罕、布哈拉、希瓦、沙赫里沙布兹、铁尔梅兹等城市闻名于世。共有 4000 处名胜古迹,可以供组织不同形式、不同路线的旅游、休养和度假。外国游客主要是被当地的历史古迹所吸引,包括当地丰富的历史遗迹、乌兹别克人民的传统文化、独特的自然风光、疗养院,同时,乌兹别克斯坦也开发了生态游、探险游等多种旅游方式。

2010 年乌兹别克斯坦国家旅游公司外汇收入比上年增长 23.3%。

2011年,乌兹别克斯坦接待外国和本地游客数量超过100万人,同比增长5.4%。其中,旅游企业接待外国游客数量46.34万人,同期外国公民入境人数超过100万人。2011年,乌兹别克斯坦旅游服务产值同比增长8.3%,旅游服务出口同比增长27.8%;124家机构被发放旅游服务从业许可,其中开设宾馆经营企业55家。2012年上半年乌兹别克斯坦游客数量同比增长12.8%,其中外国游客增长4.1%,国内游客增长20.7%,旅游业收入增长59.8%。出口旅游服务同比增长31.8%,上半年共颁发66个旅游经营许可。① 截至2012年2月,乌兹别克斯坦全国旅游行业企业828家,其中510家为旅游经营企业,318家为宾馆经营企业。2013年旅游业对乌兹别克斯坦国内生产总值的贡献率为0.9%,达到11亿苏姆。2013年乌兹别克斯坦入境过夜游客为196万人,主要来自欧洲地区(见表6-4)。

乌兹别克斯坦各类公路总里程18.4万公里,其中42500公里为公用干线公路,包括3200公里的国际公路。乌兹别克斯坦公路整体老化严重、配套设施严重不足。目前公路建设主要依据2009年批准的《2009年—2014年国家公路发展纲要》和2010年12月乌兹别克斯坦总统卡里莫夫签署的《关于2011年—2015年加快发展交通运输基础设施建设的决议》,2015年年底前,乌兹别克斯坦计划完成2306公里公路的维修和新建任务,包括1410公里四车道公路和288公里双车道公路及1910延米的桥梁改造和建设。最主要项目是E40公路(中亚A380号公路)改造项目,即自乌兹别克斯坦东部的安集延市到哈萨克斯坦的别伊涅乌,长度1139公里。首都塔什干至第二大城市撒马尔罕之间的高速铁路2011年已开通,该铁路全长约360公里,是中亚地区首条高速铁路。为实施2013年—2015年花剌子模州旅游发展规划,乌兹别克斯坦国家航空公司计划增开若干条新航线。

乌兹别克斯坦采取多种措施,在国际上推介其旅游业。乌兹别克斯坦曾在东南亚举办旅游推介会,新加坡、泰国、马来西亚的旅游者对来乌兹别

---

① 2012年上半年乌兹别克斯坦游客人数同比增长12.8%[DB/OL]. http://www.mofcom.gov.cn/aarticle/i/jyjl/m/201208/20120808277804.html.

克斯坦旅游表现出了浓厚的兴趣。同时，乌兹别克斯坦与银行合作，利用各类贷款，完善乌兹别克斯坦旅游基础设施建设。2010 年 10 月 7 日至 8 日，第 16 届塔什干国际旅游博览会——"丝绸之路游"在乌兹别克斯坦国家展览中心举办。乌兹别克斯坦政府副总理兼外经贸部长加尼耶夫、联合国世界旅游组织秘书长、乌兹别克斯坦国家旅游公司总裁等政要和旅游业界代表以及驻乌兹别克斯坦外交使团代表约 300 人出席了开幕式。塔什干国际旅游博览会展厅分为几个部分，除历史文化古迹核心部分外，还包括自然风景、生态旅游以及旅游基础设施（饭店、餐厅、交通）展示等。参展商除乌兹别克斯坦各州旅游机构和本国的旅游公司外，还有泰国、西班牙、德国、俄罗斯、土耳其等国的代表。2012 年 3 月 15 日至 30 日，乌兹别克斯坦国家旅游公司与乌兹别克斯坦驻各国使馆为国外旅游公司以及媒体代表组织了观光旅游，共有来自 30 个国家的 307 名旅游公司及媒体代表参加了观光游览。2012 年 6 月 15 日至 30 日，来自 24 个国家的 200 多名旅游公司及媒体代表参加了类似活动。为进一步提高旅游服务质量，乌兹别克斯坦国家旅游公司咨询中心正在积极研究提高旅游业从业者专业水平的方法，并将举办以"接待游客及服务"为题的系列研讨会。[①]

表 6 - 4　2009—2013 年乌兹别克斯坦旅游业概况

编号	项目	单位	2009 年	2010 年	2011 年	2012 年	2013 年
1. 入境旅游							
1.1	总计	千人					
1.2	其中：过夜	千人	1215	975	…	…	1969
1.3	一日游	千人					
按客源地划分							
1.5	总计	千人	1215	975	…	…	1969
1.6	非洲	千人			…	…	

---

① 2012 年上半年乌兹别克斯坦游客人数同比增长 12.8%［DB/OL］. http://www.mofcom.gov.cn/aarticle/i/jyjl/m/201208/20120808277804.html.

编号	项目	单位	2009 年	2010 年	2011 年	2012 年	2013 年
1.7	美洲	千人	7	1	…	…	1
1.8	东亚、太平洋	千人	649	768	…	…	44
1.9	欧洲	千人	333	157	…	…	1873
1.1	中东	千人	67	37	…	…	4
1.11	南亚	千人	159	12	…	…	47
1.12	其他未分类	千人	…	…	…	…	…
按目的划分							
1.14	总计	千人	1215	975	…	…	1969
1.15	个人	千人	1111	900	…	…	1829
1.18	商务、专业	千人	104	75	…	…	140
按交通工具划分							
1.19	总计	千人	1215	975	…	…	…
1.2	飞机	千人	850	944			
1.21	水路	千人			…	…	…
1.22	陆路	千人	998	748	…	…	…
住宿							
1.32	住宿过夜	千人	2810	2624	…	…	…
花费							
1.33	花费总计	百万美元	99	121	…	…	…
2.国内旅游							
2.2	过夜	千人	1942	3608	…	…	…
3.出境旅游							
3.1	总计	千人					
3.2	过夜	千人	1317	1610	…	…	…
6.旅游宏观指标							
6.2	接待能力	％	0.04	0.03	…	…	0.07

数据来源:世界旅游组织网站 http://www2.unwto.org.

(三)吉尔吉斯斯坦旅游业发展现状

吉尔吉斯斯坦自然风光优美,生态环境优越,旅游资源丰富,气候宜人,号称"中亚小瑞士",伊塞克湖是其最优秀的代表。吉尔吉斯斯坦的苏莱曼—图圣山是世界文化遗产,2014 年中哈吉三国联合提交的"丝绸之路:长安—天山廊道路网"项目成功入选《世界遗产名录》,其中包括吉尔吉斯斯坦的阿克·贝希姆遗址、布拉纳遗址、科拉斯纳亚·瑞希卡遗址三处文化遗产。

目前,旅游者主要来自哈萨克、俄罗斯等独联体国家,亚洲以及欧美游客较少。吉尔吉斯斯坦有数十家旅行社,最大的 8 家旅行社中包括中国私人投资的旅游公司。著名旅游网站 Globe Spots 评出 2013 年全球十佳最具吸引力旅游目的国,吉尔吉斯斯坦位列第三。吉尔吉斯斯坦的伊塞克湖是世界最大高山湖之一,它是前苏共领导人疗养胜地,凭借秀丽风光每年吸引大批外国游客来此休闲度假。不仅如此,吉尔吉斯斯坦还拥有独具特色的山谷旅游、温泉度假、水疗泥疗、高山滑雪等多种旅游资源,其未经雕琢的原生态山地景观也大大吸引着旅游者的眼球。[①]

2010 年吉尔吉斯斯坦发生"4·7"骚乱和"6·10"暴乱后,旅游业受到重创,当年外国游客骤减近 7 成,财政收入减少近 1.5 亿美元。2011 年吉尔吉斯斯坦接待外国旅游者 227 万人,相比 2010 年的 122 万人增长近一倍半。这表明 2011 年吉尔吉斯斯坦旅游业在 2010 年因政局动荡发生骚乱受到重创后已经复苏。吉尔吉斯斯坦旅游业回暖很大程度上得益于 2011 年以来吉尔吉斯斯坦过渡政府采取的一系列措施。2012 年赴吉尔吉斯斯坦旅游人数达 240 万人,入境旅游总花费为 4.8 亿美元。2013 年赴吉尔吉斯斯坦旅游人数达 307 万,入境旅游总花费为 5.8 亿美元(见表 6-5)。2013 年吉尔吉斯斯坦旅游业吸引投资 75.36 亿索姆(约合 1.38 亿美元),旅游业纳税总额为 9800 万索姆(约合 180 万美元),2013 年吉尔吉斯

---

① 吉尔吉斯被推荐为全球第三大最具吸引力旅游目的国[DB/OL]. http://www.mofcom. gov. cn/article/ijyj/l/m/201401/20140100455826. shtml.

斯坦旅游业产值达 156.67 亿索姆(约合 2.87 亿美元),约占国内生产总值的 4.5%。吉尔吉斯斯坦政府已将开发旅游资源作为发展经济的优先方向之一。目前吉尔吉斯斯坦对全球 44 个国家实行免签证制度,大大促进了本国旅游业发展。吉尔吉斯斯坦政府 2014 年实施了"旅游业发展措施计划",竭力为旅游业的持续发展创造便利条件,包括简化入境程序,为外国游客建立良好旅游环境,将吉尔吉斯斯坦旅游知名度向世界范围推广等。为推广吉尔吉斯斯坦旅游业,2013 年,吉尔吉斯斯坦在俄罗斯、哈萨克斯坦等国举办了关于伊塞克湖的推介会、伊塞克湖旅游季开幕式、国际马拉松赛等活动,成效显著。[①]

表 6-5　2009—2013 年吉尔吉斯斯坦旅游业概况

编号	项目	单位	2009 年	2010 年	2011 年	2012 年	2013 年
1.入境旅游							
1.1	总计	千人	1394	855	2278	2406	3076
按客源地划分							
1.5	总计	千人	1394	855	2278	2406	3076
1.6	非洲	千人	…	…	…	…	…
1.7	美洲	千人	13	9	18	19	22
1.8	东亚、太平洋	千人	32	24	33	34	39
1.9	欧洲	千人	1332	804	2208	2333	2983
1.1	中东	千人	…	…	…	…	1
1.11	南亚	千人	7	5	7	7	7
1.12	其他未分类	千人	9	13	11	12	24
住宿							
1.32	住宿过夜	千人	355	130	247	364	332

---

① 中华人民共和国驻吉尔吉斯斯坦共和国大使馆经济商务参赞处网站[EB/OL]. http://kg.mofcom.gov.cn.

续表 6－5

编号	项目	单位	2009 年	2010 年	2011 年	2012 年	2013 年
花费							
1.33	花费总计	百万美元	300	212	405	486	585
1.34	旅游	百万美元	253	160	356	434	530
1.35	客运花费	百万美元	47	52	49	52	55
2.国内旅游							
2.2	其中:过夜	千人	1137	958	1027	1448	1366
3.出境旅游							
3.1	总计	千人	580	597	931	1326	1401
3.2	过夜	千人	…	…	…	…	…
3.3	一日游	千人	…	…	…	…	…
花费							
3.4	花费总计	百万美元	273	275	392	529	505
3.5	旅游	百万美元	147	148	247	350	350
3.6	客运花费	百万美元	126	127	145	179	155
6.旅游宏观指标							
6.2	接待能力	%	0.26	0.16	0.42	0.44	0.55
6.3	入境旅游花费/GDP	%	6.4	4.4	6.5	7.4	8.1
6.4	出境旅游花费/GDP	%	5.8	5.7	6.3	8.0	7.0
6.5	旅游平衡表	%	0.6	−1.3	0.2	−0.6	1.1

数据来源:世界旅游组织网站 http://www2.unwto.org.

(四)塔吉克斯坦旅游业发展现状

塔吉克斯坦是中亚的一个高山国家,帕米尔高原和天山山脉占了其领土面积的 93%。该国大部分地方处于海拔 3000 米以上,主要地貌特征为山脉与盆地交错纵横。高山、冰川以及沿山谷顺势而下的河水构成了塔吉

克斯坦独特的风景线。有"世界屋脊"美誉的帕米尔高原就位于塔吉克斯坦的东北部,那里有独联体国家的最高峰"索莫尼峰(7495 米)",从空中鸟瞰,那里是冰雪的海洋,同时也是旅游者和高山探险家的乐园。水利资源丰富是塔吉克斯坦的又一鲜明特点。河流、湖泊以及人工建造的水库等,不仅为人们提供了改造自然的动力源泉,同时也为人们造就了享受自然风光的休闲娱乐场所。值得一提的是,在距首都杜尚别市 30 多公里的瓦尔佐布山谷是非常著名的一个兼旅游休闲及疾病治疗为一体的度假疗养胜地。该山谷有世界闻名的地热资源,含有氡等元素的地下蒸汽常年自地下涌出,源源不断。苏联时期该地每年接待大量的游客和对国家建设作出突出贡献的人们前来疗养度假[①]。2012 英国知名旅游杂志《wanderlust tourist magazine》出版了"全球最具吸引力国家名单",塔吉克斯坦榜上有名。塔吉克斯坦还位于"古丝绸之路"的交汇点,两千多年前的"古丝绸之路"就经过塔吉克斯坦的彭吉肯特、乌拉秋别、胡占德等城镇,这条伟大的商旅之路为后人留下了丰富的历史和文化遗产,塔吉克的普罗图—萨拉则城区遗址为世界文化遗产。

尽管塔吉克斯坦有较丰富的历史、文化和自然资源,其旅游业在中亚地区旅游市场上仍处于非常弱小的地位,与邻国相比无论是接待与服务外国游客,还是吸引投资,都存在很大差距。加之民族旅游产品市场不发达,未能在国际和国内旅游服务市场将其推广。塔吉克斯坦在旅游方面的收入很少,前来塔吉克斯坦旅游的外国游客多数都是中等收入的人,他们更喜欢搭车、骑自行车或者乘坐公共交通工具游览,塔吉克斯坦简陋的服务设施正好可以为这类游客提供服务。来塔吉克斯坦度假的高收入旅游者较少,因为该国旅游基础设施比较落后[②]。

根据 2013 年世界经济论坛旅游领域竞争力指数排名,塔吉克斯坦在 139 个国家中排名第 114 名,比去年提高 4 名。2013 年塔吉克斯坦入境游

---

① 塔吉克斯坦旅游资源及现状[DB/OL]. http://tj. mofcom. gov. cn/aarticle/ztdy/200209/20020900041438. html.

② 塔吉克斯坦旅游基础设施发展薄弱[EB/OL]. http://www. xjass. com/zy/content/2014—04/18/content_319271. htm.

客为 20.8 万人,入境旅游总花费为 56.9 百万美元,2012 年塔吉克斯坦入境游客为 24.4 万人,入境旅游总花费为 60.4 百万美元(见表 6 - 6)。2014年上半年来共有 9.28 万外国人访问塔吉克斯坦,其中 7.42 万人为旅游者身份,塔吉克斯坦因此获得旅游收入 1360 万美元。入境旅游者主要来自伊朗、阿富汗、俄罗斯、美国、中国、土耳其、德国、日本、法国等国家。

表 6 - 6 2009—2013 年塔吉克斯坦旅游业概况

编号	项目	单位	2009 年	2010 年	2011 年	2012 年	2013 年
1.入境旅游							
1.1	总计	千人	207	160	183	244	208
按客源地划分							
1.5	总计	千人	207	160	183	244	208
1.6	非洲	千人	…	…	…	…	…
1.7	美洲	千人	1	1	1	1	0.8
1.8	东亚、太平洋	千人	3	4	4	4	1
1.9	欧洲	千人	189	140	167	223	199
1.1	中东	千人	…	…	…	1	0.3
1.11	南亚	千人	14	15	11	15	7
1.12	其他未分类	千人	…	…	…	…	…
按目的划分							
1.14	总计	千人				244	208
1.15	个人	千人				242	206
1.18	商务、专业	千人				2	2
按交通工具划分							
1.19	总计	千人				244	208
1.2	飞机	千人				94	78
1.21	水路	千人					…
1.22	陆路	千人				150	130

编号	项目	单位	2009 年	2010 年	2011 年	2012 年	2013 年
按组织方式划分							
1.26	总计	千人				244	208
1.27	其中:包价旅游	千人				3	3
	其他	千人				241	205
花 费							
1.33	总计	百万美元	19.5	32.4	39.8	60.4	56.9
1.34	旅游	百万美元	2.4	4.5	3.1	3.4	2.9
1.35	客运花费	百万美元	17.1	27.9	36.7	57.0	54.0
其他指标							
1.41	所有商业住宿服务	过夜数				7	7
1.44	平均日花费	美元				500	500
2.国内旅游							
2.1	总计	千人				30	38
2.2	其中:过夜	千人				24	28
2.3	一日游	千人				6	10
按目的划分							
2.4	总计	千人					38
2.5	个人	千人					35
2.8	商务、专业	千人					3
按交通工具划分							
2.9	总计	千人					38
2.1	飞机	千人					2
2.11	水路	千人					…
2.12	陆路	千人					36

195

续表 6－6

编号	项目	单位	2009 年	2010 年	2011 年	2012 年	2013 年
按组织方式划分							
2.16	总计	千人				30	38
2.17	其中:包价旅游	千人				0.2	2
2.18	其他	千人				30	36
3.出境旅游							
3.1	总计						
3.2	过夜		…	…	…	15	15
3.3	一日游		…	…	…	…	…
花费							
3.4	总计	百万美元	…	24.9	13.8	13.3	14.1
3.5	旅游	百万美元	5.8	17.8	8.4	6.8	7.2
3.6	客运花费	百万美元	…	7.1	5.4	6.5	6.9
6.旅游宏观指标							
6.2	接待能力		…	…	…	0.03	0.03
6.3	入境旅游花费/GDP	%	0.4	0.6	0.6	0.8	0.7
6.4	出境旅游花费/GDP	%	0.1	0.4	0.2	0.2	0.2
6.5	旅游平衡表	%	0.3	0.2	0.4	0.6	0.5

数据来源:世界旅游组织网站 http://www2.unwto.org.

2007 年 11 月 29 日,塔吉克斯坦成为联合国世界旅游组织正式成员,成为该组织成员,塔吉克斯坦可与各成员国进行合作,制定可行的旅游方案,培训旅游从业人员,发展国内旅游,吸引外国游客,旅游可成为国家减贫计划的一种手段。目前塔吉克斯坦的旅游设施和服务水平较低,对外招商不够,旅游业处于起步阶段。2013 年,塔吉克斯坦总统拉赫蒙举行改善

投资环境咨询委员会会议,号召积极发展塔吉克斯坦旅游业,利用一切可能将塔吉克斯坦旅游提升到世界水平,未来塔吉克斯坦旅游业占GDP的比重应达到5%,可开展登山旅游、打猎旅游等。随着塔经济形势好转,宣传力度加大,外国投资者加大了对塔吉克斯坦旅游业的投资兴趣,其中伊朗、巴基斯坦、哈萨克、俄罗斯等国家的旅游公司在塔申请成立合资企业,塔吉克斯坦旅游业有较大发展潜力。[①]

(五)土库曼斯坦旅游业发展现状

土库曼斯坦于1993年加入世界旅游组织,目前是30多个国际旅游论坛、展览会的长期会员。土库曼斯坦政府始终高度重视旅游资源开发工作,曾因积极推动国际旅游业发展于2002年被世界旅游组织授予两项大奖。根据土库曼斯坦国家旅游和体育委员会统计,截至2007年8月土库曼斯坦全国现有17家国有及私人旅游公司,年游客接待量保持在6万人次左右,其中外国游客1.2万人次,来自世界60余个国家,较为成熟的旅游线路150余条,2005年土库曼斯坦公民出境游前五大目的地国依次为阿联酋(48%)、俄罗斯(28%)、中国(10%)、乌克兰(6%)和德国(4%);赴土库曼斯坦的外国游客则主要来自伊朗(62%)、德国(9%)、法国(6%)、荷兰(4%)和日本(4%)。土库曼斯坦著名旅游景点包括古梅尔夫王国遗址、老乌尔根奇建筑群、尼萨古城、恐龙高原等,其中古梅尔夫王国遗址、老乌尔根奇建筑群和尼萨古城均入选联合国教科文组织世界100个最重要的历史遗产名单。恐龙高原被称为土库曼斯坦的“侏罗纪公园”,位于列巴普州,是世界上为数不多的保存着侏罗纪时期古代恐龙足迹的地方之一。这些足迹出现于1.5亿年以前,长度30~92厘米不等,其数量和总面积均居世界第一位。恐龙高原风光优美,有小河、瀑布、湖泊、山洞等,还有能够治疗各种疾病的硫化氢泉水,是土库曼斯坦著名的休闲疗养胜地。

土库曼斯坦旅游业刚刚起步,总体水平相对落后,不仅景点需要进一

---

① 中华人民共和国驻塔吉克斯坦大使馆经济商务参赞处网站[EB/OL]. http://tj. mofcom. gov. cn.

步开发,而且配套的交通、食宿等基础设施状况也有待完备。土库曼斯坦政府已认识到了这点,正着手制定旅游业发展中长期规划,并专门设立了国家旅游发展基金,以为行业发展提供必要的资金支持。2007 年 7 月 24 日,土库曼斯坦总统签署总统令,批准设立"阿瓦扎"(AVAZA,土里海疗养胜地)国家级旅游区(属自由经济区),这是土库曼斯坦首个国家级旅游区建设项目。"阿瓦扎"旅游区位于里海东岸长 16 公里的海岸上,总面积 1700 公顷。根据规划,该区建设有 60 余座高档宾馆、4 座儿童夏令营以及疗养院、休闲健身俱乐部、体育场馆、商贸中心和高档住宅楼等社会公用设施①。

---

① 中华人民共和国驻土库曼斯坦大使馆经济商务参赞处网站[EB/OL]. http://tm. mofcom. gov. cn.

第七章

丝绸之路经济带旅游合作现状

一、中国与俄罗斯旅游合作现状

(一)双边旅游贸易合作现状

1. 俄罗斯人来华旅游情况

2013 年全年俄罗斯来华旅游人数共 218.64 万人,其中观光休闲65.61 万人,探亲访友 108.85 万人。2014 年 1 月—9 月,俄罗斯来华旅游人数共 158.99 万人,其中观光休闲 48.24 万人,探亲访友 76.31 万人。前往中国旅游的俄罗斯人中,来自莫斯科及周边地区的居民仅占 20%,大多数(150 万人次)随旅游团免签进入中国的是俄罗斯远东地区居民,他们已经成为黑龙江省的主要境外客源市场。俄罗斯旅游运营商协会分析中心对远东地区 12 个城市 250 家旅游公司进行调查的结果显示,俄罗斯远东地区大多数居民选择前往中国旅游。冬季和夏季前往中国旅游的人数都很多。冬季前往中国旅游的人数占异地旅游人数的 70%,而夏季则约为 60%。大多数远东游客的消费不超过 3 万卢布。43% 前往中国旅游的远东居民选择海滨旅游城市,最受欢迎的是海南。由于位于寒带,俄罗斯的冬季漫长,海南温暖湿润的气候对俄罗斯人来说具有很强的吸引力。海南旅游委的统计数据显示,从 2008 年起,俄罗斯一直都是海南第一大境外客源国,2011 年俄罗斯游客量创纪录地超过了 22 万人次,2012 年数量虽有所下降,但仍达 19.19 万人次。三亚是中国目前接待俄罗斯度假游客最多的城市。据三亚市旅游委统计,2012 年全年三亚接待境外游客人数达 45 万人次,仅俄罗斯游客达近 19 万人次,占境外游客比例近 42%。

2. 中国人赴俄罗斯旅游情况

俄罗斯旅游署援引统计局的数据显示,中国 2013 年全年向俄罗斯运送游客超过 37.23 万名,基本赶上德国来俄罗斯游客人数,后者以 38.03 万名游客位居俄罗斯入境旅游排行榜首位。从 2014 年第一季度开始,中国成为俄罗斯入境旅游的最大客源国。2014 年头 9 个月,赴俄罗斯旅游的中国游客达 35.8 万人,同比增长 10%。近年来赴俄罗斯旅游的中国人也越来越多,中国旅游研究院院长戴斌说:"中国游客现在到俄罗斯旅游,大多都是集中在莫斯科和圣彼得堡,70% 以上的游客是老年人,旅游季节集中在 6 月到 9 月之间,8 月份是最高峰。"2014 年 6 月底 7 月初,俄罗斯奥伦堡航空公司开通了天津、西安、杭州分别至莫斯科的定期航班,津陕浙三地赴俄罗斯旅游直飞时代就此开启。此外,石家庄、兰州等地也于 7 月中旬开通俄罗斯旅游包机航线,直飞贝加尔湖,此举将使赴俄罗斯旅游从国内一线城市向二三线城市拓展。开通新航班在一定程度上削弱了北京、上海等赴俄罗斯旅游集散地的影响力,但拉动了国内二三线城市去俄罗斯的游客数量,也促进了赴俄罗斯旅游产品和项目多元化。

(二)中俄旅游合作活动

1. 中俄互办"国家旅游年"活动

2012 年和 2013 年分别是中国的"俄罗斯旅游年"和俄罗斯的"中国旅游年"。2012 年"俄罗斯旅游年"首先在中国启动。中俄双方在"俄罗斯旅游年"合作框架下成功举办各类活动 200 余项,其中许多活动为中俄旅游交流史上的首创。2012 年 7 月中旬,中方组织了 1100 多名中国游客访问俄罗斯,7 月 19 日,千名中国游客齐聚莫斯科,参加了俄方举办的专场文艺演出,活动人数之多,规模之大开创了中俄旅游交流史上的先河;6 月,100 名中国记者赴俄罗斯采访,在为期一个半月的采访期间,中国记者走访了俄罗斯 20 余座城市;8 月 16 日,中国制作的 100 集旅游电视专题片《你好,俄罗斯》同时在各电视台及有关网络等媒体平台播出,引起了各界的极大

反响;10月初,应北京市政府邀请,50个俄罗斯家庭150余人赴北京进行了民俗旅游交流活动,中俄家庭同吃、同住、同游览,受邀俄罗斯家庭全面领略了北京的魅力和中国文化,此次活动也开创了中俄民众往来的新形式。2013年3月22日,俄罗斯"中国旅游年"开幕式在莫斯科隆重举办,中国国家主席习近平与俄罗斯总统普京共同出席开幕式并致辞。习近平主席强调要把旅游业培育成中俄全面战略协作伙伴关系新亮点。2013年举办的活动包括:10万名广东游客游俄罗斯系列活动,中国中央电视台和中国国际广播电台制作并播出的"茶叶之路"纪录片,"你好,中国"多媒体文化项目,百名俄罗斯媒体记者"美丽中国之旅"来华采风,百名俄罗斯旅行商来华考察,50个北京家庭回访莫斯科,第三届中俄日韩蒙旅游美食文化节,中俄自驾游,"俄罗斯人眼中的上海"摄影大赛等。此外,还举办了莫斯科中央陆军足球俱乐部来华友好比赛、俄罗斯在华旅游巡回宣传推广、俄罗斯旅游投资项目推介会、"游客眼中的中国"摄影展、邀请中方旅行商和新闻记者赴俄考察等活动。中俄互办"旅游年"以来,通过举办密集的各类活动以及广泛的宣传报道,两国旅游合作正转化成中俄两国人民间相互交流和世代友好的基石。

2. 中俄旅游合作论坛

中俄旅游合作论坛已经成功举办了两届。论坛为两国政府部门、地方、企业和学界代表的交流与合作架起了桥梁,已经成为中俄旅游合作的有机组成部分。第一届中俄旅游合作论坛于2012年3月24日在北京举办,时任国务院副总理、中俄旅游年组委会中方主席王岐山与俄罗斯副总理、中俄旅游年组委会俄方主席苏尔科夫共同出席中俄旅游合作论坛开幕式并致辞。中俄双方就进一步扩大旅游市场开放,加强青少年旅游交往,加强边境旅游政策沟通协调,探索完善旅游投融资、宣传推广、中介服务、安全保障合作机制等方面进行了沟通和交流。此次论坛有力推动了中俄双方的旅游合作。2012年11月16日在上海举行的第二次中俄旅游合作论坛中,俄罗斯联邦旅游署署长拉季科夫和中国国家旅游局副局长王志发,地方领导、投资者和企业家,以及政府智库和高等院校的学者都作了精彩的演讲,还举办了三场富有成效的对话,取得了良好效果。中俄双方还签署了国家以及地方层面的投资合作协议,为进一步的合作扩展空间。

3. 中俄旅游教育论坛

中俄旅游教育论坛是在 2007 年 3 月中俄两国政府人文合作委员会旅游分委会第四次会议上确定由两国旅游管理部门共同举办的。自 2008 年至 2013 年,中俄旅游教育论坛在莫斯科、北京、索契、桂林、符拉迪沃斯托克和三亚先后举办了六届,这六届的主题分别是"旅游与教育:道路、问题与前景""应用型旅游人才培养的实践和经验""旅游人才培养的方法和途径、面临的主要问题""旅游教育:使命、责任和创新""中俄旅游教育——扩大中俄合作的新机遇"和"旅游业发展与旅游教育创新"。中俄旅游教育论坛为中俄双方的旅游部门和教育部门携手合作,统筹规划,进一步整合旅游教育资源,扩大旅游教育的国际合作与交流提供了平台,通过举办教育论坛,中俄旅游业进一步推动了校际合作与校企联合,加快了中俄旅游教育的产学研一体化和国际化进程,这将积极为两国旅游产业发展提供强有力的人才支撑。

二、中国与中亚五国旅游合作现状

中国与中亚国家之间的区域合作始于合作解决边界纷争,随后并逐步扩展至反恐、能源、投资等诸多领域。现阶段,中国与中亚国家的合作重点依然是在加强区域能源、发展区域贸易等方面的合作。关于旅游业的合作,虽然早已提至议事日程,但合作的项目还很少。现阶段,区域内开展的旅游合作主要有边境旅游合作和丝绸之路合作。

(一)边境旅游合作

边境旅游是指经批准的旅行社组织和接待中国及毗邻国家的公民,集体从指定的边境口岸出入境,在双方政府商定的区域和期限内进行的旅游活动。它是国内旅游的延伸,也是国际旅游的重要组成部分。最初边境旅游仅限于边境地区的城镇,但现在已深入到了边境两国的内部。在中国,

承载与中亚国家之间边境旅游活动的主要是新疆地区。

　　新疆边界线长 5600 公里,毗邻 8 个国家,由东向西依次是蒙古、俄罗斯、哈萨克斯坦、吉尔吉斯斯坦、塔吉克斯坦、阿富汗、巴基斯坦、印度。新疆共有 29 个对外口岸,其中 17 个是国务院批准开放的一类口岸。自苏联解体以后,凭借着有利的地理优势,中亚国家与中国的边贸开始火热起来,贸易额急剧上升。就口岸经济发展模式而言,新疆口岸大多数为贸易型、旅游购物型口岸①。古丝绸之路的南、北、中三条通道在新疆全境通过,新疆作为向东面向国内 13 亿人口,向西面向中亚、西亚,辐射欧洲 13 亿人口的区域中心,旅游产业发展潜力巨大。为紧抓机遇,新疆旅游业正在抓紧"提速升级"。在少数边境口岸所在地,通过与毗邻国家有关的地区协商,新疆与对方国边境地区政府之间建立了良好的工作基础。双方边境地区政府签订了许多双边旅游协议、备忘录等,为边境旅游的全面恢复做了前期基础性工作。此外,还变通进行了"边境旅游业务"(主要形式是为限定具体区域的人员办理口岸两地官方认可的通行证往来边境口岸),或者利用口岸所在地的"边境互市贸易区""合作区"等出入境进行贸易经营或旅游观光活动。如为打造新疆面向中亚国家的旅游基地,在新疆霍尔果斯口岸成立了"中哈霍尔果斯国际边境合作中心"。在合作中心内实现了双方公民免签证互访旅游,开辟国内外游客过境旅游渠道,形成以"中哈边境跨国游""边贸购物考察游"为主要内容的涉外旅游。近年来,新疆霍尔果斯、吐尔尕特、阿拉山口、红其拉甫等口岸日趋繁荣,边境旅游市场的活跃使东联西出的发展格局发生变化,为新疆经济发展注入了持续活力。2013 年,新疆接待入境游客 156.73 万人次,其中来自哈萨克斯坦、俄罗斯等周边国家游客人数达 121.45 万人次。目前,乌兹别克斯坦已成为中国出境旅游目的地之一,新疆正全力向国家申请,尽快批准将哈萨克斯坦、吉尔吉斯斯坦设立为旅游目的地国家。此外,新疆旅游局已和多方进行了反复沟通协商,筹划在周边国家设立 2~3 家驻外旅游联络处,加快推进与中亚等周边

---

　　①　新疆口岸基本情况[DB/OL]. http://wqb. xinjiang. gov. cn/kagz/kajs/2013/212724. htm. 2013.

国家旅游合作。新疆旅游局始终注意与相关行业密切合作,2014 年 6 月与航空公司联手,在乌兹别克斯坦、吉尔吉斯斯坦和哈萨克斯坦建立了新疆旅游海外营销中心①。

2013 年 9 月和 10 月,中国国家主席习近平在出访中亚和东南亚国家期间,先后提出共建"丝绸之路经济带"和"21 世纪海上丝绸之路"(简称"一带一路")的重大倡议,引起世界各国的广泛关注和重视。新疆在丝绸之路经济带建设中处于核心地位,"一带一路"战略为新疆发展提供了强大而持久的动力。2014 年 5 月 28 日至 29 日第二次中央新疆工作座谈会提出,要把新疆建设成为"丝绸之路经济带旅游集散中心"后,新疆旅游局又提交"关于做好新疆精品旅游景区建设的报告",中共中央政治局委员、自治区党委书记张春贤对创建国家 5A 级景区作出了"推进创建步伐,注重精品旅游"的批复,极大地推动了新疆国家 5A 级景区创建工作。"着力打造新疆丝绸之路经济带核心区"、"将新疆建设成为丝绸之路经济带旅游集散中心"等战略部署,将新疆发展再次放在事关全党全国的高度,也为新疆旅游业发展指明了道路。丝绸之路经济带是世界上最长、最具有发展潜力的经济大走廊,发展丝绸之路经济带旅游,把新疆建设成为丝绸之路经济带"旅游集散中心"将成为新疆边境旅游发展强大而持久的动力②。

(二)丝绸之路合作

在古代,丝绸之路是一条物资交流的通道,促进了沿线的商贸发展,为人类物质文明进步作出了不可磨灭的贡献。另外,丝路的开辟大大促进了文化、宗教、语言的交流和融汇,对推动科学技术进步、文化传播、物种引进,各民族的思想、感情和政治交流以及创造人类新文明,均作出了重大贡献。如今,丝绸之路是区域政治、经济、文化合作与交流的平台,它的合作内涵既有交通、能源、金融等重点领域的合作,也有农业、中小企业以及市

---

① 新疆借道"丝绸之路"打造"旅游集散中心"[DB/OL]. http://news. 21cn. com/world/guojisaomiao/a/2014/0628/20/27690491. shtml.

② 新疆倾力打造"丝绸之路经济带"旅游集散中心[DB/OL]. http://zw. xinjiangtour. gov. cn/gov/front. do? method=view&id=32612. 2014. 6. 16.

场中介服务方面的合作,还包括科技、环保、旅游、卫生、教育、救灾等领域的交流。在旅游方面,中国和中亚各国的文化遗产和自然景观如散落在丝路上的明珠,为了焕发古丝绸之路的活力,加强丝绸之路沿线国的经济交流与旅游业发展,中国与中亚国家联手为打造"丝绸之路国际旅游带"开始了丝绸之路跨国联合申请世界文化遗产和丝绸之路旅游精品路线跨国合作开发计划。

1. 丝绸之路跨国联合申请世界文化遗产

2006 年,在联合国教科文组织世界遗产委员会的积极协调下,中国政府和哈萨克斯坦、吉尔吉斯斯坦、塔吉克斯坦、乌兹别克斯坦、土库曼斯坦中亚五国联合启动了丝绸之路跨国申报世界文化遗产工作。经过联合国教科文组织与中国和中亚五国政府多次协商,2012 年最终确定中国和哈萨克斯坦、吉尔吉斯斯坦三国政府联合申报丝绸之路世界文化遗产。2014 年 6 月 22 日,在卡塔尔首都多哈召开的第 38 届世界遗产大会上,由中国、哈萨克斯坦与吉尔吉斯斯坦跨国联合申报的"丝绸之路:长安—天山廊道路网"项目列入《世界遗产名录》,这是世界上第一个以联合申报的形式成功列入《世界遗产名录》的丝绸之路项目。丝绸之路项目的申遗成功,使古老的丝绸之路又焕发出新的生机,申遗成功将为丝路沿线贯通成一条旅游产品线路提供可能,使丝绸之路再一次成为境内外游客关注的热点,通过开展旅游也将使得中国与中亚国家关系更加紧密。

2. 丝绸之路旅游跨国交流与合作会议

为打造"丝绸之路国际旅游带",各国分别通过举办多种形式的交流与合作来促进丝路旅游发展。近两年,仅在中国境内就举办了多次丝绸之路合作会议。2012 年以"世代友好、共创繁荣"为主题的"丝绸之路"城市市长会晤 5 月 28 日在西安开幕,来自丝绸之路沿线 12 个国家 20 余个城市的市长或代表商讨加强合作,在为期三天的会议中,与会各方举行"丝绸之路"国际旅游合作座谈会、"与会城市友好交流合作座谈会"等,创立了"丝绸之路国际旅游合作联盟";2013 年欧亚经济论坛在西安大唐西市举办"丝绸之路经济带城市圆桌会";2013 年 8 月 1 日,世界旅游组织第六届丝绸之路国际大会在甘肃敦煌举行,大会主题为"构建丝绸之路新的旅游线路",与会代表围绕丝绸之路旅游品牌打造和线路重振等问题进行了探讨;2014年5月第18届中国东西部合作与投资贸易洽谈会暨丝绸之路国际博览会在西安举办,西洽会重点设置了丝绸之路国际博览会国际馆、丝绸之路经济带沿线国家和地区旅游文化站、丝绸之路经济带沿线国家和地区特色产业精品展等围绕共建丝路经济带的主题展馆;2014年6月25日,中国国际"丝绸之路"旅游发展会议在乌鲁木齐召开。来自14个国家的30余位代表应邀出席会议。会议期间,与会各方共商推动国家旅游局《丝绸之路旅游规划》的实施,研讨如何振兴"丝绸之路"区域旅游、树立"丝绸之路"旅游品牌,商讨建立定期联系机制、双边合作机制,并联合发表《丝绸之路旅游乌鲁木齐宣言》,提出合作发展丝绸之路旅游,各国之间互为丝绸之路出境旅游目的地。为期三天的2014中国西安丝绸之路国际旅游博览会于9月19日在丝绸之路起点陕西西安拉开序幕,来自32个国家和地区以及国内24个省(区市)的旅行商汇聚西安,围绕丝绸之路旅游与城市发展,以国际化、全球化的视角,向世界推广以西安为起点的丝绸之路。

多种形式的交流与合作,使中国和中亚各国就加强丝路沿线旅游文化联系、整合丝路沿线旅游资源、完善丝路沿线各国旅游发展措施、协调沿线各国旅游发展政策、深化区域旅游一体化等问题达成了共识。这将有利于强化丝绸之路沿线国家紧密合作,提升丝绸之路旅游品牌影响力,实现丝绸之路旅游项目的国际合作和可持续发展。

第八章 丝绸之路经济带旅游合作的基础与优势

一、丝绸之路经济带旅游合作的基础

(一)经贸合作

从中亚五国独立开始,中国与中亚五国就有比较多的经贸合作。在贸易方面,1992 年,中国与中亚五国的进出口额为 4.59 亿美元;1997 年达到 8.72 亿美元;2000 年,中国与中亚五国的贸易额全面增长,进出口总额达到 18.198 亿美元;2003 年,中国和中亚五国的贸易额大幅攀升,达到 40.6 亿美元;而 2012 年,双方贸易额达到 459.98 亿美元,占到中国与欧亚地区国家贸易总额的 31%。在中亚五国内部,2013 年中哈贸易额为 223.6 亿美元,中国是哈第一大贸易伙伴国,为哈第二大出口市场和第一大进口来源地。中乌贸易额 45.32 亿美元,中国为乌第二大贸易伙伴。中吉贸易约 13 亿美元,中国是吉第二大贸易伙伴国。中塔贸易额 19.59 亿美元,中国是塔第三大贸易伙伴国[①]。2013 年,中土贸易额 100.3 亿美元。

20 多年来,中俄两国的经贸关系取得了积极进展,这主要体现在快速增长的贸易额上。据统计,1991 年,中俄贸易额只有 39 亿美元,只占中国对外贸易总额的 2.9%。2011 年,据俄海关统计数据显示,中俄双边贸易额达 835 亿美元,同比增长 40.84%,占俄全年对外贸易额(8016 亿美元)

[①] 李克强访哈具历史性意义为中哈合作注入强劲动力[EB/OL]. http://news.china.cn/world/2014—12/14/content_34312055.htm.

的 10.42%。2012 年达到 882 亿美元。虽然受到国际金融危机的严重影响,但中俄两国经济合作的趋势仍在继续加深。2013 年中俄贸易额为 683.3 亿美元,中国为俄罗斯第六大出口市场和第一大进口来源地。

(二)能源合作

中亚地区油气资源丰裕。哈萨克斯坦的石油探明储量和产量在中亚各国均居首位;土库曼斯坦素有"中亚科威特"美誉;乌兹别克斯坦国土面积中有 63% 位于油气凝聚带,是世界 15 个天然气生产大国之一;塔吉克斯坦和吉尔吉斯斯坦油气资源在中亚五国中相对贫乏,但是两国的重要性在于其独特的地理位置,中亚地区油气资源富裕国家的向南、向东方向的管道出口基本上都要通过此地;俄罗斯是世界第二大石油生产国,石油是俄罗斯的首要能源,也是重要的出口物资。目前中国与中亚国家间已经建成 A、B、C 三线连接中亚多国与中国的天然气管道。从中亚进口的天然气,通过中亚管道接入西气东输管道,已覆盖中国 25 个省、市、自治区和香港特别行政区的用户,造福 5 亿多人。目前正在兴建 D 线预计将于 2020 年底全线完工。D 线走向与 A、B、C 三线不同,由中国新疆南部入境,这对于保障中国能源安全、发展南疆经济具有重要意义。中亚天然气管道 D 线是一个资源国、过境国、消费国实现多方共赢的项目,该线全长 1000 公里,其中境外段 840 公里,设计年输气量 300 亿立方米,投资总额约 67 亿美元。D 线首次途经塔吉克斯坦和吉尔吉斯斯坦两个国家,与已建成的连接土库曼斯坦、乌兹别克斯坦、哈萨克斯坦的 A、B、C 线一道,形成中国—中亚天然气管道网,把中亚五国都与中国紧密联系在一起[①]。2011 年初,中俄原油管道开始由俄罗斯向中国供油。在启动煤炭合作方面,两国也迈出了重要步伐,俄罗斯将向中国增加电煤和焦煤的供应量。

(三)交通合作

丝绸之路经济带沿线国家的铁路合作主要是新欧亚大陆桥和第三欧

---

① 中亚天然气管道累计输气逾千亿方正兴建 D 线[EB/OL]. http://news. xinhuanet. com/energy/2014−11/15/c_127213464. htm.

亚大陆桥。新亚欧大陆桥,也称为亚欧第二大陆桥。这条大陆桥东起中国连云港,通过陇海兰新铁路,从新疆阿拉山口出境,穿越中亚地区,连接俄罗斯、德国等欧洲国家,抵达鹿特丹,开通于 1992 年。第三欧亚大陆桥目前处于构想阶段,通车线路还只限于"渝新欧"国际铁路,第三亚欧大陆桥起点始于以深圳港为代表的广东沿海港口群,沿途由昆明经缅甸、孟加拉国、印度、巴基斯坦、伊朗,从土耳其进入欧洲,最终抵达荷兰鹿特丹港。已开通的"渝新欧"国际铁路联运物流大通道,始点从重庆出发,向西经过北疆铁路到达中国的边境阿拉山口,进入哈萨克斯坦,再转俄罗斯、白俄罗斯、波兰,至德国的杜伊斯堡,全程 11179 公里。2012 年这条国际大通道继续西进,从德国的杜伊斯堡西延至比利时的安德卫普——整整延长了 202 公里,将欧盟总部所在国比利时与重庆直接相连。中国与中亚地区公路相互衔接,中国与中亚国家连接的主要干线公路均加入了亚洲公路网,由中国连云港经西安至霍尔果斯的国家高速公路与穿越中亚的欧洲 E40 号公路相连;中国已经开通同哈萨克斯坦阿拉木图、乌兹别克斯坦塔什干、塔吉克斯坦杜尚别的直达航线,从中国首都北京、上海或广州等沿海大城市直达或经乌鲁木齐到达中亚国家的航空线路已经开通近 10 条,新的航线还在酝酿中。近十几年,随着中俄两国关系的不断改善,通过中俄 4000 多公里的边境线上共有 21 个公路、铁路、河道口岸的交通运输,目前,中俄之间的物流通道已覆盖了水陆空各个领域。这些陆路和空中交通线路构成日益便捷的"交通经济带"。

(四)人文交流与合作

在上海合作组织和几个双边战略合作伙伴关系的框架内,中国与中亚进行了多方面的人文合作。成员国在文化领域内多次举办了各类文艺演出、图书馆和博物馆文物展览以及相关的文化日、文化节、国家年、语言年、友好年等交流活动。最近几年,中国在中亚一些国家设有中国文化中心,中国与中亚各国建交以后与多数国家间建立了经贸科技合作委员会,科技交流合作被纳入了这一国家间合作的磋商与协调机制。中国和中亚各国的科研机构、高等院校之间有着较为密切的联系,科技人员和高校教师参加彼此举办的学术研讨会等活动。自 2005 年起,孔子学院作为文化交流的大平台加强了中国与中亚的人文合作与交往,截至 2013 年年底,中国在中亚国家已建成 10 所孔子学院(哈萨克斯坦 4 所、吉尔吉斯斯坦 3 所、塔吉克斯坦 1 所、乌兹别克斯坦 2 所)。截至 2012 年,上海合作组织中亚成员国在华的留学生的人数已经达到 1.64 万人。近几年来华留学的中亚学生学习结构发生了变化,以学习汉语为目的的语言生的比例下降,而注重在中国进行系统的学历教育的留学生逐年增加,学历教育为留学生了解中国社会与文化提供了更多的机会。2013 年习近平主席在哈纳扎尔巴耶夫大学讲演时表示,将在未来 10 年向上海合作组织成员国提供 3 万个政府奖学金名额,拟邀 1 万名孔子学院师生赴华研修。中俄战略协作伙伴关系的一个重要方面是巩固两国关系的社会基础,增进两国人民的相互了解和友谊,因而加强人文合作成为近年来两国关系一个新的亮点。不断开展的各种文化交流、青年交流、教育交流、媒体交流、旅游交流一直是两国人文合作的重要内容。特别是"国家年""语言年"等活动的开展,对加深两国民间了解、增加相互信任起到了积极的作用。

二、中俄旅游业合作优势

(一)中俄两国均重视旅游业发展,为双方旅游合作提供了巨大空间

中国目前已经完成旅游资源大国向世界旅游大国的转变,地位稳步提升。2014 年 7 月 2 日国务院总理李克强主持召开国务院常务会议,确定促进旅游业改革发展的政策措施,提出要着力推动旅游业转型升级,使旅游开发向集约节约和环境友好转型,旅游产品向观光、休闲、度假并重转变,旅游服务向优质高效提升。2014 年中国国务院发布《国务院关于促进旅游业改革发展的若干意见》,提出到 2020 年,境内旅游总消费额达到 5.5 万亿元,城乡居民年人均出游 4.5 次,旅游业增加值占国内生产总值的比重超过 5%。俄罗斯近年来也非常重视旅游业发展,2010 年 7 月,俄联邦政

府正式批准了《俄罗斯2011年—2016年发展旅游业（境内游和出境游）联邦专项纲要构想》（草案），这个纲领性的专项文件有助于加快俄罗斯旅游业的发展，拉动经济的增长。2011年俄罗斯联邦开始实施"发展国内和入境游的目标计划（2011年—2018年）"。根据规划，在2018年年底之前，俄罗斯将对不同地区发展旅游基础设施建设。在2012年，试点工程被扩大到布里亚特，图瓦和利佩茨克地区。中俄两国就共同发展旅游产业，促进两国人民友好交往已达成共识。2009年，中俄两国政府正式批准了《中国东北地区与俄联邦远东及东西伯利亚地区合作规划纲要（2009—2018）》，标志着中俄区域合作已经上升为双方的国家发展战略，并已经由单纯的经贸合作加速向全面合作拓展。2012年6月中俄签署了《中华人民共和国国家旅游局和俄罗斯联邦旅游署关于进一步扩大旅游合作的谅解备忘录》。根据该谅解备忘录，中俄两国旅游部门将充分利用中俄两国互办"旅游年"的有利契机，在信息共享、旅游投资、市场营销与推广、技能发展与培训等方面进一步加强合作。

（二）中俄两国居民出境游潜力大，彼此青睐到对方国旅游

2011年11月21日，俄罗斯出台通关新政，有利于本国居民特别是远东地区居民出境购物游。按照新规定，民航乘客每人可免税携带50公斤、价值1万美元的商品入境，大大超过了原有不能超过1500美元的规定。这个新规定显然可以大大刺激俄罗斯旅游者乘机出国购物游的热情。自2000年以来，出国旅游的俄罗斯人增加了35％，而且还在持续增加。俄罗斯人已经成为许多国家外来游客的主体。2013年俄罗斯人因公、因私和旅行出境5410万人次，同比增长13.1％，其中旅游占33.8％。近十年来，随着外部条件的宽松和中国改革开放的进一步深入，出境旅游人数越来越多。2014年中国出境旅游规模达到1.14亿人次，国家旅游局制定的旅游业发展"十五"规划指出，到2020年，中国海外游人数将超过2.1亿人次，旅游收入580亿美元以上。中国旅游研究院院长戴斌说，出境旅游从过去一种少数人享受的权利正逐步走向普及化的平民消费，中国游客为世界旅

游业的增长贡献了 13％的份额,中国已成为世界旅游业持续繁荣的新引擎。作为世界一流的旅游大国,中国的历史文化和自然风光正在吸引着越来越多的俄罗斯游客,2013 年中国入境游前十大客源国中,俄罗斯排名第三。从 2014 年第一季度开始,中国成为俄罗斯入境旅游的最大客源国。2014 年头 9 个月,赴俄旅游的中国游客达 35.8 万人,同比增长 10％。除了莫斯科和圣彼得堡所在的中央旅游带外,新西伯利亚、贝加尔湖、阿尔泰山、北高加索和黑海沿岸等地也吸引了更多中国人前往观光。

(三)良好的边境旅游环境

中俄边境线长达数千公里,接壤省区有黑龙江、吉林、内蒙古自治区和新疆维吾尔自治区,对于开展边境旅游来说具有十分优越的地缘条件。中国的黑龙江省、吉林省与俄罗斯的边境旅游合作规模和潜力都具有优势。

1.黑龙江省与俄罗斯良好的边境旅游环境

黑龙江省与俄罗斯远东地区有 3000 多公里的边境线,与俄罗斯多个州、区相接壤,有一类口岸 25 个,早在 20 世纪 90 年代,中俄边境贸易和民间交往异常频繁,尤其是黑河市与隔岸相望的俄罗斯阿穆尔州布拉戈维申斯克市经贸、文化、旅游更是交往密切。哈尔滨作为黑龙江省的省会城市,地理位置上占据欧亚大陆桥枢纽,是东北亚地区政治、经济、交通、文化中心,也是中国东北地区的旅游集散中心,经由哈尔滨,全国各地的游客可以赴俄罗斯,俄罗斯游客可以由此进入黑龙江省内及中国各地参观游览,在地理位置上占有非常重要的优势。黑龙江省具有独特的旅游资源,作为黑龙江省会城市哈尔滨,有着冰城夏都的美誉,同时又是一座极具开放性、包容性,具有浓郁欧陆风情、鲜明特色和异域文化的城市,与俄罗斯文化具有千丝万缕的联系。

2012 年 4 月 2 日,"3＋1"跨境区域旅游联合体(以下简称"联合体")成立大会在哈尔滨市马迭尔宾馆举行。"3＋1"是指中国哈尔滨、伊春、黑河三市和俄罗斯阿穆尔州一区。大会审议并通过了《"3＋1"跨境区域旅游联合体章程》;签定了《"3＋1"跨境区域旅游联合体备忘录》;讨论了《"3＋1"

跨境区域旅游联合体 2014 年促销方案》;推出了"3＋1"跨境区域旅游精品线路;高铁广告媒体推介了载体资源。"3＋1"跨境区域旅游联合体是由联合体各成员单位自愿成立的国际性、区域性旅游合作组织和黑龙江省第一个跨境旅游联合体,它的成立促进了黑龙江省与俄罗斯远东地区旅游业的紧密联系,为黑龙江和内蒙古东北部地区沿边开发开放注入了活力。2013年,中国实施了《黑龙江和内蒙古东北部地区沿边开发开放规划》,将黑龙江省与俄罗斯远东地区的经贸、文化和旅游合作纳入到了国家发展规划。作为边境省份的省会城市,哈尔滨市着力建设中俄旅游先行示范区,并与伊春、黑河等城市发挥中俄边境城市睦邻友好、合作紧密的优势,推动中俄旅游合作,吸引俄罗斯民众到黑龙江并由此集散到中国内地旅游①。2013年黑龙江省旅游局已推出了 10 条中俄欢乐边境行精品线路,以黑龙江、乌苏里江边境地区旅游资源为卖点,以哈尔滨、漠河、加格达奇、黑河、齐齐哈尔、伊春、佳木斯、牡丹江、鸡西等干线机场所在城市为游客集散地和线路起始点,线路共涉及了全省 15 个重点旅游名镇、13 个地级市、18 个边境县,既有沿两大界江的环线,也有特色鲜明的区域中短程旅游线②。

2. 吉林省与俄罗斯良好的边境旅游环境

吉林省与俄罗斯滨海边疆区在地域上相邻相近,在资源上优势互补,在旅游市场上互需互利,具有广阔的合作发展空间。吉林省对俄边境旅游呈现良好的发展态势,现已开通了珲春至俄海参崴 3 日旅游及 4 日旅游项目。俄罗斯已成为吉林省第二大旅游客源国市场。2011 年 8 月吉林旅游代表团赴俄罗斯举办中国·吉林旅游周。开展吉林旅游产品宣传、两地旅游业界交流、多彩吉林图片展等一系列宣传推广活动,展示了风光旖旎、独具风情的吉林形象,为吉林省与俄罗斯滨海边疆区搭建了更为宽广的旅游合作平台。2012 年 6 月 16 日,俄罗斯远东及西伯利亚地区的 10 个城市政

---

① 整合资源,合作共赢推动中俄旅游及区域旅游合作新发展[DB/OL]. http://ta. harbin. gov. cn/ZXDT/GZDT/2014/04/15/17537. htm

② 黑龙江省旅游局局长谈 2013 年旅游新亮点[DB/OL]. http://hlj. sina. com. cn/travel/message/2013－05－22/213552725. html.

府和旅游业界代表在吉林省长春市参加"中俄旅游交流周"活动,寻求区域旅游合作。这是 2012 年中国"俄罗斯旅游年"系列活动之一。在此后一周时间里,设立在长春文化广场的旅游资源展示区,可以让中国游客详细了解俄罗斯各城市的自然风貌和人文历史。2013 年 5 月 22 日,吉林省首条飞往俄罗斯符拉迪沃斯托克的航线正式开通。2013 年 9 月 11 日至 15 日,吉林省旅游局组织全省旅游行政部门、旅游企业及省内主流新闻媒体 20 人,赴俄罗斯符拉迪沃斯托克(海参崴)开展了俄罗斯"中国旅游年"吉林旅游宣传推广活动,并举办了"缤纷四季,精彩吉林"主题旅游摄影展以及吉林省—滨海边疆区旅游座谈交流会。

三、中国和中亚五国旅游业合作优势

(一)中国与中亚各国有着强烈的合作愿望

中国与中亚各国很早就表现出强烈的旅游合作愿望。早在 1992 年 5 月中吉双方就签署了在旅游领域开展合作的文件。1999 年 8 月 25 日,中、俄、吉、哈、塔五国元首在吉尔吉斯斯坦首都比什凯会晤并签署有关协定,组建了"上海五国合作组织",使中亚诸国与中国间的友好合作关系进一步发展,也为中亚国家与中国以睦邻友好为主要内容的边境政策的制定奠定了基础。2013 年 9 月 5 日,习近平主席在哈萨克斯坦纳扎尔巴耶夫大学发表题为《弘扬人民友谊共创美好未来》的重要演讲,盛赞中哈传统友好,全面阐述中国对中亚国家睦邻友好合作政策,倡议用创新的合作模式,共同建设"丝绸之路经济带",将其作为一项造福沿途各国人民的大事业。习近平主席希望通过发展"五通",即加强政策沟通,道路联通,贸易畅通,货币流通,民心相通,以点带面,从线到片,逐步形成从中国、中亚到西亚及欧洲的区域大合作,造福于处在该经济带的各国人民。2013 年 11 月,中共十八届三中全会通过的《中共中央关于全面深化改革若干重大问题的决定》也明确提出"推进丝绸之路经济带,海上丝绸之路建设,形成全方位开放新格局"战略构想,"一带一路"战略已成为中国推动新一轮对外开放的国家战

略。2014年8月19日,乌兹别克斯坦总统卡里莫夫访华,习近平主席在与卡里莫夫总统举行会谈时也指出,中乌双方要不断扩大贸易和投资规模,加强在能源、金融、农业、交通基础设施建设等领域的合作,共同建设丝绸之路经济带。此外,还应加强双方在文化、教育、卫生、旅游等领域的交流,研究互设文化中心、互办旅游年,以传承丝绸之路友谊,弘扬丝绸之路精神①。2014年9月,习近平主席出席了在塔吉克斯坦首都杜尚别举行的上海合作组织成员国元首理事会第十四次会议,并对塔吉克斯坦进行了首次国事访问。此次访问习近平主席和塔吉克斯坦总统拉赫蒙在杜尚别签署了《中华人民共和国和塔吉克斯坦共和国关于进一步发展和深化战略伙伴关系的联合宣言》,访问成果将为双边关系的进一步发展奠定坚实基础②。

(二)区位优势

中国与中亚五国进行旅游合作享有得天独厚的区位优势。丝绸之路经济带东西双向延伸,其旅游市场潜力极大。目前中亚五国与其他国家的航线已陆续开通,东起中国的连云港,西至荷兰阿姆斯特丹港的第二欧亚大陆桥贯通欧亚,便捷的交通使中国和中亚五国旅游客源市场不断扩大,丝绸之路旅游向西可吸引俄罗斯、乌克兰、白俄罗斯、波兰、德国及其他欧洲国家的游客,向东可吸引中国、蒙古、日本、韩国等国的游客,向南可吸引伊朗、土耳其、印度等国的游客。中亚五国旅游业本身的区位优势决定了其市场潜力之巨大,中国与中亚合作发展旅游业,可以相互利用彼此的市场优势,达到共赢。

中国新疆与中亚五国中的三个国家(哈萨克斯坦、吉尔吉斯斯坦、塔吉克斯坦)直接接壤,新疆的国际边境线5600公里,其中长达3200公里是与中亚三国共同拥有的;新疆有7个沿边地州与中亚国家毗邻;新疆有17个

---

① 中乌携手新丝绸之路经济带上的合作共赢[DB/OL]. http://www.xjass.com/zy/content/2014-09/02/content_333688.htm.

② 塔吉克斯坦驻华大使:习近平访塔有助于两国关系全面深化发展[DB/OL]. http://gb.cri.cn/42071/2014/09/30/6071s4713430.htm.

对外开放一类口岸,其中有 12 个是对中亚国家开放的。中国与中亚的地缘条件为与中亚地区旅游合作提供了得天独厚的区位优势。中国和中亚国家山水相连,相互间友好交往源远流长,目前,中国和中亚五国都建立了战略级别的关系,一系列中国与中亚国家关于边界协商、贸易、安全、高层互访等条约的签订和交往活动的日益频繁,促使国家间关系进入平稳发展时期。睦邻友好外交关系基础上的区位优势为开展旅游合作创造了极为有利的条件。

(三)中国与中亚国家旅游合作优势突出,互补性强

中国与中亚国家地理毗邻,交通便利,旅游时间和费用成本低。中亚五国都是内陆国,民众普遍向往海滨胜地,对中国的三亚、大连、青岛等海滨城市尤为钟情;中亚大地雪山连绵、绿洲棋布,阳光灿烂、瓜果飘香,人民热情好客、淳朴善良,无疑也深深吸引着中国游客。中亚各国旅游资源丰富,如紧邻天山山脉和帕米尔高原的吉尔吉斯斯坦、塔吉克斯坦被誉为"全球徒步旅行胜地之一";土库曼斯坦的泥火山、矿泉等疗养胜地遍布全国,享誉世界的"汗血宝马"——阿哈尔捷金马名不虚传;乌兹别克斯坦历史悠久、文化灿烂,享有"东方的璀璨明珠"美誉的撒马尔罕等古城被列为世界文化遗产,帖木儿帝国雄踞一时的痕迹仍依稀可见;哈萨克斯坦广袤的大草原、四季开放的滑雪场是享受大自然的好去处;吉尔吉斯斯坦境内的伊塞克湖是世界第二大高山湖泊,美轮美奂的湖光山色沁人心脾,还有托克马克近郊的碎叶古城遗址曾是唐朝时期安西四镇之一,也被著名学者郭沫若考证为唐朝伟大诗人李白的出生地……面对出境游潜力巨大的中国市场,中亚国家有必要进一步加大宣传力度,掀开神秘的面纱,吸引广大中国游客前往感受西域的独特魅力和风土人情。

(四)双方社会文化的相近性

区域旅游合作主体的社会文化对合作水平影响较大,文化背景相似程度大可以降低居民跨境旅游的文化障碍,有利于区域旅游经济的发展。中

亚五国在苏联解体前都长期处于社会主义制度下,所以社会和居民都不同程度受到社会主义制度的影响。除此之外,由于历史和地理原因,组成中亚国家主要居民的一些民族如哈萨克族、柯尔克孜族、塔吉克族、乌兹别克族、塔塔尔族等在一定范围内聚居在新疆区内,跨境而居的这些民族同属伊斯兰文化圈,他们在民族风俗、生活习性方面较相似。历史渊源使新疆与中亚的语言文化比较相近,中亚国家语言(除塔吉克语外)都与新疆的少数民族语言同属于阿尔泰语系,这大大降低了双方交流的语言障碍。双方社会文化相近性为丝绸之路经济带旅游合作奠定了良好的人文基础。

第九章 丝绸之路经济带旅游合作存在的问题及对策

一、丝绸之路经济带旅游合作存在的问题

(一)旅游服务及配套设施短缺,旅游接待服务水平较低

目前无论是中亚五国,还是中国丝绸之路沿线地区,旅游服务及配套设施相对短缺,旅游接待服务水平较低。

1. 丝绸之路国内段沿线旅游服务设施水平和接待服务水平较低

交通是制约丝绸之路沿线旅游产业发展的重要瓶颈。丝绸之路沿线交通干网密度低、技术水平不高,虽然在国家西部大开发战略下,西部地区的交通条件得到了一定程度的改善,但总体来讲与实际需求依然有很大差距。特别是丝绸之路地区,交通制约着景区的可进入性,延长了游客的游览时间、增加了旅游费用。丝绸之路中国段西部省区,铁路网密度和人均拥有量只相当于全国平均水平的 77%~79%,公路网平均密度和人均拥有量只相当于全国平均水平的 81%~83%,电话普及率也只相当于全国平均水平的 60%,而且基础设施装备水平低、铁路复线率、电气化率占铁路营业里程的比重与东部地区相比有较大差距。另外,沿线地区综合通讯能力仍然严重不足、供需矛盾突出、沿线运输网络布局不合理、运输能力不平衡。丝绸之路中国段沿线东部地区铁路、公路较密,西部地区较稀,民航机场尚未形成支干合理分工、衔接配套的合理布局。目前只有区域航班,很不适应旅游交往的需求,陇海—兰新线的总体通道水平比较低、骨架十分薄弱。

虽然和丝绸之路基本一致的新亚欧大陆桥路轨已经接通,但基础配套设施建设还没有跟上,如车站、仓储、通讯、供水及后勤保障系统等都不健全。

在景区景点建设中,丝绸之路沿线大部分地区由于经济发展水平较低,旅游产业发展相对落后,大部分地区缺乏直通旅游景区、景点的专线、专车,满足不了散客旅游的需求。甚至有些景区内部的基础设施建设也不到位,影响了景区的整体质量。丝绸之路沿线地区的景区、景点大部分位于经济欠发达的周边城市,相对的酒店业发展受到限制,景区、景点周围的宾馆、招待所数量少且设施条件简陋,价格不定,服务管理水平差,无法满足旺季游客的需求,更由于服务意识不强,严重影响了游客满意度。

除了酒店业和景区景点建设外,其他相关的设施建设也相对较差。如饮食业,理论上丝绸之路沿线线路长,涉及到的民族多,饮食文化丰富多彩,但实际情况却并非如此。不是饮食特色无法表现,就是虽然集中设置饮食区域,但缺乏相应的规划和管理,导致整体环境卫生条件差,影响了区域的整体旅游形象。例如,武威市步行街的"自由集市",风味小吃很多,但是卫生环境较差,与武威这一旅游"标志"之都极不相称。另外,对于饮食的创新开发不够,不能满足游客的多样化需求。例如,陕西特色的饮食偏辣偏咸,新疆特色饮食以肉食为主,这样的饮食习惯很不适应南方沿海城市游客和素食主义者的饮食需要。

2. 中亚五国的旅游设施和接待服务水平较低

尽管中亚五国拥有丰富的旅游资源,但由于旅游业起步晚,发展时间短,直到目前相关旅游服务及配套设施仍然不足,表现比较明显的是住宿业和交通运输业。在为游客提供旅游服务方面,宾馆、交通、旅行社、景区和为游客提供服务的政府相关机构等都存在很多问题。中亚五国的大多数旅馆都不符合国际标准,卫生条件差、饮食和安全方面都存在严重问题。除此而外,宾馆业供给严重不足。如吉尔吉斯斯坦在过去的 5 年内住宿的床位数锐减 7000 张,哈萨克斯坦和吉尔吉斯斯坦的众多景区周边缺乏住宿设施,即使有,也不能满足游客的需求,处于短缺时期。塔吉克斯坦的酒店最好的为三星级,但也名不符实,条件很差。交通运输力不足,如航空公司少,航班少;公路年久失修,路况很差;铁路线较少等。因此,总体来讲,中亚五国的旅游服务设施和相关的接待设施的不足严重制约着丝绸之路旅游合作的顺利进行。

(二)旅游企业状况制约旅游业的发展

旅游业主要的产品就是服务,而提供主要服务的企业是旅行社、景区、宾馆饭店类。旅游企业与其他行业一样,作为生产者对于本行业的发展起着至关重要的作用,然而现今旅游企业的成熟度太低,严重制约旅游业的发展。

1.丝绸之路国内段沿线的旅游企业规模较小,经营不佳

在中国,对旅行社的普遍评价是"小、散、弱、差",虽然近几年这种情况有所好转,但依然没有摆脱这种局面,对于经济相对欠发达的丝绸之路沿线地区来讲,也是如此。目前丝绸之路沿线地区的旅行社总量不足,结构不均。截至 2011 年底,丝绸之路经济带九省区共有旅行社 3729 家,营业收入 3712 万元,占到全国旅行社业总体水平的 12.93%。拥有众多特色景区的丝绸之路沿线旅行社业数量不足,且大多分布于省会和经济相对发达的城市,重复销售、恶性竞争导致质量差,严重影响区域旅游形象。另一方面,旅行社业的小规模运作和恶性竞争致使企业没有资金和能力开发新产品、开拓新市场,制约了旅游业的健康发展。

景区产权界定不清,企业运作困难。丝绸之路沿线地区旅游资源丰富,景区、景点多,但是由于经济原因等导致景区产权界定不清,出现部门分割、多头管理等问题,企业资金投入不足导致企业运作困难。景区环境条件有待改善,外部环境缺乏相应的管理手段、环境问题突出,影响了景区和区域的旅游形象。

由此可见,经营、创新能力,还是管理制度、人才培养方面都存在较大的问题,使得旅游企业成为进入门槛低的一个行业,这些都是制约旅游行业发展的因素,要促进旅游行业的发展,需要从这些旅游企业着手,引导其进入更加健康的发展环境。

2. 中亚五国的旅游企业发展尚不成熟

中亚地区由于各种原因,旅游产业尚处于发展的初期,各种旅游企业相对不成熟。虽然各个国家都比较重视旅游产业发展,但总体企业规模小,服务水平低下。截至 2008 年,哈萨克斯坦拥有旅行社 713 家;乌兹别克斯坦拥有旅行社 350 家、宾馆 163 家;塔吉克斯坦拥有旅游公司 70 多家;吉尔吉斯斯坦拥有各类旅游接待机构和公司 384 家(2006 年)。

(三)旅游通关问题以及旅游行业管理规范的不健全

1. 旅游通关程序繁杂

由于丝绸之路沿线涉及多个国家,旅游通关问题就成为丝绸之路旅游的最大问题。目前丝绸之路沿线地区的旅游通关程序复杂、通关壁垒等原因导致通关速度比较慢、效率比较低下,严重影响了游客的行程。除此之外,出入境手续繁琐、办理出入境手续拖拉、签证及其他服务收费高、外汇兑换政策限制程度高,都会影响游客的丝绸之路旅游的满意度,而这些都阻碍了国际丝绸之路旅游的发展。

目前中国和世界上 100 多个国家有 ADS 协议,但在中亚地区目前只有与乌兹别克斯坦签有协议,限制了中国游客的中亚旅游。在签证方面,目前中亚地区的签证方式为面签,材料要求多。另一方面,出于多种因素考虑中国对丝绸之路沿线的国家的签证也有众多要求。因此从双方角度来看,旅游通关的要求繁杂,不利于丝绸之路旅游的发展。

2. 旅游行业管理制度不健全

2013 年中国首部《旅游法》审议通过,虽然在促进旅游行业和旅游企业持续健康发展、规范旅游市场秩序、引导旅游者理性消费和维权方面有一定的积极作用,但依然没有彻底消除旅游市场中的很多问题。如在旅游规划方面,虽然有规定旅游景区开发建设中必须有规划,但很多景区景点盲目开发的现象依然严重,重视眼前利益和短期利益,忽略了旅游业的增长质量,导致旅游景观退化、周边环境恶化,旅游效益不高,还致使景区与周边原有居民和环境等的矛盾日益升级,成为了旅游业发展的障碍之一。由于监管不力,旅游行业还存在着众多的"野广告、野导游",非法从事旅游相关活动,严重地干扰了旅游市场的正常秩序。

究其原因,与我国旅游市场监管不力相关。目前中国旅游监管市场面临的主要问题有:第一,旅游监管的职能和手段有限。旅游行业的主要旅游行政法规有《旅行社条例》《导游人员管理条例》和《中国公民出国旅游管理办法》,旅游监管部门以此为依据监管旅行社、导游人员和团队旅游,而超出此范围的其他旅游相关服务缺乏监管的依据和手段。法定授权的不足和统一市场规则的缺位,导致旅游部门无法监管旅游行业相关服务,不能确保旅游产业的健康发展。第二,对旅游监管工作重视不够。大部分地区重视旅游业的发展建设,轻视管理,重视粗放式的规模扩张,轻视质量增长,重视大项目等,而轻视旅游市场的监管。大部分地区为了发展旅游产业出台了鼓励和引导政策,制定了优惠的旅游投资措施,吸引旅游投资建设。但是,却忽视了旅游软环境建设、缺乏整治旅游市场的规范等。第三,旅游监管力量薄弱。总体来看,目前中国的旅游监管执法队伍,无论是规模、数量,还是素质、能力、手段,都远远不能满足旅游业快速增长的需要和人民群众日益提高的服务要求,也大大低于其他相关行业的监管力度。第四,旅游监管职能交叉。旅游产业属于交叉行业,旅游监管部门的职能与其他相关部门职能交叉,旅游产业发展晚于其他相关产业,职能责任和权力相对较小,处于市场监管的弱势地位,因此不能有效地实施旅游部门的监管职能。

中亚五国的旅游产业发展不成熟,旅游行业管理规范不完善。虽然中亚五国也重视旅游产业的发展,出台了一系列的法律、法规等,如1992年哈萨克斯坦就出台了《哈萨克斯坦旅游法》,还制定了《2005年—2010年国家旅游业发展规划》《哈萨克斯坦2030年前发展战略》等;吉尔吉斯斯坦通过立法改善旅游投资环境;土库曼斯坦于2000年1月成立最高旅游行政管理机构——国家旅游与运动委员会;乌兹别克斯坦实施各种旅游投资优惠政策等,对整体的旅游市场有一定的促进作用。但是由于旅游产业发展缓慢,市场不规范,导致整体行业管理缺乏指导,影响区域旅游的合作与发展。

3.旅游人才匮乏,从业人员素质差

旅游行业人才缺口很大,根据中国的旅游产业发展需要,以及中国旅行社和酒店业的快速增长情况,实际中国需要旅游专业人才800万人以上,但由于经济发展水平和行业吸引力的降低,实际缺口至少在200万人。目前中国旅游产业人才从业门槛较低,大量非旅游专业人士从事旅游工作,而具有高综合素质的专业人才流失严重,这与旅游产业重视旅游促销、轻视人才培养的现象是相关的。目前中国旅游从业人员中最缺乏的人才有三类:一类是能熟练掌握出境旅游业务的管理人才,从事境外旅游策划、项目开发及擅长涉外沟通交流,并具有处理突发事件能力的导游人才;一类是酒店、宾馆、旅行社职业经理人及销售、客户服务等部门经理人才;另一类是中西餐厨师、通讯技术维护、餐饮客房服务等技能型人才。丝绸之路沿线地区的从业人员还需要深入了解沿线国家的历史文化、风俗习惯等。

人才流失率高是中国旅游行业高级人才匮乏的原因之一。据统计,一般行业正常的人员流失在5%～10%左右,而旅游业企业员工的流失率竟高达20%以上,且素质越高的人才流失率越高。

中亚五国旅游产业发展的不完善和市场的不规范导致市场从业人员培养的缺乏。目前这些国家的旅游从业人员非常缺乏,且素质不高。国内相应的旅游人才培训机构不多,往往是送往他国进行培训,这种培训方式费用高,人数有限,不能满足日益发展的旅游产业对人才的需求,而且由于行业和企业等原因导致受训人员流失。

(四)政局不稳影响丝绸之路旅游业的持续发展

为了维持中国边疆的稳定,中国与中亚地区长期以来都维持良好的睦邻友好关系。截至目前,中国与中亚国家建交22周年,通过边界问题的成功解决,建立了良好的互信机制,中国与中亚五国建立了"上海五国"机制和上海合作组织。中亚地区国家地处大陆心脏地带,是大国政治势力和地区政治势力的缓冲区和交汇区。中亚地区拥有丰富的自然资源,文化以伊斯兰文化为主,基督教文明和儒教文明相结合。

政局稳定是旅游业发展的基础。然而近年来,中亚地区形势越来越错综复杂。中亚五国之间的矛盾和斗争也处于一个爆发的关键时期,各国的边界之争、主权之争等等加剧了矛盾的激化。除此而外,极端宗教势力、伊斯兰原教旨主义和民族分裂分子"三股势力"在该地区活动猖獗,严重影响了中亚地区的安定与团结,进而影响到整个区域的旅游产业发展。

(五)非传统安全问题

非传统安全指的是传统安全问题之外的其他安全问题,与传统安全问题相对,传统安全问题主要指类似国防问题、领土问题、主权纠纷等高政治的安全问题,这些问题关系国计民生和国家主权的生死存亡,是安全问题中的核心。非传统安全问题则与政治联系不紧密,如经济安全、环境污染、跨国犯罪等等问题。

丝绸之路沿线地区和国家存在多种非传统安全问题,如"三股势力"在中东地区的活动猖獗,严重影响了区域的旅游环境。非传统安全问题有可能通过特定人群活动范围的扩大,从一个国家和地区向其他国家和地区蔓延,使之成为区域性甚至是全球性的问题。由于非传统安全问题植根于发达的社会、经济和文化的深层土壤之中,惯性很强,短期内难以化解和治理。而且非传统安全问题同传统安全问题的相互关系越来越密切,相互转化的可能性日益增加,界限更加模糊。这些都会影响到丝绸之路沿线地区和国家的旅游发展建设。

(六)丝路旅游跨度大、地域广,合作难度大

在中国,丝绸之路涉及的区域广、跨度大,境内全长 4000 多公里,包括河南、陕西、甘肃、宁夏、青海和新疆,以及"新丝绸之路"涉及到的江苏、山东、安徽,辐射到的湖北、四川、河北和内蒙古等省区,沿线地区人口约 4 亿,占全国人口的 30%,国土面积占全国的 37%,开展大尺度旅游合作难度较大。

丝绸之路沿线国家多、地理跨度大,形势复杂,因此旅游合作的难度更大,特别是国家间的合作,通关程序复杂等原因都会影响具体的合作效果。

二、丝绸之路经济带旅游合作发展的对策

(一)建立旅游合作机制

1. 政府之间的合作常态化

丝绸之路经济带区域应该坚持政府先行,本着包容互信、平等互利的原则与丝绸之路沿线国家建立友好的合作伙伴关系,推进丝绸之路旅游的和谐发展。

建立稳定的沟通联络机制,增加人员往来,带动民间商会、协会、社会团体和企业对接交流,加深彼此间的了解和友谊。组织和搭建平台建设,鼓励和支持丝绸之路沿线国内、国际市场的开拓,积极组织和参加区域经济贸易活动。按照国际惯例和通行规则,营造公正、公平的旅游市场环境;健全和完善旅游市场经济体系,促进人才、资本、技术和服务的自由流动;加快经济区域一体化,推动沿线城市的多方面合作;建立信息共享机制,为企业搭建公共服务的平台;健全城市经济社会开放体系,完善交通通讯基础设施,为旅游产业发展创造良好的基础条件。

2013 年 11 月 28 日至 29 日,由乌鲁木齐市人民政府、新疆维吾尔自治区人民政府外事办公室主办的以"五通促发展、共建经济带"为主题的中国新疆乌鲁木齐 2013 丝绸之路经济带城市合作发展论坛在乌鲁木齐召开,来自中国、土库曼斯坦、土耳其、哈萨克斯坦、格鲁吉亚、塔吉克斯坦、伊朗、吉尔吉斯斯坦 8 个国家 24 个国内外城市的 300 多位代表和专家齐聚首府,探讨和交流丝绸之路经济带城市合作发展之策。参加论坛的 8 个国家 24 个城市和地区达成了《乌鲁木齐共识》,签署了《关于在丝绸之路经济带城市间设立联络机构的意向书》《经济科技合作意向书》《文化体育教育卫生交流合作意向书》《经贸合作意向书》《建设管理和交通发展合作意向书》。城市合作机制已经启动,呼吁和加快国家层面的合作机制,真正做到丝绸之路旅游的无障碍化。

2.组织和编制跨国界的旅游规划

为保证资源的可持续性发展,编制跨国界的旅游资源开发规划。加强地区的旅游合作。在对资源的布局进行进一步分析的基础之上,编制统一的开发规划,合理设计旅游产品,形成区域特色,有利于发挥各地的旅游资源优势,以实现旅游资源的最优配置。

3.建立高效的组织协调机构

丝绸之路沿线国家多,形势复杂,出入境手续繁琐,进出壁垒多,无法形成大规模的出入境旅游客源,因此必须建立高效的组织协调结构。组织协调机构的主要职责是整合资源,建设互补性的旅游产品,突出区域特色,明确整体形象,形成各区域旅游的互补发展。建立丝绸之路沿线旅游的无障碍流动。通过国家层面的协调,简化出入境手续、打破政策瓶颈,改善交通,为游客提供方便安全的旅行保障和标准化的服务。

(二)合作改善次区域旅游基础设施

基础设施建设是丝绸之路沿线区域建设的主要内容,基础设施建设与旅游产业发展密切相关。散客旅游体验是衡量一个地区旅游成熟度的主要标志。要实现散客旅游体验满意就必须首先提升基础设施建设。丝绸之路旅游一体化首先要建设的就是基础设施。包括建立畅通的旅游交通系统、简化和方便的支付结算手段等。

开通丝绸之路沿线国内城市与中亚等国的直航线路。目前丝绸之路沿线区域的大部分境外航线都必须经北京、上海中转,限制了入境游和出境游的规模。必须改变这种现状,开通直航中亚地区的线路,建立丝绸之路沿线国家的快速通道。

(三)加强中国与中亚国家区域旅游合作的法律保障

由于地理、文化、风俗习惯等的制约,中国与中亚国家的区域旅游合作还存在很多问题,因此必须制定相关的国际法,在实事求是、平等互利的原则上为丝绸之路沿线地区的旅游合作提供相应的法律保障,保证区域内的市场运营机制安全、文明和诚信、保证旅游一体化的环境健康等。

(四)做好旅游合作长远规划,打造热点城市和黄金路线

　　丝绸之路区域的旅游业发展呈现出极度的不平衡,中国和俄罗斯旅游产业发展相对较完善,中亚地区相对较差,为了保证旅游产业的长远发展,必须制定相应的长远规划,各个国家以增长极为中心实行点一轴开发的网络空间结构模式,打造特色的旅游城市和黄金线路。如国内西北地区以西安—兰州—敦煌—乌鲁木齐—西宁和银川等旅游相对发展较快的城市为中心向周围辐射,形成小区域—大联合的发展态势。在发展初期,重点推出热点城市和一些黄金线路,带动区域旅游产业的起步和发展,之后辐射至其他地区。

　　黄金线路就是共同打造精品旅游线路,由沿线城市分别推出各自的精品旅游景点,共同推出跨区域的精品旅游线路,并将它们打造成丝路沿线区域内的品牌旅游产品。如推出"丝绸之路精品游""神秘西域游"等跨区域、能满足游客需求的一程多站式旅游产品,树立区域旅游整体形象,通过树立国际化的旅游文化品牌,提升丝绸之路国际旅游品牌的认知度,唤起游客的消费关注和消费热情,将丝绸之路打造成美誉度高、影响力大的国际旅游"黄金带"。

(五)加强与中亚各国在旅游宣传促销方面的合作,共同开发旅游市场

　　以丝绸之路品牌为核心加强与中亚各国在旅游宣传促销方面的合作。根据目标市场的需求特点开发和建设旅游产品,全面推进和实施沿丝绸之路线旅游业发展的营销战略。根据游客的需求和欲望不断开发和建设新、奇、特、险、乐为主题的旅游产品,同时促进沿线区域的产品配置、交通体系改善和产业优化升级等。根据改善后的产品系列实现营销一体化,并联合沿线其他区域实施品牌建设和形象建设,实现丝绸之路旅游产品的国际化。

　　丝绸之路旅游产品形象一致化。强化整体形象宣传,拓宽客源市场,塑造丝路旅游企业的良好形象。在充分策划的基础上由政府和企业共同

构筑确定宣传和促销的主题,宣传主题口号应朗朗上口、简洁易懂等。在进行自身宣传的同时,注意与其他区域之间的联合宣传和整体营销,以统一的形象推出丝绸之路旅游产品。

(六)引进和培养优秀旅游人才

旅游人才会影响旅游行业的发展,丝绸之路沿线的旅游产业发展更离不开优秀人才的作用。引进高素质的综合性人才,开发旅游人力资源,培养高层次短缺人才,全面提高旅游队伍素质,为旅游业的发展提供人才保证和智力支持。只有通过旅游教育,提高从业人员的素质,使之接受可持续发展的理念,并在工作中身体力行,才能保证环境与旅游业的和谐、有序发展,保证资源的永续利用,实现旅游业的可持续发展。

1. 抓好旅游人才建设工程

根据旅游业发展对人才需求的实际情况,要注重三类人才的培养和建设:第一,行政领导人才。丝绸之路沿线的旅游发展需要高素质和具有行政领导能力的行政管理人员,加强行政领导人才的培养和培育关乎到丝路沿线的旅游发展。第二,紧缺专业人才。例如电子商务、市场促销、旅游规划与开发、会展旅游、度假管理、人力资源开发、项目管理、资本运作等方面的人才。要引导骨干旅游院校开设旅游业急需而又紧缺的新专业和新学科,支持培训机构采取"短平快"等方式,培养紧缺专业人才;第三,教育培训师资人才。建立师资培训基地,培养旅游骨干课程和紧缺专业的师资力量,充分利用网络教育和远程教育等手段,扩大师资培训的规模,鼓励教师到企业兼职,积累实践经验,建立一支专兼职相结合的旅游教育培训师资队伍。

2. 全面提升旅游从业人员素质

针对丝绸之路旅游业快速发展而旅游从业人员素质偏低的问题,要加大教育培训力度,形成多渠道、多层次的旅游教育培训格局。搞好旅游从业人员上岗和在岗培训,组织实施旅游行政管理人员、旅游经营管理人员及从业人员的全面培训计划,提高旅游从业人员的整体素质。

3. 完善旅游企业的用人制度

旅游企业要努力营造吸引人才的环境,建立和完善人才引进机制、人才培养机制、人才使用机制等,使得人尽其才,并通过奖励股票期权、退休金计划等制度来留住人才,发挥人力资本在旅游业发展中的关键作用。

4. 加强人才培养及交流互动

定期互派旅游人才进行研修和交流,建立各语种导游员人才库,从各方面提升导游员水平,形成丝绸之路沿线旅游人才培训和交流互动的长效机制。

(七)加强合作,应对非传统安全

国际新形势也在促使中国积极探索推动国际安全合作发展的新思路,倡导符合中国和世界各国共同利益的新观念,谋求符合形势变化需要的新举措。为此,中国特别需要在以下几个方面与有关各国加强沟通,增进共识:

1. 倡导国际安全观念的更新

在国际安全合作中增强共同安全、合作安全、综合安全意识,推动建立符合世界各国共同利益需要的国际安全新秩序。

2. 在治理措施上针对传统安全与非传统安全之间的差别与相互联系,统筹兼顾,标本兼治

当前,既要加大对国际恐怖主义等问题的打击力度,又要注重防止以反恐为名推行国际霸权主义和地区霸权主义;既要认识到不扩散问题在反恐斗争中的重要意义,坚决维护国际不扩散机制的有效性,又要在具体措施上注意遵循有关国际准则,注意国际安全合作的规范化。

3. 在机制上注意处理不同类别的国际安全合作机构相互之间的关系

首先,要尊重和维护联合国等全球性安全合作组织的权威。在全球化日益发展、国际安全问题日趋复杂化和多样化的情况下,联合国在国际事

务中具有不可替代的作用。其次,对于各类有中国参与的地区性多边与双边合作机制,应在相互尊重和平等协商的基础上,有针对性地加大合作力度,发展多样性、多层次的区域合作框架。中国近年来在上海合作组织、东盟地区论坛、"10+3""10+1"以及许多双边框架内,卓有成效地推进和参与了许多政治、安全与经济合作,今后还将进一步拓展和深化与世界各国的合作基础。

丝路沿线国家应建立反恐应急机制,加强反恐工作,以保障游客的安全;各国要努力消除丝路旅游的物理障碍,尤其是交通障碍,积极开发空中航线、铁路交通和公路交通;各国应尽力消除旅游合作的非物理障碍,建立便捷、快速、高效的旅游通关制度。当然,丝绸之路旅游开发都应该要从生态安全与生态保护的角度出发,来防范非传统安全中的环境安全。

第四篇

丝绸之路经济带文化遗产保护与旅游合作协调发展研究

第十章 文化遗产保护与社会经济协调发展的关系辨析

一、文化遗产保护与社会经济发展

保护与发展是一对矛盾的统一体。纵观人类社会发展历史,这一对矛盾始终贯穿在社会演化过程中,当人类社会处于生产力尚不发达的发展阶段,经济的发展对环境和资源的破坏作用尚不明显,发展是人类社会面对的主要问题。而当社会生产力发展到对自然资源大规模的采集和利用阶段,保护在这一矛盾统一体中的地位就不断上升。20 世纪 70 年代,麦多斯提出的增长极限理论反映了人类社会对无节制的经济发展的反思,美国经济学家米香提出的增长价值怀疑论把对经济增长的反思提升到哲学层面。改革开放 30 多年来,中国经济得到了持续性的快速增长,当中国的人均GDP 水平还只处在世界中下游水平时,增长所带来的资源耗竭和环境污染已使我们不得不减缓增长的速度,从而反思我们增长的方式、所引发的代价。当今人类社会,可持续发展观念已经成为世界各国普遍接受的主流发展思想。进入后工业时代的发达国家,大都倡导有节制的绿色消费观念,在保护的前提下有节制的发展是指导今后人类社会发展的主流价值观。保护的观念是广义的,凡是经济发展所能引起的负面作用都处于保护的范畴中,不仅是对资源环境物质层面的保护,对文化传统精神层面的保护也日益引起人类社会的重视。

文化遗产保护与经济发展既有相互制约的作用,也有相互促进作用。在处理这一矛盾统一体过程中,既要尽力减少相互之间的制约作用,又要尽力发挥相互之间的促进作用。

在人类文明史进程中,最初对文化遗产的破坏不是因为经济发展造成的,而是因为战争的破坏。罗马帝国的形成摧毁了古希腊的城市和宫殿,中世纪十字军东征时沿途所至一片瓦砾废墟,中国秦末战乱时期,项羽的一把火使十里阿房宫灰飞烟灭。在相当长的历史时期,人类对文化遗产的保护是零散的、自发的和被动的。在西方直至15世纪文艺复兴运动兴起,冲破中世纪长期思想禁锢和封闭之后,出于对古罗马时期辉煌的建筑文化的浓厚兴趣,人们才开始了大规模的文物建筑修复和保护。到了18世纪中叶,英国的古罗马圆形剧场成为欧洲第一个作为不可移动的建筑文化遗产而被立法保护。

随着工业化和城市化的兴起,经济发展对文化遗产的破坏作用逐渐显现。在欧洲,一批古建筑由于工业化浪潮而遭到毁灭。例如,巴尔神殿(Temple Bar)是威斯敏斯特城和伦敦的分界线,为了方便斯特兰大街的交通,人们便将这座神殿拆毁了。但起源于文艺复兴时期的文化遗产保护思想逐渐制止了经济发展对文化遗产的破坏作用。19世纪末至20世纪初,欧洲国家纷纷出台了关于文化遗产的相关法律条例,开展了对本国文化遗产的组织保护和文化遗产大普查工作,如法国早在1840年颁布了《历史性建筑法案》,1913年又颁布了《历史古迹法》;英国在1882年颁布了《古迹保护法》;美国在1916年颁布了《国家公园系统组织法》;日本在1929年颁布了《国宝保护法》等。1931年,西方国家颁布了《关于历史性纪念物修复的雅典宪章》,专门阐述了"有历史价值的建筑和地区"的保护意义和基本原则,是历史性的欧洲文化遗产保护理论和实践的发展总结,也是实施文化遗产保护政策的第一个国际性文件。

当代西方文化遗产保护理论具有里程碑意义的是1964年颁布的《国际古迹保护与修复宪章》,即《威尼斯宪章》。由于二次世界大战对欧洲城市文物古迹造成空前损毁,也由于二战以后快速的经济发展使得很多文物建筑及其周边环境受到破坏。1931年制定的《雅典宪章》已无法适应新的形势,在这种历史背景下《威尼斯宪章》以国际准则的形式将文物建筑遗产保护的基本概念、理论及原则确定下来,为文化遗产保护的科学性和规范性奠定了国际通行的基础。1972年联合国教科文组织颁布的《世界遗产公约》受到世界各国政府和公众的普遍关注和重视,成为世界遗产保护的国际性条约,是世界共同遵守的世界遗产保护准则,也是《世界遗产名录》评估和登陆的标准。《世界遗产公约》的颁布反映了人类社会对遗产保护和遗产标准的制定方面达到了共识。

中国的文化传统重视文字来传递历史信息,中国古代对精神遗产的重视超过了对物质遗产的重视。《周易》中"形而上者谓之道,形而下者谓之器"的论断塑造了古人"重道轻器"的思维方式,认为建筑物本身并不能体现不朽的精神,而使人们通过文字在后人的记忆中达到不朽。文人墨客通过文学把自然景点进行颂扬从而转化为意象美景,甚至通过雕刻在石碑和岩壁上的文字来表达与保存,只有这种文字表达才可能成为继承的文化遗产。因此,古代中国人对物质资料的保护不够重视,人们可以非常轻易地破坏建筑物的原始材料而进行重建。

中国近代文化遗产保护思想萌芽于 19 世纪末,一方面,西方列强对中国文化的侵蚀激起了保护民族文化的意识和热忱;另一方面,西方现代历史学和考古学的传入使得古物保存的理念和方法被重新认识。随着近代考古学理论在中国的传播和发展标志着现代意义上的文物保护思想在中国开始形成。新中国成立后,国家颁布了一系列文物保护法令,积极开展文物古建筑的保护修缮工作,1961 年国务院颁布《文物保护暂行条例》,确定了首批 80 个全国重点文物保护单位,1964 年《中华人民共和国文物保护法》出台。至此,以保护古建筑、历史遗迹及风景名胜点的中国文物保护制度初步形成。中华人民共和国成立后当城市建设和经济发展与文化遗产保护产生矛盾时,做出让步的往往是后者而不是前者。中华人民共和国成立初期关于北京城墙保留还是拆除的争论最终是以梁思成为代表的保留派的全面妥协为终局,而到了 1966 年文化大革命,在所谓"破四旧"的指导方针下,文化遗产遭到空前的浩劫,直到文化大革命结束后的 1978 年文物保护工作才逐渐恢复,1982 年中国颁布《文物保护法》,建立历史文化名城保护制度,对有价值的建筑群、历史街区及村镇予以保护,并公布了首批 24个国家级历史文化名城,44 处国家重点风景名胜区和第二批国家重点文物保护单位,中国的文化遗产保护迈入了新阶段。改革开放三十多年来,以

工业化、城镇化为标志的现代化浪潮席卷着中国大地，旧有的城市建筑被大面积的拆除，全国上千座城市高楼大厦像雨后春笋般冒出来，保存下来的文物古迹大多做为单体在"水泥森林"中的夹缝里藏身。诚然，被拆除的建筑大多系非永久性建筑，但新建的建筑大多却是千幢一面的高层住宅和商用楼，很多城市失去了城市特色，城市居民生活在"水泥森林"中，很难寻找到自己民族身份和城市归属的场所认同感，城市文化遗产保护面临新的困境。

　　总结中华人民共和国成立以后中国处理遗产保护与经济发展这一关系的经验教训，我们虽然提出了"保护第一"这样的观念和口号，但在中国传统轻视物质性建筑文明的继承的观念侵袭下，保护往往是给经济发展让步的。中国两座列入世界文化遗产保护名录的古城：云南丽江古城和山西平遥古城能得到较好的保存，主要原因是这两座古城偏离政治、经济中心，交通不便，所以在中华人民共和国成立后没有被工业化浪潮席卷，是被动保护仅留的硕果。目前，全中国生态环境最好的西藏也因为地处高原，交通极为不便，经济发展水平长期落后，从而幸免了大规模工业化对生态环境的破坏，同时也保留了较好的原真性的人文环境。

　　在世界大多数地区，战争造成对文化遗产大规模破坏的时代已经过去，在中国，历代因改朝换代对文物的破坏也不会再出现。在遗产保护的法规和观念已经普及和深入人心的当代，因为经济发展而对文化遗产造成直接损坏的事件也越来越少了，可以说目前我们迎来了一个遗产保护和经济发展双赢的新时代，经济发展可以为遗产保护提供更多的资金来源，而对文化遗产的保护又有力地促进了遗产地的经济发展，这种双赢的格局和模式已成为当今遗产地城市经济发展的主潮流。

　　纵观人类社会发展历程，以 20 世纪为分水岭，20 世纪以前，社会的动荡和经济增长对文化遗产造成了无可弥补的破坏。20 世纪以后，人类社会对文化遗产保护的意识逐步唤醒，文化遗产保护的手段也在不断地提升和健全，文化遗产保护和社会经济发展逐渐走向了相互协调、相互促进的双赢发展道路。

二、文化遗产保护与旅游业发展

文化遗产地能够形成遗产保护与遗产地经济发展的双赢局面主要得益于现代旅游业的兴起。在旅游业尚未兴起时，文化遗产的有效保护所能产生的社会经济效应是局部的和有限的，而现代旅游业的兴起，使文化遗产保护为遗产地带来丰厚的社会经济回报。

在人类社会发展过程中对文化遗产主动保护思潮的起源还是早于现代旅游业的兴起。从文艺复兴时期，欧洲就有了大规模的对文物建筑的修复和保护，而现代旅游业形成和发展起始于二次世界大战以后持久的和平年代。所以人们对文化遗产的保护和修复最初的动机和旅游业无关，对此文化遗产保护出于价值遗存的保护动机随着旅游业的兴起逐步起了变化。文化遗产作为人文旅游资源的重要组成部分，其中蕴藏的巨大的经济价值逐步呈现。文化遗产是应该坚持按照其世代遗存的价值进行单纯的保护，还是可以和旅游资源开发结合在一起来吸引商业性投资，这是文化遗产保护和遗产地旅游业发展所遇到的突出问题。这样的一对矛盾看起来并不难解开，但是在中国却长期成为一个争议的话题。在地下文物遗产最为丰富的陕西省这一矛盾表现得最为典型。在 20 世纪 90 年代陕西省电视台曾邀请当时省文物局局长和省旅游局局长举办了一次公开的电视辩论，就文物保护和旅游业开发孰轻孰重为题，两个主要行业掌门人进行了当面的辩论，但最终谁也无法说服谁，激辩后并没有形成统一的结论。在这一矛盾症结的背后首先是双方体制和管理部门的利益分割和冲突。在中国文化遗产保护由文物局主管，而文物局系统属于文化事业单位，其经营来源由国家财政开支。中国旅游行业从 20 世纪 80 年代开始由事业部门向企业单位转变。到 90 年代全行业已完成体制转型，整个行业由国家明确定性为新兴产业部门，旅游饭店和旅行社从原来以做好外事接待工作为目标的事业单位转变为以效益为首要目标的企业单位，从 80 年代初引进的第一家合资饭店北京建国饭店为发端，外国资本快速涌进了旅游行业，外国企业先进的管理理念和市场制度颠覆了传统的中国旅游业体制和观念，旅游行业的体制改革走在了当时中国各行各业的前列，国有旅游饭店和旅行

社率先脱离了原来政府主管部门,成为真正独立自负盈余的企业单位。而作为文化遗产的管理单位的文物部门是属于财政统收统支的国家事业单位,对于将文化遗产作为旅游资源开发并不具备很强的机制推动力。陕西省为了解决这一矛盾,在 20 世纪 90 年代初采取了一个断然举措,由政府下文组建了具有正厅级级别的陕西旅游集团公司,将当时陕西主要的大型旅游企业和主要文化遗产单位合并在一起,西安兵马俑博物馆、乾陵博物馆、华清池博物馆和华山管理局等单位用行政手段将其与原管理部门和所辖地脱离,其资产和管理权划归陕旅集团管辖。中国俗语说强扭的瓜不甜,通过行政手段将不同体制的单位扭合在一起并没有消除相互之间的观念差别和利益交错,当陕旅集团新组建的兵马俑旅游公司准备上市时,这种矛盾和冲突就集中爆发了,围绕兵马俑能否作为上市公司的名称这一问题就引起全国范围的争论。最终在体制和利益无法统一和协调的情况下,陕旅集团又实行再次重组,原来隶属的文物单位和属地单位又回到原来的文物部门和地方政府管理。随着中国改革开放进程的递进以及中国旅游事业发展,文化遗产保护和旅游资源开发并没有演变成难以解决的矛盾,而是以双赢局面逐步展开。文化遗产保护和利用本身是统一的,保护的最终目的就是有效地利用,矛盾的焦点在于如何通过保护使利用延续。兵马俑博物馆虽然重归文物部门事业体制管理,但每年参观的旅游人次和每年的旅游收入却是逐年上升。因为对秦始皇兵马俑遗址的修复、挖掘就是最好的旅游资源开发,每当兵马俑考古挖掘和修复有了新的重大进展,都会对旅游市场产生新的动力。另一方面,丰厚的旅游收入回报又对兵马俑博物馆考古修复工作提供了强有力的财力支持。当时唯一留在陕旅集团内部没有回归文物部门的华清池博物馆在原有遗存遗址对旅游市场吸引力有限情况下,在实行事业单位企业经营的体制中,焕发了新的市场活力,尤其陕旅集团集中财力大手笔打造大型露天情景演艺《长恨歌》,成为陕西唯一具备国家级品牌的文化旅游演艺产品,《长恨歌》每年在有限演出时间里获取的收入已超过了华清池的门票收入。陕西省的发展实践说明了文化遗产保护和旅游资源开发这一矛盾是可以在发展磨合过程中解开的。首先保护和旅游开发两者相比较,保护是第一位的,这是任何时候都要遵循的原则;第二,保护的目的就是为了更好地利用,所以不存在排除一切利用可能的保护,保护的资金来源就在于利用,充分地利用可以为保护提供更充裕的资金来源;第三,对文化遗产资源的保护就是最好的旅游资源开发,所以当兵马俑遗址这类需要多年持续性的专业性的考古挖掘与保护的遗产,回归到原来的专业体制下后反而实现了更好的旅游资源开发。第四,引入市场机制,加强针对旅游客源市场的产品开发可以使文化遗产得到充分的利用和保护。陕旅集团精心打造的《长恨歌》经典文化产品使华清池这类市场吸引力不足的文化遗产重新焕发了市场活力,也使华清池文化遗产的精神内涵得到了发扬和延续。第五,对文化遗产过度的旅游开发,以及旅游资源开发后大量游客的涌入对原有的文化遗产造成新的破坏也是存在的,但在现代社会发展实践中,出现这些情况造成的矛盾是可以得到有效解决的。保护第一的原则就是要从法制和观念上排除对文化遗产破坏性开发的行为。为了防止游客涌入过多对文化遗产形成破坏以及产生不安全因素,目前全国所有著名景区景点都建立了游客最大容许量预警机制,在假期高峰期间这种预警机制已经在很多情况下发挥了作用。丝绸之路的经典文化遗产甘肃敦煌景区在控制游客过量涌入对遗产造成破坏方面工作做得很出色,成为可供全国以及全世界借鉴的一个典型案例。

新中国成立后,敦煌石窟文化遗产保护受到了国家级的关注,敦煌遗址是国务院颁布的第一批全国重点文物保护单位,1951年文化部委托清华大学、北京大学等单位的专家勘察敦煌石窟保护现状,并制定了保护规划。几十年来国家对敦煌的文化产业保护投入了大量人力物力,针对莫高窟危崖、坍塌、壁画和窟檐处坠落的危险状态,抢修了5座唐宋木构石檐,使其保持了现状,并先后多次拨付转款对3处石窟进行了全面修复加固,1987年历时3年的西千佛洞石窟加固工程全部竣工,共加固了长174米的崖面,并架设了通往15个洞窟的崖面通道和水泥栏杆。特别是90年代竣工的榆材窟加固工程,采用锚索工程技术以加固崖体,通过对锚索孔的特殊处理,可使崖面保持原貌,并采用高模数硅酸钾(PS)材料喷涂加固风化的岩面,对岩壁裂隙应用PS—F进行灌浆封闭,在加固工程的同时进行崖顶防渗层铺设,并架设了车西崖长达273米的栈道,这些先进技术的应用将

中国石窟加固技术提高到了一个新水平。几十年来修复了莫高窟，西千佛洞、榆林洞、东千佛洞等大面积脱落，起甲和酥碱化病害的壁画4000多平方米，加固了倾倒和骨架腐朽的彩塑，这些经过修理的壁画和彩塑依然保持了艺术造型的原有风格。

旅游业在中国兴起后，除过防止和减缓自然和时间对遗产的损害外，如何防止游客的涌入对遗产的损害成为敦煌文物保护的另一个重点研究领域。敦煌莫高窟正式对外开放始于1979年，30多年来先后接待国内外游客1000万人次以上，游客的增多使敦煌莫高窟遗产保护压力逐渐加大，为了合理利用敦煌文物资源，实现保护和利用双赢局面，敦煌研究院先后采取了多项措施，对日益增加的游客进行干预，当导游或讲解员在洞窟内向游客进行讲解时，每个参观团在洞窟大约停留5～10分钟，会造成洞窟内温度、湿度、二氧化碳、灰尘等急剧增加。监测的数据表明，每40个人进入洞窟参观半小时，洞内空气中的二氧化碳就会升高7.5倍，空气相对湿度上升10％，空气温度升高4℃，二氧化碳长时间滞留窟内及窟内空气湿度增加、温度上升都会直接对窟内壁画造成侵蚀，尤其当旅游团连续不断地进入一个窟内参观，会使这种情况加剧。敦煌莫高窟先是对游客采取分流措施，同时对一些石窟实行保护性的轮流开放和有限开放。随后启动了游客参观预约制，并开展了"洞窟游客承载量"综合项目研究和"虚拟敦煌"建设。2014年8月1日开始，敦煌莫高窟实行旅游新模式，网上预约购票，限制每日客流，缩短实地参观时间，单日的游客量限制在6000人次，自2002年起，敦煌研究院与世界著名文化保护研究机构——美国盖蒂研究所合作开展了"莫高窟游客承载量研究"的科研项目，该项目采用发达国家关于遗产地游客承载量研究的科学方法，结合莫高窟洞窟环境狭小，文化材质脆弱和莫高窟频发的特殊情况，首先对莫高窟全部492个洞窟的面积，可利用参观空间容量，壁画保持状况，壁画的价值和游客风险防护措施进行了全面的调查评估，并根据现有洞窟开放数量、位置布局、单个洞窟游客参观时间不同游线因素，经过科学调查、模拟实验、开放洞窟微环境变化分析和不同游线的游客参观体验等一系列的综合研究，确定了莫高窟单日游客接待的最大可容量为3000人次。随着对游客参观方式的科学规划，合理分流,以及数字化模拟场景实验,将莫高窟最大日游客量由最初核定的 3000 人次提高到了 6000 人次,这个数字大于平常的日接待量,低于高峰期的原有日接待量。网上预约制会给游客带来一时的不方便,但从长远来看,有利于合理控制每日游客数量,是符合数字化发展潮流和世界遗产保护发展趋势的。

随着敦煌莫高窟数字展示中心的建成和使用,莫高窟采用了新的参观模式。游客首先到数字展示中心观赏《千年莫高》《梦幻佛宫》两部高清电影,然后再实地参观莫高窟。莫高窟数字展示中心占地约 10 万平方米,建筑面积为 1.18 万平方米,包括售票处、主题影院、球幕影院、纪念品商店等功能区,主题电影《千年莫高》主要介绍莫高窟历史,让游客从时间维度了解莫高窟,在球幕影院播放的《梦幻佛宫》是从空间角度向游客展示莫高窟,在放眼望去的 360 度空间,栩栩如生地展示了洞窟佛像,壁画等影像,让游客可以远观莫高窟全貌,近看壁画人物外观的每一个褶皱,让游客进入到一场震撼人心的实景漫游。球幕电影采用国际上最先进的无缝拼接技术使得直径 18 米、面积 500 平方米的球形荧幕完全看不出拼接痕迹,确保播出实况场景完整清晰,用这种技术来展示石窟艺术,在世界范围内都是首次采用。新的参观方式将原有的石窟实地参观时间由原来的两个小时缩短到了 75 分钟,但同时通过科技手段使游客了解到更多的遗产信息,有了场景转换的震撼性体验,同时有利于莫高窟文化的保护,实现了更有价值的遗产利用,有效地解决了文化遗产保护与旅游开放所产生的矛盾,提供了可供广泛借鉴的文化遗产利用新模式。

三、丝绸之路经济带文化遗产保护与旅游业协调发展关系辨析

在 2015 年 6 月举行的联合国旅游部长会议和第七届丝绸之路旅游国际大会上,陕西省旅游局局长杨忠武从丝路文化传承和国际旅游合作角度提出倡议,将每年的 6 月 22 日,也就是联合国教科文组织正式通过中、哈、吉三国关于联合申报丝绸之路世界文化遗产申请,将"丝绸之路:长安—天山廊道路网"和 35 处遗址点正式纳入"世界遗产名录"之日列为"丝绸之路旅游日",以纪念这个丝路文化遗址保护与旅游业发展的历史突破。这一

倡议得到了与会代表的广泛认可和热烈反应,这一倡议的提出反映了丝绸之路文化遗产保护和旅游业发展的内在有机联系。

丝绸之路是东西方之间社会经济与文化的融合、交流与对话之路,近两千年来为人类社会的共同繁荣发展作出了历史性的贡献。丝绸之路见证了亚欧大陆经济、文化发展之间的交流,尤其是见证了游牧文明与定居文明之间的交流。丝绸之路在长途贸易推动城镇和城市发展,水利管理系统支撑交通贸易发展等方面是一个出色的范例,深刻地反映出佛教、摩尼教、祆教等宗教思想在古代中国和中亚地区的传播。丝绸之路申遗成功将丝路遗产保护提升到一个前所未有的历史高度,将使遗产保护理念在丝路沿线各国得到广泛传播,进一步增进中国和中亚各国之间的传统友谊,同时也为丝路沿线各国进一步构建丝绸之路文化遗产世界旅游品牌铺垫了良好的基础。

丝绸之路文化遗产等级高、数量多、类型全、分布广,具有多样化的文化内涵。在文化旅游发展迅猛的当代,丝绸之路文化遗产旅游将会受到世界旅游市场的青睐。如果将丝绸之路文化遗产保护和丝绸之路旅游业发展很好地结合起来,将会使丝绸之路文化遗产得到发扬光大和文明传承。

丝绸之路文化遗产作为不可替代的文化旅游资源具有如下几个特征:

1. 具备高品位的文化性

丝绸之路文化传承 2000 多年,文化积淀非常深厚。2014 年 6 月丝绸之路申遗成功所包括的文化遗产只是这条文化遗产廊道中丰富的文化遗存中的一小部分,这些文化遗存是世界文化交流的体现和积淀,也是人类社会的历史瑰宝。在丝绸之路历史文化中宗教文化的交流和传承影响极大,佛教、伊斯兰教都留下了大量的石窟、寺庙、经卷等历史文化遗存。而丰富的非物质文化遗产如剪纸、泥塑、传说、戏曲、皮影等也是丝绸之路文化遗存的重要内容。

2. 具有鲜明的民族性

丝绸之路形成的漫漫历史进程中也包括了各民族的冲突、交流与融合。这个过程中除过汉人外,也包括了西夏人、蒙古人、匈奴人、鲜卑人、吐蕃人、印度人、罗马人、希腊人等。各民族在交流与融合过程中创造和留存了光辉灿烂的民族文化。在丝绸之路国内西部地区,分布着新疆维吾尔自治区、内蒙古自治区、宁夏回族自治区、广西壮族自治区和西藏自治区等五大民族自治区,民族文化形成了特色的旅游资源。

3. 具备丰富的多样性

丝绸之路文化遗产分布在众多的遗产廊道和景观带,受不同地域文化的影响,形成了丰富多彩的遗产种类,这些遗产种类几乎涉及到所有物质遗产和非物质遗产的类型。丝绸之路遗产类型的多样性是任何一条旅游线路无法比拟的,给发展丝绸之路文化遗产旅游奠定了潜力巨大的发展基础和市场前景。

开展丝绸之路文化遗产旅游的前提是对丝路沿线的文化遗产进行及时的抢救和保护。对文化遗产进行有效的保护就是最好的旅游资源开发,丝绸之路文化遗产由于历史久远,分布广泛,历经岁月侵蚀,政体更替,战争破坏等等,所以要形成有效的保护也是非常困难的。而发展文化遗产旅游是文化遗产有效保护的重要路径和必要手段。首先文化遗产保护的目的就是有效的利用,所以保护的过程中不意味着将文化遗产封闭,而是实行对外开放。而发展文化遗产旅游可以使文化遗产的内在文化得到广泛传播,使文化遗产成为游客了解丝路沿线各国历史文化的窗口,并提升整个世界对丝路文化遗产的珍惜和重视,从而进一步促进对丝路文化遗产的保护工作。其次为目前丝路沿线大多数国家由于国家财力有限而缺少文化遗产保护的资金投入来源,开展文化遗产旅游可以有效地增加文化遗产保护的资金投入,形成"保护——旅游发展——更好的保护"的良性循环模式,同时开展文化遗产旅游对丝路沿线的各个文化遗产地的社会经济发展将会产生积极促进作用。

在处理好丝绸之路文化遗产保护和旅游业发展之间的关系时应做好如下几点:

1. 应明确保护在任何环节中都是第一位的

中国文化遗产旅游方兴未艾,在文化遗产资源丰富的地区,旅游业大

都逐步发展兴旺起来,文化遗产保护和旅游业开发和发展也是一个双刃剑,既有其互利互补的一面,也有其相互制约和不利的一面,所以在发展文化遗产旅游的任何阶段都要贯彻保护为先的原则。文化遗产保护遵从全社会可持续发展的长远利益,而旅游开发追求经济回报的短期利益,所以短期利益一定要服从长期利益。在旅游开发中应避免不适当的大量建造宾馆饭店、商业场所、人造景观、缆车索道,从而形成商业化,城市化,对文化遗产本身以及周围环境风貌和氛围造成明显的破坏。其次要避免盲目追求短期经济利益,漠视或忽视文化遗产本身的脆弱性和旅游承载力,超负荷地接待旅游者,尤其在节假日游客比较集中的时期,过量游客形成对文化遗产资源的各种污染和损害。只要在资源开发和景区管理中始终坚持保护和长远可持续发展是第一位的,就可以最大程度减少不当旅游行为对文化遗产保护的负面作用。

2. 做好文化遗产保护和旅游的规划控制

科学的规划是实现文化遗产有效保护、合理利用、永续传承的有力工具,并且是文化遗产旅游科学开发和快速发展的前提特征。做好文化遗产的保护规划就是以保护文化遗产本体及其环境的真实性、完整性为原则,进行科学策划,制定详尽的保护标准,采取严密的保护措施,充分利用现代科技手段,将保护的理念贯彻到实施阶段。制定科学合理的文化遗产旅游规划,就是将保护和利用有效地结合起来,规范和健康地发展文化遗产旅游,实现文化遗产旅游的可持续发展。文化遗产保护规划和旅游开发规划要相互衔接和沟通,互为补充,互为依据,加强规划的可操纵性和指导性。

丝绸之路文化遗产呈线状分布,各个国家文化遗产保护的理念和传统、保护的体制和法规都存在着不同和差异。所以沿线各国共同来制定沿线文化遗产保护和旅游发展规划具有突出的现实意义。联合国教科文组织一直在推动沿线各国遗产保护方面的合作,而建立沿线各国的国际合作组织和定期召开文化遗产保护和旅游发展国际合作会议是形成共同制定规划的组织基础。

3. 构建文化遗产保护和旅游开发利用的和谐共生机制

文化遗产保护和旅游开发是相辅相成、相互促进的,只有很好地实现保护才能有利于旅游开发,而旅游开发又可以进一步促进遗产保护。保护的目的就是有意义的利用,没有完全脱离了利用的单纯保护,要实现保护和开发利用的双赢目标就必须构建两者之间的和谐共生机制。

首先要理顺管理体制,文化遗产保护和开发涉及到政府文物、旅游、文化、国土、园林、林业、城建等众多部门,文化遗产景区往往会形成多头领导、交叉管理的局面。理顺体制,建立统一协调的权威性管理组织往往是构建共生机制重要的第一步,在此基础上才能形成专业化有效的管理制度,执行遗产保护和旅游开发协调发展的规划思路。

其次要协调各方利益,文化遗产保护和旅游发展出现的各种问题和引发的系列争论归根结底是各种利益关系没有统筹协调好。例如文化遗产旅游开发中没有充分顾及遗产地居民的利益,使当地居民没有在旅游发展中受益,反而要承担旅游开发所引起的社会环境问题,从而导致当地居民对旅游开发采取不合作方式,并引发一系列冲突和矛盾。所以在开展文化遗产旅游过程中要统筹兼顾各方利益关系,处理好局部利益和整体利益、短期利益和长期利益的关系,把各方利益纳入共享利益的管理控制框架中。

第十一章 丝绸之路经济带文化遗产保护与旅游合作发展的路径研究

一、将旅游业作为丝绸之路经济带战略实施中的先导产业来建设

政策沟通、道路联通、贸易畅通、货币流通、民心相通是丝绸之路经济带建设的路径和目标,其中民心相通需要通过各国之间人员的流动来实现,而人员之间的流动可以促进其他领域的沟通与联动发展。丝绸之路经济带战略实施过程中往往重视物流和资金流的渠道建设,而忽视人员流动渠道的建设和沟通。旅游观光是国与国之间人员流动的主要方式,目前中国和中亚五国人员交往中以旅游为目的的观光者只占极少数,旅行社尚未开展组团旅游,中国和中亚多数国家尚未签订 ADS 协议,这样也极大限制和制约了中国和中亚国家的商贸、留学、探亲等其他目的人员往来。2014年全球海外旅游人数较 2013 年增长 4.7%,达到 11.38 亿人次,旅游活动使促进了各国人民之间的友好交往,促进了全球经济的发展。旅游产业作为综合性产业,价值链延伸性强,对交通、信息、金融等产业都有极大的带动和辐射作用,丝绸之路旅游资源有着很高水平的密集度和影响力,丝绸之路经济带战略实施中要将旅游业作为先导产业来建设,从产业关联度方面促进其他产业的发展,促进丝绸之路经济带人员交往规模的扩大,从而带动物流、资金流和信息流的交往规模扩大和基础条件的改善。

二、以文化遗产旅游为抓手推动丝绸之路经济带旅游合作的发展

自张骞出使西域以来,丝绸之路已经历经了 2100 余年的历史。丝绸之路上散落的文化遗产资源具有极高的品位和价值,见证了中国和西域各国在历史各个时期的政治、经济和文化交往,丝绸之路珍贵的文化遗产是世界人民的财富。丝绸之路是一条历史廊道,是希腊文化、伊斯兰文化、印度文化和中国文化的汇聚之路,它推动了人类文明的进步,丝绸之路沿线国家旅游资源的殊胜之处是文化遗产,也正因如此,丝绸之路文化遗产的珍贵和神秘对全世界人民都具有吸引力。丝绸之路经济带旅游合作首先应该进行沿线文化遗产资源的开发,尽早制定丝绸之路经济带文化遗产旅游发展规划,并且进行文化遗产资源的项目扩展和进一步跨国申报,尽快打造一批跨国丝路文化遗产精品旅游项目,在世界范围内树立丝绸之路文化遗产旅游的统一品牌形象。以文化遗产旅游联合开发为契机,沿线各国可以从旅游、历史、考古、文物保护等方面开展广泛的国际交流活动,促进彼此之间的文化沟通、学术往来、人才交流,不断加深中国和中亚五国人民对彼此文化遗产的了解,逐渐实现民心相通,进而推动中国和中亚五国旅游合作的全面深入发展。

三、在非均衡发展基础上中国和中亚五国旅游合作要采取主导模式

从中国和中亚五国社会经济和旅游业发展现状来看,中国和中亚五国的旅游合作是非均衡态势。中国和中亚五国的经济总量和发展水平存在巨大差异,因此旅游合作的社会经济基础是不均衡的。从经济总量来讲,中国 2014 年 GDP 已经突破 10 万亿美元,人均 GDP 已经超过 7000 美元。而中亚五国 2014 年 GDP 之和还不如中国经济发达的一个省。中亚五国内部经济发展也不均衡,哈萨克斯坦的经济发展较好,人均 GDP 也比较高。吉尔吉斯斯坦和塔吉克斯坦是中亚较为落后的两个国家,这两国人均 GDP 不到 1000 美元。从工业生产门类来讲,中亚国家经济倚重第二产业,

工业发展较为粗放,对资源有较强的依赖性,各国的生产门类不全,生产力水平相对滞后。所以从经济规模来看是大国和小国之间的合作模式。

从旅游业发展来看,双方明显呈现非均衡态势。目前中国已经成为世界旅游大国。三大旅游市场中,中国有两个旅游市场已经位居世界第一位,一个是中国的出国旅游市场,根据世界旅游组织 2014 年统计数据,中国出国旅游消费 1600 亿美元,远远超过美国(不到 1000 亿);第二是中国的国内旅游市场,去年国内旅游人次达到 36.3 亿。中国是人口大国,经济发展迅速,中国旅游外汇收入位居第三,入境接待人次世界第四。中亚五国国内旅游市场和入境旅游市场规模都比较小,旅游业发展尚处在起步阶段,旅游企业市场能力较弱。所以从旅游业的合作来看是旅游业成熟国家和旅游业起步国家之间的合作。

从双方合作的意愿和条件来看,中国合作的战略意图明确,有强烈的合作愿望,而且国家机构各个层面的执行力较强。受社会经济发展条件和发展水平的制约,中亚国家合作的意图并不能有效地表达,中亚五国是从苏联独立出来的,国家外交机构运转效率有待加强。中国和中亚进行文化遗产旅游合作,首先要跨越这种非均衡的局面,中国在合作中要采取主动引导的模式,从旅游规划的制定、旅游基础设施建设、物质、资金、技术和人力的保障方面采取更有力的措施和步骤,促进双方合作的加快发展。

四、在开展丝绸之路文化遗产旅游合作中实行三步走发展战略

从大的愿景规划来看"一带一路"战略范围广阔,两头分别是活跃的东亚经济圈和发达的欧洲经济圈,中间广大腹地国家经济发展潜力巨大,涉及亚、欧、非 60 多个国家。从长远目标来看,围绕丝绸之路旅游品牌建设,将会形成面积广阔的大丝绸之路旅游圈,这个任务相当艰巨。长远来看,丝绸之路文化遗产旅游合作要分三步走。

第一步,古丝绸之路国内段沿线各省要共建丝绸之路旅游品牌。目前中国的陕西、甘肃、新疆、青海、宁夏西北五省(区)和河南省已经制定了丝绸之路旅游合作的总体规划,但在旅游产品设计和开发方面还需要更多的

合作。随着国家一带一路战略的出台,各省(区)都明确了在战略实施中的定位,今后还需要更多的实际措施和步骤去推动丝绸之路旅游品牌建设。

第二步,建立中国和中亚五国以及俄罗斯之间的无障碍旅游区。这将是世界范围大丝绸之路品牌建设的核心区域。丝绸之路经济带的战略构想是习近平主席于 2013 年在中亚出席上海合作组织首脑会议时提出的,上合组织自成立以来,成员国各国元首每年举行一次会谈,中国与上合组织国家的关系进一步加强,丝绸之路经济带无障碍旅游区旅游的合作范围应以上海合作组织框架为基础,采取中国、俄罗斯及中亚五国(2+5)的合作模式。目前中国和俄罗斯的旅游合作相对发展得较为迅速,2014 年 6 月"丝绸之路:长安—天山廊道路网"获准列入世界遗产名录标志着无障碍旅游区建设走出了成功的一步,中国和中亚五国需要加快双方合作的步伐,采取实际步骤争取在 2020 年实现整个区域的无障碍旅游。

第三步,逐渐实现大丝绸之路旅游合作,目前围绕丝绸之路衍生出四个不同概念,古丝绸之路、新丝绸之路、丝绸之路经济带和海上丝绸之路,四个概念所涵盖的区域范围和特指的对象都有区别。我们这里所提出的大丝绸之路将涵盖四种概念所涉及的所有国家和区域,大丝绸之路将是一种非线性的网状布局,覆盖世界 60 多个国家,开展大丝绸之路旅游合作的目标是形成当今世界覆盖区域最广泛,最具世界影响力的旅游品牌和旅游合作区域。

五、以签订 ADS 双边旅游协议作为促进中国和中亚五国文化遗产旅游合作的突破口

ADS(Approved Destination Status)签证是指国家间签署了旅游目的地国家协议的签证,一般指团队旅游签证。游客参团到目的地国旅游,由旅行团统一办理团队签证,个人无需出示旅游邀请。ADS 双边旅游协议签署后,便于开展团队旅游业务,便于建立双边旅游企业之间的沟通与联系,进而有利于扩大双边旅游合作,交换旅游业相关信息和数据,并且鼓励包括酒店、旅游经营者等在内的旅游业利益相关者进行合作。

中国与丝绸之路沿线大部分国家的旅游合作尽管具有较好的发展前

景,但目前也存在一些制约和限制因素,尤其在与中亚五国的旅游合作中存在诸如双方旅游签证手续繁琐、国际直航线路少、国际旅游费用成本高等现实问题,其中对旅游发展影响最为突出的是旅游签证办理困难。目前在中亚五国中,中国只和乌兹别克斯坦在 2010 年签署了旅游实施方案的谅解备忘录(简称"ADS 谅解备忘录"),但中国公民前往中亚其他四国办理签证难度较大。多数中亚国家要求,无论是商务考察还是旅游、探亲,在申请签证前,要先拿到该国移民局或领事司认可的、由该国公司(组织)或公民出具的邀请函,这个申请过程通常需要 20 多天,而要真正开始办理签证,则可能需要更多时间(一般 1 到 2 个多月)。因此,加快推进中国与中亚国家签署 ADS 双边旅游协议进程是开展丝绸之路经济带国际旅游合作的当务之急。

六、开展丝绸之路世界文化遗产项目的进一步联合申报和项目扩展

一方面,在丝绸之路整体旅游线路申遗困难的情况下,可积极参考借鉴中国、哈萨克斯坦和吉尔吉斯斯坦联合申请世界文化遗产的成功经验,沿线部分国家和地区可尝试联合申请其中的一段。短期来看,中亚的塔吉克斯坦、乌兹别克斯坦和土库曼斯坦可利用地理临近的优势,围绕丝绸之路文化遗产主题,联合申请一段世界文化遗产,欧洲一些相关国家也可尝试联合申请。长期来看,当丝绸之路沿线各段均实现了成功申遗,丝绸之路整体旅游线路的世界遗产品牌效应将自然得到彰显。当然,这一策略在实施过程中有可能影响丝绸之路旅游的整体品牌形象,但面对丝绸之路沿线不同国家和地区迥异的经济发展水平、对文化遗产的不同重视程度,这一策略也是当前各种约束条件下的一种次优选择。

另一方面,为了尽可能地规避世界文化遗产委员会对遗产的总数控制,在"丝绸之路:长安—天山廊道路网"已然成功申遗的基础上,对此遗产进行项目扩展不失为一种较好选择。借鉴世界遗产名录中一些项目扩展的成功经验,短期先实现中国、哈萨克斯坦和吉尔吉斯斯坦三国丝绸之路沿线文化遗产点的适当扩容,中长期则力争把中亚塔吉克斯坦、乌兹别克

斯坦和土库曼斯坦以及欧洲丝绸之路沿线的一些国家或地区的相关文化遗产吸收进来,最终实现丝绸之路整体旅游线路入选《世界遗产名录》。这种路径利于保证丝绸之路旅游线路的整体性,但难度相对较大,需要沿线国家更为坚韧的等待和更为密切的配合。

七、旅游开发的同时注重文化遗产保护

旅游开发与文化遗产保护之间是一种相互促进,相互制约的关系。一方面,文化遗产作为旅游开发的对象和旅游发展的重要凭依,其保护状况既影响文化遗产资源的历史和文化价值,又影响旅游开发的经济价值;另一方面,旅游开发成败既决定着文化遗产的历史和文化价值是否得以真实展示,也影响着文化遗产的持续保护。文化遗产的保护不能孤立、片面地进行,只有适当的旅游开发,综合考虑各个利益相关方,才能让保护活动更加高效。作为保护工作者,不反对经济效益,而是应当考虑正常的经济效益,在保护的前提下谈经济效益。

结合丝绸之路经济带沿线国家和地区经济发展水平和旅游业发展现状,要想处理好旅游开发与文化遗产保护的关系,需要做好以下几点:第一,切实加强国家对文化遗产保护的首责。在文化遗产保护方面,政府应当承担首责,应采取专项经费安排、成立专业的文物维护修缮机构等方式进行保护。文物保护是用现实的代价赢得未来。作为理性形象出现的政府,就更应抛却功利色彩,勇敢承担起保护重任。对于丝绸之路这一世界级的文化遗产,其保护工作应由沿线国家政府直接管理,并出国家级、世界级专家参与鉴定、评价、监察和保护。第二,文化遗产管理部门与旅游部门在文化遗产保护方面应密切配合。目前,丝绸之路国内段各地文化遗产,多由当地建设、文物、林业、环保等多部门层层管理,而具体决策权又在地方政府,因而政出多门、相互干扰,难以作出全面的科学决策。结果可能是唯利开发,造成对遗产的破坏。所以文化遗产与文化旅游管理部门应坚持在保护的基础上开发利用,实现二者的共赢。第三,严格限制客流量,实施游客预约制、上限制。利用科学的方法测定文化遗产的最佳旅游承载力,以此为依据,在对文化遗产影响或破坏最小的前提下,开展旅游活动,以尽

可能延长文化遗产的生命周期,进而实现旅游开发和文化遗产保护的双赢。

八、处理好文化遗产旅游开发与社区增权的关系

丝绸之路沿线富集各类型文化遗产,但由于受所在国或地区文化遗产保护管理制度或文物保护政策的限制,在开展文化旅游活动或进行文化创意活动时容易陷入开发和保护冲突的泥淖,从而导致许多文化遗产地往往成为"文化高地"与"经济洼地"的混合体,当地社区居民不得不为了遗产的公共(社会文化)价值"买单",不仅没有因为旅游实现致富,反而出现了积弱,尤其是当出于保护文化遗产或扩大旅游发展规模的需要,限制当地生产、生活活动,或进行房屋拆迁,抑或占用土地时,社区居民所受的负外部性更为显著。因此必须对文化遗产地社区居民进行旅游增权,通过对社区居民所遭受的负面影响和损失进行合理补偿,以实现社会公平,进而获得当地社区居民对文化遗产旅游开发的支持,实现社区与旅游的一体化发展。

旅游增权主要包括经济增权、心理增权、社会增权和政治增权四个维度,但从丝绸之路沿线国家和地区文化遗产旅游的开发现状看,当下无论是志在提高自信自豪感的旅游心理增权,还是着眼于增强集体主义感的旅游社会增权和有利于提升权力感的旅游政治增权,都不及能够增加收入、提高生活水平的旅游经济增权显得实用。但真正有效的增权方式还应是根据丝绸之路沿线国家和地区社区居民在性别、年龄、文化程度、家庭收入、对旅游业发展的态度以及对旅游知识的了解水平等方面的不同而导致旅游增权诉求特点的不同实施按需增权。在具体的增权方式上,应根据社区居民的不同特点和需要,有针对性实施信息增权、教育与培训增权、制度增权,其中应保证制度增权的基础地位。在具体的增权途径上,要实现自增权与他增权的结合。

参考文献

[1] 白慧姝,米文宝.西北地区旅游资源开发研究综述[J].农业科学研究,2008,(2):84-88.

[2] 鲍勃·麦克切尔,希拉里·迪克罗斯[M].朱路平,译.天津:南开大学出版社,2006.

[3] 蔡瀛.借鉴意大利、波兰、俄罗斯经验,切实加强对广东省历史文化遗产的保护[J].南方建筑,2009,(4):4-6.

[4] 曹扬.西部区域旅游合作十年回顾与展望[J].商业研究,2010,(6):135-139.

[5] 陈立旭.欧美日历史文化遗产保护历程审视[J].中共浙江省委党校学报,2004,(2):49-54.

[6] 陈实,温秀.西部区域旅游合作研究[M].北京:中国经济出版社,2013.

[7] 陈勇.遗产旅游与遗产原真性——概念分析与理论引介[J].桂林旅游高等专科学学报,2005,(8):21-24.

[8] 陈晓萍,徐淑英,樊景立.组织与管理研究的实证方法[M].北京:北京大学出版社,2012.

[9] 程殿梅.俄罗斯文化遗产保护的理论与实践[J].民俗研究,2015,(1):88-95.

[10] 程圩,隋丽娜,程默.基于网络文本的丝绸之路旅游形象感知研究[J].西部论坛,2014,(5):101-108.

[11] 迟景才.新亚欧大陆桥沿线旅游发展[J].经济与信息,1996,(11):35-36.

[12] 褚玉良.丝绸之路中国段陕甘新省区入境旅游流时空变化研究[D].西安:陕西师范大学,2011.

[13] 褚玉良,马耀峰.入境旅游流空间转移与旅游经济联系研究——以北京向丝绸之路转移为例[J].资源开发与市场,2010,(5):451-454.

[14] 初智巍.加快发展中俄旅游合作的对策与建议[J].西伯利亚研究,2012,(39):23-26

[15] 地力娜尔·君马克.中国与中亚国家区域旅游合作法律保障问题研究[D].乌鲁木齐:新疆大学,2010.

[16] 段清波.长城研究亟待深化长城保护刻不容缓[N].中国文物报,2012-08-17(05).

[17] 段清波.考古学要发掘遗产的文化价值[N].光明日报,2015-07-22(10).

[18] 樊锦诗.为了敦煌久远长存——敦煌石窟保护的探索[J].装饰,2008,(6):16-21.

[19] 方光华,任保平,马莉莉,等.丝绸之路经济带:发展选择与陕西对策论文集[C].北京:中国经济出版社,2014.

[20] 冯堃.浅谈洛阳龙门石窟风景区遗产资源旅游开发利用与保护[D].太原:山西大学,2013.

[21] 冯辽沙.从广州市文化产业发展看非物质文化遗产保护和发展管理模式[D].西安:西北大学,2008.

[22] 葛承雍.中华文化遗产的历史形态与当代意义[J].中国文化研究,2011,(2):26-31.

[23] 耿苗."南海Ⅰ号"出水文物开放式保护修复实验室建设[J].科技创新导报,2012,(4):228-230.

[24] 顾江.文化遗产经济学[M].南京:南京大学出版社,2009.

[25] 古丽拜克热·买明,沙代提古丽·买明.现时的交河故城保护[J].黑龙江史志,2012,(16):46-47.

[26] 郭鹏,董锁成,李泽红,等.丝绸之路经济带旅游业格局与国际旅游合作模式研究[J].资源科学,2014,(12):2459-2467.

[27] 郭璇.承传与交融——西方文明对中国近代文化遗产保护的影响[J].新建筑,2009,(6):73-76.

[28] 韩春鲜,陈文婷,陈肖静.基于人口学特征的外国旅游者出游推-拉力因素差异分析——以中国西北丝绸之路为例[J].干旱区资源与环境,2011,(5):166-171.

[29] 韩骥.西安古城保护[J].建筑学报,1982,(10):8-13.

[30] 和洁蕾.纳西古乐的传承与保护探析[D].昆明:云南民族大学,2011.

[31] 何俊林,雷定安.丝绸之路:21世纪的旅游热线[J].丝绸之路,1997,(3):57-58.

[32] 贺嵘,毕景龙.城市更新中的遗产保护与文化传承——西安大唐西市保护与规划[J].四川建筑科学研究,2012,(6):283-286.

[33] 胡鞍钢,马伟,鄢一龙."丝绸之路经济带":战略内涵、定位和实现路径[J].新疆师范大学学报(哲学社会科学版),2014,(2):1-11.

[34] 胡浩.旅游城市"行政区旅游经济"透析[J].青岛科技大学学报(社会科学版),
2006,(1):15-17.

[35] 淮建军,王征兵,赵寅科.新丝绸之路经济带研究综述[J].学术界,2015,(1):219
-228,327-328.

[36] 黄涛.论非物质文化遗产的保护主体[J].河南社会科学,2014,(1):109-117
+124.

[37] 惠红.关于我国旅游研究方法的思考[J].旅游学刊,2010,(12):10-11.

[38] 惠宁,杨世迪.丝绸之路经济带的内涵界定、合作内容及实现路径[J].延安大学
学报(社会科学版),2014,(4):60-66.

[39] 加娜尔古丽.浅谈新疆非物质文化遗产保护与产业化发展[J].新疆地方志,
2013,(4):54-56.

[40] 加斯·塞隆纳,安德里·谢帕德,乔埃尔·波多尼.战略管理[M].王迎军,汪建
新,译.北京:机械工业出版社,2004.

[41] 蒋兴国.河西走廊历史文化遗产的内涵与价值分析[J].河西学院学报,2011,
(4):27-31.

[42] 金景芳.周易·系辞传新编详解[M].沈阳:辽海出版社,1998.

[43] 金昱彤.非物质文化遗产保护的整体观[J].探索,2013,(4):122-125+129.

[44] 雷昊明.回族古建筑昭示的和谐成因与文化认同[J].回族研究,2014,(1):60
-65.

[45] 李并成.论丝绸之路沿线古城遗址旅游资源的开发[J].地理学与国土研究,
1998,(4):53-55.

[46] 李创新,马耀峰,李振亭,等.遗产廊道型资源旅游合作开发模式研究——以"丝
绸之路"跨国联合申遗为例[J].资源开发与市场,2009,(9):841-844.

[47] 李德山,韩春鲜.西北五省区入境旅游竞争力比较研究[J].河南理工大学学报
(社会科学版),2009,(4):617-621.

[48] 李德山,韩春鲜,杨玲.丝绸之路外国旅游者旅游动机及旅游行为特征——基于
跨文化比较的视角[J].旅游科学,2010,(5):40-48.

[49] 李飞.廊道遗产旅游资源保护性开发研究[D].北京:北京第二外国语学院,2008.

[50] 李飞,宋金平.廊道遗产:概念、理论源流与价值判断[J].人文地理,2010,(2):74
-77.

[51] 李飞,宋金平,马继刚.廊道遗产旅游品牌塑造与区域营销研究[J].商业研究,

2010,(11):140-144.

[52] 李飞,宋金平,张宁.廊道遗产旅游资源保护与开发理论研究[J].地理与地理信息科学,2009,(6):96-100.

[53] 李季莲.新疆非物质文化遗产的奇葩:各民族传统舞蹈[J].西北民族研究,2011,(1):161-167.

[54] 李林."文化线路"与"丝绸之路"文化遗产保护探析[J].新疆社会科学,2008,(3):95-99.

[55] 李林志.文化遗产的法律保护[D].西安:长安大学,2010.

[56] 李巧玲.丝绸之路申遗中国段旅游形象设计与推广策略——基于陕西段西安旅游区的视角[J].西北农林科技大学学报(社会科学版),2012,(5):151-158.

[57] 李勤.汉长安城遗址不同保护模式探讨[J].文博,2010,(5):79-81.

[58] 李如生.中国世界遗产保护的现状、问题与对策[J].城市规划,2011,(5):38-44.

[59] 李树民.西部旅游业实现跨越式发展的背景与对策[M].北京:经济科学出版社,2004.

[60] 李树民.西部区域旅游合作的基础与途径[N].人民日报(理论版),2005-07-27(09).

[61] 李伟,杨豪中.论景观设计学与文化遗产保护[J].文博,2005,(4):61-66.

[62] 李文兵,南宇.论丝绸之路沿线旅游合作机制[J].干旱区资源与环境,2010,(1):196-200.

[63] 李晓东.略论文物核心价值体系[N].中国文物报,2008-06-02(03).

[64] 李晓东.文物价值观与文化遗产保护和利用[N].中国文物报,2003-04-16(08).

[65] 李晓燕.青海非物质文化遗产保护现状与对策研究[J].青海社会科学,2011,(4):45-51+112.

[66] 梁莉莉.宁夏非物质文化遗产传承及其保护[J].中共银川市委党校学报,2007,(6):37-39.

[67] 梁薇.物质文化遗产的性质及其管理模式研究[J].生产力研究,2007,(7):63-64.

[68] 梁学成,邢晓玉,余洁.秦始皇陵及兵马俑世界遗产的品牌延伸路径[J].西北大学学报(哲学社会科学版),2008,(5):38-42.

[69] 梁雪松.区域旅游合作开发战略研究——以丝绸之路区域为例[M].北京:科学出版社,2009.

[70] 梁雪松.丝绸之路区域旅游合作空间开发模式选择[J].丝绸之路,2009,(4):101 -102+104.

[71] 梁雪松.遗产廊道区域旅游合作开发战略研究[D].西安:陕西师范大学,2007.

[72] 梁雪松,马耀峰.旅游偏好和旅游行为研究——以丝绸之路入境游客为例[J].商业经济与管理,2008,(5):69 -74.

[73] 廖恒,邓朝宁.非物质文化遗产保护要素及模式创新研究[J].天府新论,2013,(3):109 -113.

[74] 林备战.打造"新丝绸之路"金字品牌[J].大陆桥视野,2009,(7):19 -20.

[75] 林雪丹,陈效卫.俄罗斯,创新模式谋平衡[N].人民日报,2013 -10 -29(23).

[76] 刘庚岑.吉尔吉斯斯坦[M].北京:社会科学文献出版社,2005.

[77] 刘克成,肖莉.西安唐西市丝绸之路博物馆,陕西,中国[J].世界建筑,2010,(10):91 -93.

[78] 刘临安.意大利建筑文化遗产保护概观[J].规划师,1996,(1):102 -105.

[79] 刘睿文,刘衡.多国联合申报世界文化遗产模式的引入——以丝绸之路为例[J].经济地理,2005,(2):236 -239.

[80] 刘小方.文化线路研究的新进展[J].桂林旅游高等专科学校学报,2007,(6):920 -923.

[81] 卢昌军,刘冠英,程钢.楚天学术 9[M].北京:长江出版社,2006.

[82] 路宁,钮铮.关于中国文化管理体制改革的思考[J].社科纵横,2007,(6):70 -72.

[83] 吕琳,吕仁义.关于丝绸之路国际旅游线路开发的思考[J].丝绸之路,2009,(6):117 -119.

[84] 吕舟.文化线路构建文化遗产保护网络[J].中国文物科学研究,2006,(1):59 -63.

[85] 罗佳明.中国世界遗产管理体系研究[M].上海:复旦大学出版社,2004.

[86] 罗微,张天漫,韩泽华.2013 年度中国非物质文化遗产保护研究报告[J].艺术评论,2014,(3):38 -44.

[87] 罗哲文.历史文化遗产保护要与经济社会发展相结合[J].中华建设,2008,(6):32 -33.

[88] 马聪玲.从概念到实证:中国旅游研究的未来[J].旅游学刊,2007,(3):6-7.

[89] 马莉萍.丝绸之路经济带跨境旅游消费者权益保障研究[J].法制与社会,2015,(2):110-111.

[90] 马晓燕.中国对非物质文化遗产保护的研究综述[J].民间文化论坛,2009,(2):20-26.

[91] 马耀峰.丝绸之路国内段旅游合作与开发[J].丝绸之路,2009,(16):5-10.

[92] 马耀峰,梁雪松,李君轶,等.跨国丝绸之路旅游合作研究[J].开发研究,2006,(2):67-70.

[93] 马勇.丝绸之路旅游发展的策略[N].中国旅游报,2013-10-09(11).

[94] 马勇,刘军.丝绸之路旅游文化经济带全球发展战略研究[J].世界地理研究,2014,(2):151-158.

[95] 孟昭勋,李树民.新世纪丝绸之路旅游[M].西安:陕西人民出版社,2006.

[96] 南宇.简析西北丝绸之路区非物质文化遗产保护与开发[J].丝绸之路,2012,(4):66-67.

[97] 南宇.丝绸之路申遗视野下西北跨区域合作开发战略构想[J].丝绸之路,2012,(2):37-38.

[98] 南宇.西北丝绸之路旅游区旅游品牌创新研究[J].贵州社会科学,2009,(11):73-77.

[99] 南宇.西北丝绸之路区旅游中心城市合作开发网络模式研究[J].经济地理,2010,(6):1038-1042.

[100] 南宇.西北丝绸之路五省跨区域旅游合作开发战略研究[M].北京:科学出版社,2012.

[101] 南宇,李兰军.西北丝绸之路跨区域、无障碍、一体化旅游模式研究——基于丝路申遗的视角分析[J].新疆社会科学,2010,(4):35-39.

[102] 南宇,李兰军.西北丝绸之路旅游区合作开发研究——基于丝路申遗的视角分析[J].地域研究与开发,2009,(5):97-101.

[103] 南宇,史婧,王凯.西北五省区境内外旅游客源市场开发对策研究[J].干旱区资源与环境,2011,(6):188-195.

[104] 南宇,杨阿莉.西北丝绸之路区重点旅游城市梯度开发研究[J].干旱区资源与环境,2010,(9):161-167.

[105] 南宇,杨永春.构建西部丝绸之路沿线非物质文化遗产传承保护开发体系研究

[J].宁夏社会科学,2011,(5):148－152.

[106] 倪敏.城市历史遗址公园中文化遗产的保护利用研究[D].合肥:安徽建筑工业学院,2011.

[107] 潘绥铭,黄盈盈,王东.论方法:社会学调查的本土实践与升华[M].北京:中国人民大学出版社,2011.

[108] 裴德禄.借鉴中亚经验,让丝绸之路旅游结出硕果[J].东欧中亚市场研究,1999,(11):40－43.

[109] 彭树智.我的文明观[M].西安:西北大学出版社,2013.

[110] 彭兆荣,李春霞.遗产认知的共时向度与维度[J].贵州社会科学,2012,(1):5－11.

[111] 钱云,张敏.撒马尔罕城市历史与古城保护[J].中国名城,2013,(10):61－67.

[112] 秦毅,黄锋娟.陕西省非物质文化遗产条例实施[N].中国文化报,2014－05－30(8).

[113] 任保平,宋宇.微观经济学[M].北京:科学出版社,2009.

[114] 任立.普京:古迹保护不力最多可罚6000万卢布[N].中国文化报,2013－5－28(10).

[115] 单霁翔.大型考古遗址公园的探索与实践[J].中国文物科学研究,2010,(1):2－12.

[116] 单霁翔.加强世界文化遗产保护管理工作的思考(上)[J].北京规划建设,2005,(1):66－69.

[117] 单霁翔.文化遗产保护科学技术发展辩证思考——写在中国文化遗产研究院成立之际[J].文物,2008,(3):56－69＋1.

[118] 施婧,李向锋.建筑永恒性的文化差异解读及其启示[J].建筑与文化,2012,(6):74－76.

[119] 施秀萍.甘肃省将举办非物质文化遗产展演活动[N].甘肃日报,2014－06－12(02).

[120] 宋建林.中国非物质文化遗产保护现状(一)[J].美与时代(下),2013,(3):29－34.

[121] 宋军令.河南非物质文化遗产旅游开发构想[J].河南科技学院学报,2012,(3):46－49.

[122] 孙晓谦.俄罗斯旅游市场开发现状及发展趋势[J].西伯利亚研究,2012,(3):5

-11.

[123] 唐湘辉.西部地区旅游经济发展研究[J].湖南农业大学学报(社会科学版)，
2001,(1):17-20.

[124] 唐晓云.工具理性与价值理性的平衡:遗产旅游的可持续发展之路[J].社会科
学家,2012,(10):83-86.

[125] 田涛,程芳欣.基于可还原性的汉长安城未央宫前殿遗址公园规划设计[J].住
宅科技,2013,(4):28-33.

[126] 童斌.日本的"丝绸之路热"[J].世界历史,1979,(6):86——89.

[127] 汪丁丁.中国社会科学的研究方法导论[J].财经问题研究,2008,(10):3-13.

[128] 王贵祥.中国古代建筑为何以木结构为主[N].北京日报,2009-02-09(20)

[129] 王会战.非物质文化遗产管理模式创新研究[J].广西社会科学,2014,(5):59
-64.

[130] 王会战.文化遗产地社区旅游增权研究[D].西安:西北大学,2015.

[131] 王会战,李树民.文化遗产保护思想的起源与发展——兼论中西文化遗产保护
思想的异同[J].西北大学学报(哲学社会科学版),2014,(5):161-166.

[132] 王会战,李树民,陈实,温秀.丝绸之路旅游合作国内研究述评[J].旅游科学,
2015,(2):60-73.

[133] 王金伟,韩宾娜.线性文化遗产旅游发展潜力评价及实证研究[J].云南师范大
学学报(哲学社会科学版),2008,(5):120-126.

[134] 王京传,李天元.国外公众参与旅游目的地公共事务研究综述[J].旅游学刊,
2014,(3):116-130.

[135] 王军.遗址公园模式在城市遗址保护中的应用研究——以唐大明宫遗址公园为
例[J].现代城市研究,2009,(9):50-57.

[136] 王润玲,张伟.加速西北地区旅游业开发与发展的战略与对策——基于比较成
本原理的视角[J].特区经济,2007,(12):153-155.

[137] 汪威.丝绸之路中国段旅游中心城市体系构建研究[J].宁夏大学学报(自然科
学版),2007,(4):380-383.

[138] 王啸.西部地区旅游资源开发中人文精神的发掘——以我国西北丝绸之路为例
[J].陕西师范大学学报(哲学社会科学版),2004,(S2):46-49.

[139] 王欣,邹统钎,杨文华.遗产文化价值的创意构建与体验[J].资源科学,2013,
(12):2355-2357.

[140] 王新文,吕卓民.回到原点的追问——试论人类文化遗产保护思想的发展演变
[J].唐都学刊,2012,(3):90-95.

[141] 王瑜,吴殿廷,朱桃杏.论旅游开发中的"和而不同"——以丝绸之路为例[J].人
文地理,2011,(2):128-132.

[142] 王玉明.公共管理——理论与实践[M].广州:广东人民出版社,2008.

[143] 汪宇明.旅游合作与区域创新[M].北京:科学出版社,2009.

[144] 王元林.丝绸之路古城址的保存现状和保护问题[J].中国文物科学研究,2010,
(1):13-20.

[145] 王之泰.丝绸之路经济带:丝绸之路的升华[J].中国流通经济,2014,(5):11
-15.

[146] 魏敏.丝绸之路经济带:中土旅游合作的战略思考[J].亚非纵横,2015,(1):81-
92+123+127.

[147] 魏小安,窦群,彭德成.中国的世界级文化和自然遗产的可持续旅游经营[J].中
国社会科学(英文版),2003,(1):160-168.

[148] 温秀,李树民,杜江.区域旅游合作研究文献综述[J].北京第二外国语学院学
报,2007,(11):5-10.

[149] 吴必虎,俞曦.旅游规划原理[M].北京:中国旅游出版社,2010.

[150] 吴佳雨,周盼,杜雁.基于文化线路的绿道选线规划研究——以草原丝绸之路元
上都至元中都段为例[J].城市发展研究,2013,(4):28-33.

[151] 吴军.中国区域旅游合作时空演化特征分析[J].旅游学刊,2007,(8):35-41.

[152] 吴隽宇.从东西方哲学思想探讨建筑文化遗产概念之差异[J].华中建筑,2011,
(5):34-37.

[153] 西安交通大学欧亚经济论坛秘书处.欧亚经济论坛发展报告2013[R].西安:西
安交通大学出版社,2013.

[154] 夏建华,许征.整体性观念的系统论阐释[J].系统辩证学学报,2004,(2):25
-27.

[155] 肖先进.略谈南方丝路的文化价值与申遗[J].中华文化论坛,2008,(S2):156
-158.

[156] 熊关.中亚五国旅游业的现状分析[J].俄罗斯中亚东欧市场,2008,(4):46
-49.

[157] 许辉,杨洁明,喻晓玲.塔吉克族文化遗产旅游资源评价研究[J].北方经贸,

2014,(4):187-190.

[158] 徐嵩龄.中国的世界遗产管理之路——黄山模式评价及其更新(下)[J].旅游学刊,2003,(2):52-58.

[159] 徐嵩龄.中国文化与自然遗产的管理体制改革[J].管理世界,2003,(6):63-73.

[160] 徐嵩龄.中国遗产旅游业的经营制度选择——兼评"四权分离与制衡"主张[J].旅游学刊,2003,(4):30-37.

[161] 徐嵩龄,张晓明,章建刚.文化遗产的保护与经营:中国实践与理论进展[M].北京:社会科学文献出版社,2003.

[162] 许涛.《中国周边民族宗教概况》专题之三塔吉克斯坦民族宗教概况[J].国际资料信息,2002,(9):25-29,32.

[163] 薛文娟.试论非物质文化遗产人本管理机制[J].贵州民族学院学报(哲学社会科学版),2010,(4):67-69.

[164] 杨阿莉.基于生态理念的丝绸之路旅游产品结构优化与升级研究[J].西北师范大学学报(自然科学版),2010,(1):97-101.

[165] 杨举保.新疆玛纳斯县非物质文化遗产普查保护现状综述[J].群文天地,2011,(21):101-105.

[166] 杨荣斌,郑建瑜,程金龙.区域旅游合作结构模式研究[J].地理与地理信息科学,2005,(5):95-98.

[167] 杨文顺.对当前我国民族文化遗产管理几个主要问题的分析[J].云南行政学院学报,2013,(4):147-149.

[168] 杨文顺.少数民族物质文化遗产保护管理模式研究——以丽江古城个案为例[J].黑龙江民族丛刊,2013,(3):144-147.

[169] 杨振之.前台、帷幕、后台——民族文化保护与旅游开发的新模式探索[J].民族研究,2006,(2):39-46.

[170] 姚慧琴,徐璋勇.西部蓝皮书:中国西部发展报告2014[M].北京:社会科学文献出版社,2014.

[171] 易方,唐光海.丝绸之路旅游电子商务发展路径与对策[J].当代经济,2015,(1):56-58.

[172] 于涵,李东影,赵强生.论文化旅游开发与文化遗产保护的共赢[J].商场现代化,2008,(35):283-284.

[173] 余佳.文化遗产价值探讨[J].科学论坛(下半月),2011,(3):185－186.

[174] 喻琴.非物质文化遗产视野下的赣剧创新性保护与研究[J].戏曲研究,2013,(1):321－332.

[175] 喻学才,王健民.文化遗产保护与风景名胜建设[M].北京:科学出版社,2010.

[176] 张朝枝,徐红罡.中国世界自然遗产资源管理体制变迁——武陵源案例研究[J].管理世界,2007,(8):52－57.

[177] 张光直.论"中国文明的起源"[J].文物,2004,(1):73－82.

[178] 张国超.我国文化遗产经营管理模式创新问题——以文化遗产景区为中心[J].江汉大学学报(人文科学版),2009,(5):80－85.

[179] 张宏梅.西方社会科学研究范式与中国旅游本土化研究[J].旅游科学,2011,(5):1－9.

[180] 张宏梅,陆林.国内旅游研究方法的初步分析[J].旅游学刊,2004,(3):77－81.

[181] 张民巍.社区制度的培育与规则的形成——从几个案例考察城市社区权力的形成方式[J].北京联合大学学报(人文社会科学版),2004,(2):65－70.

[182] 张铭新,徐婉玲.文化遗产保护与区域社会发展研究——以吐鲁番地区故城遗址为例[M].北京:民族出版社,2012.

[183] 张书勤.建筑学视野下世界文化遗产保护的国际组织及保护思想研究[D].天津:天津大学,2012.

[184] 张松.城市文化遗产保护国际宪章与国内法规选编[M].上海:同济大学出版社,2007.

[185] 张昕竹.自然文化遗产资源的管理体制与改革[J].数量经济技术经济研究,2000,(9):9－14.

[186] 张旭亮.丝路文化及其旅游开发研究进展综述[J].天水师范学院学报,2005,(3):25－27.

[187] 张彦.社区旅游增权研究[D].济南:山东大学,2012.

[188] 张瑛.民族旅游的工具理性和价值理性与管理的作用——以云南少数民族旅游开发为典型案例[J].广西民族研究,2006,(1):171－176.

[189] 张永锋,杜忠潮.西北地区"丝绸之路"沿线10城市旅游竞争力浅析[J].干旱区资源与环境,2009,(10):194－200.

[190] 赵惠君.功利主义价值取向对高校学术研究的影响[J].高等工程教育研究,2007,(6):64－67.

[191] 中国风景园林学会.中国风景园林学会 2010 年会论文集(上册)[C].北京:中国建筑工业出版社,2010.

[192] 郑春丽,韩春鲜.中国丝绸之路客源市场动态发展变化研究[J].陕西师范大学学报(自然科学版),2009,(1):93-97.

[193] 中国城市规划学会.2011 中国城市规划年会论文集:转型与重构[C]南京:东南大学出版社,2011.

[194] 中华人民共和国国家旅游局.丝绸之路旅游区总体规划(2009-2020 年)[M].北京:中国旅游出版社,2010.

[195] 种海峰.陕西非物质文化遗产保护现状、问题及其对策[J].辽宁行政学院学报,2013,(1):164-166.

[196] 周荣,朱利民,王娟蓉.构建西部丝绸之路沿线非物质文化保护体系[J].西安文理学院学报(社会科学版),2007,(3):29-31.

[197] 邹统钎,高中,钟林生,等.旅游学术思想流派(第二版)[M].北京:科学出版社,2012.

后 记

由我和王会战博士主编的《丝绸之路经济带文化遗产保护与旅游合作发展研究》一书终于付梓出版,此书是我承担的国家社会科学基金重点项目"丝绸之路经济带旅游合作的基础与路径"(14AJY025);人文社会科学重点研究基地重大项目"西部地区文化遗产保护与遗产地经济协调发展路径研究"(12JJD790018)阶段性研究成果。本书由我拟定提纲,组织课题组成员王会战博士、闫静博士、刘艳博士、温秀博士、刘洋博士、刘珺博士分头撰写,其中王会战博士承担第一章和第二章的撰写;刘洋博士承担第三章的撰写;刘珺博士承担第四章的撰写;刘艳博士承担第五章的撰写;闫静博士承担第六、七、八章的撰写;温秀博士承担第九章的撰写;李树民承担第十章的撰写;李树民、闫静、王会战承担第十一章的撰写;赵静博士、宋竹芳博士、曹妍雪博士、刘晓萌硕士、文国繁硕士、钱亚希硕士、薛倍珍硕士等人也参加了本书调研和收集资料的活动。就在本书撰写和编辑的过程中,国家关于"一带一路"的战略得到了国内更为深入的贯彻执行和国际上广泛的响应,我国理论界关于"一带一路"的战略意义的讨论与认识也在不断深化。展望未来,"一带一路"战略的实施将是一个持续性的历史过程,我们关于丝绸之路经济带文化遗产保护与旅游合作的研究也将不断跟进、不断拓展、不断深化。感谢西安交通大学出版社对本书出版的帮助与支持。

编 者

2015 年 11 月 18 日